Die 111 schönsten RADTOUREN in Deutschland

Erlebnisreiche Tagestouren in den reizvollsten Radregionen Deutschlands

BVA
BikeMedia

Impressum

9. Auflage 2021

Touren: Oliver Kockskämper, Köln
Buch- und Umschlaggestaltung: www.krueckemeier-medien.de, Bielefeld
Kartografie: BVA BikeMedia GmbH
Titelbild: © Chiemgau Tourismus e.V.
Rückseite: © Marjon Besteman / pixabay

Die ursprünglichen Radtouren und das Bildmaterial in diesem Buch stammen von folgenden Autoren:
Hans-Jürgen Fuß (Touren 1, 3 – 7, 9 , 12 – 16, 18, 26, 27, 33) / Oliver Kockskämper (Touren 2, 8, 11, 17, 20, 31, 32, 34, 42 - 45, 55, 58 - 62, 66, 67, 70, 71, 74, 75, 79, 80, 85, 93, 96, 99, 104, 106) / Sönke Jacobsen (Touren 10, 19) / Matthias Eickhoff (Touren 21 - 22) / FVV Ammerland (Tour 23) / Ferdinand Dupuis-Panther (Touren 24, 25) / Kimberly Lübbersmann (Touren 28, 29) / Axel von Blomberg (Touren 30, 35 - 37, 41) / Tourismusverband Spreewald (Tour 38) / Werratal-Touristik (Tour 65) / Sabine Jözwiak & Ulrich Gries (Touren 39, 40) / Otmar Steinbicker (Touren 46, 47, 49, 50) / Ernst Würzburger (Tour 48) / Renate Neimeier & Dr. Gerhard Neimeier (Touren 51 - 54) / Achim Schmidt (Einleitung, Touren 56, 57) / Dr. Stefan Etzel (Touren 63 - 64, 90, 91) / Werratal Touristik (Tour 65) / Dr. Lutz Gebhardt & Jens-Ulrich Groß (Touren 68, 69) / Andreas Gebauer (Touren 72, 73, 76, 77) / Dieter Braun (Tour 81) / Friedhelm Messow (81) / Friedhelm Messow & Werner A. Druckenbrod (Touren 78, 89, 92, 93) / Rainer O. Molitor (Touren 82 - 84) / Claudia Rahlf & Bernd Meerstein (Touren 86 - 88) / Roswitha Lang & Hans Luntz (Touren 94, 95, 97, 98) / Dr. Hermann Volkmann (Touren 100, 101) / Traudl & Peter Schröder (Touren 102, 108, 110, 111) / Josef Mayrhofer (Tour 103) / Frank Wittenbrock (Touren 105, 107, 109)

Ergänzendes Bildmaterial wurde geliefert von:
Leonid - AdobeStock (Einleitung) / Patrizia Tille - Adobe Stock (Einleitung) / Kuhnle Tours GmbH (Einleitung) / www.VAUDE.com (Einleitung) / Guido Matschulat (Touren 1, 3, 57, 64) / Nightflyer (Tour 2) / © Peter Smola – pixabay (Tour 4) / Günter Pump (Tour 5) / © Darkone (Tour 6) / © Eduard47 (Tour 8) / © Achim Scholty – pixabay (Tour 9) / © Lisa Schwarz – pixelio (Tour 11) / © Pixaline – pixabay (Tour 14 links) / © Thorsten Maue (Tour 14 rechts) / © Birgit Winter – pixelio (Tour 15 unten) / © neufal54 – pixabay (Tour 15 oben) / © MEDIABEL – pixelio (Tour 17) / Tobias Trapp (Tour 23) / © greenpapillon - Fotolia.com (Tour 20) / © Dieter_G – pixabay (Tour 27 oben, 53 oben) / © Detmold – pixabay (Tour 30) / © Leopold070 (Tour 31) / Ziko van Dijk (Tour 32) / Tourismusverband Prignitz e.V. (Tour 34; © Michael Richter S. 92, © Archiv TVP/ LUGV-Jan Schormann S. 93 oben, © Archiv TVP/ Kristall Kur- und Gradier-Therme S. 93 unten) Tourismusverband Spreewald (Tour 38) / © Alfred Reits – pixabay (Tour 42) / © rikkerst – pixabay (Tour 43) / © TillVoigt – pixabay (Tour 44) / M_H.DE (Tour 45 oben) / Avi1111 (Tour 45 unten) / © Dr. Stephan Barth – pixelio (Tour 47 rechts) / © blizniak – pixabay (Tour 49) / © Waldo Miguez – pixabay (Tour 58) / © Bodo Kubrak – pixabay (Tour 59 oben) / Dirk Schmidt (Tour 59 unten) / © Sfintu1 (Tour 60) / Tilman2007 (Tour 61 oben, Tour 62 links) / Mmpabst (Tour 61 unten) / Sven Teschke (Tour 62 rechts oben u. unten) / © lapping – pixabay (Tour 66) / Jungpionier (Tour 67) / © Angelina Ströbel – pixelio (Tour 73) / © Barkilphedro (Tour 74) / © zahner – pixelio (Tour 76) / © Schorle (Tour 78) / Stefan Heyd (Tour 79) / © Wolfgang Vogt – pixabay (Tour 80) / © erge – pixabay (Tour 84 rechts) / © cleankidsmagazin – pixabay (Tour 85) / © Th G – pixabay (Tour 93) / © Achim Lückemeyer – pixelio (Tour 96) / © O12 – pixabay (Tour 98 rechts) / © Helmlechner (Tour 99) / Tourismusverband Ostbayern (Tour 103) / Rufus46 (Tour 102) / Juventum (Tour 104 links) / © traveldia - Fotolia. com (Tour 104 rechts) / © Kurt F. Domnik - pixelio (Tour 106) / © Harald Meyer-Kirk – pixabay (Tour 110) / © 680451 – pixabay (Tour 111) / Katja Bruns für den Ostseebäderverband Schleswig-Holstein e.V., www.ostsee-schleswig-holstein.de (Einleitung)

Förderhinweis:
S. 88, Tour 34 Gefördert aus Mitteln des Bundes und des Landes Brandenburg im Rahmen der Gemeinschaftsaufgabe Verbesserung der regionalen Wirtschaftsstruktur – GRW – Infrastruktur

ISBN: 978-3-96990-078-9

Inhalt

MECKLENBURG-VORPOMMERN

HAMBURG/NIEDERSACHSEN

NIEDERSACHSEN

SACHSEN-ANHALT

NORDRHEIN-WESTFALEN

HESSEN

HESSEN/RHEINLAND-PFALZ

BADEN-WÜRTTEMBERG

BAYERN

Radeln in Deutschland

Radfahrer-Paradies Deutschland! Legt man den europäischen Vergleich zugrunde, so kann dieser Begriff mit Fug und Recht verwendet werden. Das deutsche Radwegenetz wurde in den vergangenen Jahren ständig erweitert und optimiert, so dass einem ungetrübten Radel-Genuss nichts im Wege steht.

Allen voran sind die »Klassiker« unter den Radfernwegen zu nennen, die meist dem Verlauf von Flüssen folgen. An Altmühl, Donau, Elbe, Ems, Main, Mosel, Rhein, Ruhr, Saar, Spree oder Weser etwa finden wir hervorragend ausgebaute und perfekt ausgeschilderte Radwege. Die Infrastruktur ermöglicht es, entweder aneinander gereihte Streckentouren zu absolvieren, um den Fluss in seiner vollen Länge genießen zu können, oder mit öffentlichen Verkehrsmitteln zum Ausgangspunkt der Tagestour zurückzukehren.

Zu diesen traditionellen Fernradrouten gesellen sich in Deutschland traditionelle Radfahrer-Regionen. Wer hätte noch nicht von der »Fahrrad-Hauptstadt Münster« gehört? Wer würde in Frage stellen, dass das Rad in Norddeutschland eines der wichtigsten Fortbewegungsmittel ist? Auch die bayerischen Seen, die Mecklenburgische Seenplatte, das Münsterland, das Rheinland oder die Ostseeküste sind weithin bekannte und begehrte Radel-Reviere.

Diese Gegenden werden in diesem Buch selbstverständlich erschlossen. Darüber hinaus möchten wie Sie aber auch für Reviere begeistern, die vielleicht noch nicht

1 - 111 = Die 111 schönsten Radtouren in Deutschland

so bekannt sind, wie die Augsburger Region, das Bergische Land, der Harz, das Rhein-Main-Gebiet oder das Ruhrgebiet. Ja, sogar am berühmten Wanderweg »Rennsteig« finden wir bestens ausgebaute Radwege.

Bei der Auswahl der Touren wurde auf Familienfreundlichkeit besonderer Wert gelegt. Daher sind alle Vorschläge als Tagesetappen ausgelegt, die problemlos für Kinder und ungeübte Radler zu schaffen sind. Bei Zweifeln ist ein Blick in die »111Touren Info« angebracht, denn hier geben wir nützliche Hinweise über Streckenlänge und Wegbeschaffenheit. Soweit möglich, wird auf die Benutzung öffentlicher bzw. stark befahrener Straßen ebenso verzichtet, wie auf kraftraubende »Bergwertungen«.

Die Touren beginnen, sofern vorhanden, am örtlichen Bahnhof. Dies hat den Vorteil einer ökologischen Anreise mit öffentlichen Verkehrsmitteln. Bei Streckentouren ist es ohnehin meist erforderlich, am Ende des Tages zum Ausgangspunkt zurück zu kehren (wenn keine Übernachtung eingeplant wird). Des Weiteren bietet sich in vielen Fällen die Möglichkeit, die Tour »mittendrin« zu unterbrechen und mit dem Zug zurück zum Start zu fahren - vor allem, wenn Sie Kinder dabei haben, oder sich das Wetter verschlechtert, werden Sie den Charme dieser Möglichkeit zu schätzen wissen!

Sie sind an einem Fluss oder einem See unterwegs? Kombinieren Sie doch einfach das Nützliche mit dem Angenehmen und legen Sie einen Teil des (Rück-) Weges mit dem Schiff zurück – nicht nur für Kinder ist diese Mini-Kreuzfahrt ein Genuss.

Selbstverständlich besteht bei allen Touren auch die Möglichkeit, mit dem PKW anzureisen. Damit Ihr Auto abends noch dort steht, wo sie es morgens abgestellt haben, und gleichzeitig keine Parkgebühren in astronomischer Höhe angefallen sind, sollten Sie bei der regionalen Touristeninformation nach entsprechenden Parkplätzen fragen. Zu jeder Tour liefern wir Ihnen die entsprechenden Internetadressen.

In diesem Zusammenhang noch ein Tipp aus eigener Erfahrung: Nichts ist schlimmer, als am Ende eines Radel-Tages –bei »Super-Gau« regnet es auch noch aus »Kübeln« –, Probleme mit der Rückfahrt zu haben. Als Beispiel: Sie planen eine Streckentour am Fluss entlang. Am Ziel stellen Sie fest, dass Sie die Eindrücke entlang der Strecke völlig aus dem Zeitplan gebracht haben – der letzte Zug ist weg, ein Schiff verkehrt auch nicht mehr... was tun? Da kann ein eigentlich schöner Ausflug schnell zur »Spaßbremse« werden, denn die Alternativen schwanken dann zwischen (teurem) Taxi und (kraftraubender) Rückfahrt

mit dem Rad. Der gut gemeinte Rat also: Parken Sie Ihren PKW am Etappenziel und fahren Sie morgens mit der Bahn zum Start – ihr Auto wird bestimmt auf Sie warten!

Ihnen hat der Tagestrip Appetit auf Mehr gemacht? Kein Problem – die BVA BikeMedia hält zu allen in diesem Buch beschriebenen Touren umfangreiches Material bereit. Mit ADFC-Regional- und Radtourenkarten, Radwanderkarten und Spiralo-Karten, in denen ausführliche touristische Informationen enthalten sind, dürfte die Streckenfindung kein Problem sein. Komplettiert wird das Programm durch Bücher »rund ums Rad« und die beiden Buchreihen »Die schönsten Radfernwege in Deutschland« und »Die schönsten Radtouren«. Die Buchreihen widmen sich den oben aufgeführten Regionen im Detail und entführen Sie in ein einzigartiges Radel-Erlebnis.

Warum Freizeit mit dem Rad?

Mit dem Auto erlebt man Land und Leute wie im Kino, auf dem Rad ist man mitten drin und *erfährt* unzählige schöne Augenblicke und kleine Abenteuer – diese Schwärmerei eines erfahrenen Reiseradlers trifft es auf den Punkt: Radfahren

ist DIE Möglichkeit, unabhängig und frei von Ort zu Ort zu fahren und an den herrlichsten Stellen zu rasten. Wir lassen den hektischen Alltag, das Verkehrschaos der Städte hinter uns und genießen die Individualität der Freizeit.

Selbst die vermeintlichen Nachteile des Radfahrens bzw. eines Radurlaubes erweisen sich, wenn wir ehrlich darüber nachdenken, als Vorteile: Die Ungewissheit, bei einem Regenschauer pudelnass zu werden oder bei Hitze den Schweiß über den Körper rinnen zu haben, lässt uns das Wetter viel intensiver wahrnehmen als beim Blick aus dem Fenster. Bei längeren Radreisen können wir nicht kofferweise Gepäck mitschleppen. Aber gerade die Beschränkung auf das Wesentliche lässt uns merken, wie unwichtig die vermeintlich »dringend« benötigten Dinge des Alltags sind. Dabei ist es fast unerheblich, ob Sie Ihre Touren puristisch planen, sich also auch nachts mit Zelt und Schlafsack der Natur aussetzen, ob Sie von Hotel zu Hotel radeln, oder ob Sie Radelurlaub »deLuxe« mit externem Gepäcktransport wollen. Ihnen ist gewiss: Eine überschäumende Flut von Impressionen, die Sie hautnah wahrnehmen, viele Gleichgesinnte und abends der Stolz, etwas geleistet zu haben.

Dieses Buch

Das Buch gibt eine Auswahl der schönsten Radtouren Deutschlands wieder. Wir haben dieses Buch nach Bundesländern gestaffelt, die wiederum in etwa in Nord-Süd-Richtung sortiert sind. Zusätzlich informieren wir Sie über die »beradelte« Region am Kopf jeder Beschreibung. In der »100Touren Info« sind die wesentlichen Eckpunkte der Tour zusammengefasst: Distanz, Wegbeschaffenheit, Hinweise auf Steigungen, Abkürzungen, Beschilderungen, Start- und Zielpunkt sowie Internetadressen der Touristen-Informationen.

Betrachten Sie die Etappen lediglich als Empfehlungen - einer individuellen Gestaltung der Tagesetappen steht selbstverständlich nichts im Wege.

Die Kilometerangaben sind für die beschriebene Strecke ohne Abstecher definiert. Die Kilometerangaben dienen zur Orientierung. Schon zwei oder drei »Schlenker« zu Sehenswürdigkeiten oder ein verpasstes Abbiegen können Abweichungen von den Angaben ergeben.

Zu Gunsten einer guten Übersicht ist jede Tour auf zwei Seiten reduziert. Viel Wert wurde auf die Abbildung einer »zielsicheren« Karte gelegt, die Ihnen im Zusammenspiel mit der in kursiv gedruckten Streckenbeschreibung hilft, den rechten Weg zu finden. Die Streckenbeschreibungen wurden zu Gunsten der Übersichtlichkeit bewusst knapp gehalten. Viele der beschriebenen Routen sind perfekt ausgeschildert, so dass ein »Verfransen« kaum möglich ist.

Ausführlicher werden die Sehenswürdigkeiten beschrieben – denn wir radeln ja nicht (nur) des Radelns wegen, sondern um die Gegend kennen zu lernen.

Die Tipps weisen den Weg zu ausgefallenen Attraktionen, die wir eventuell verpassen würden, weil sie etwas abseits liegen, nicht beschildert oder einfach wenig bekannt sind.

Kinder, Kinder

Wer mit Kindern reist, plant seinen Urlaub anders. Zwar sind viele Touren mühelos auch mit kleineren Kindern zu bewältigen, doch verlangt der Nachwuchs auch nach anderen Beschäftigungsmöglichkeiten.

Dies gilt vor allem dann, wenn Kleinkinder in entsprechenden Sitzen oder in einem Anhänger transportiert werden. Vergessen Sie niemals, die Kinder auf diesen Mitfahrgelegenheiten entsprechend zu sichern – der Helm dürfte ebenso selbstverständlich sein wie die Gurte. Vor allem in den Mitfahrgelegenheiten können sich die Kleinen nicht ausreichend bewegen, was bei niedrigen Temperaturen auch zu Unterkühlung führen kann – häufigere Pausen sind also angesagt!

In vielen Orten liegen immer wieder gut ausgestattete Spielplätze direkt am Wegesrand. Pausen werden ohnehin eingelegt, warum also nicht gleich hier? Die Burgen auf den Bergrücken locken die Kinder natürlich ganz besonders. Vergessen Sie aber nicht, dass die Burg eben meist auf einem Berg liegt – und dort hin zu gelangen, ist mit Fahrrädern nun mal mühselig. Aber es gibt noch viel mehr zu entdecken: Interessante alte Orte, die Spuren unserer Vorfahren, alte Technik und Lebensarten in Museen, Tiere in Parks und Zoos und natürlich Badespass in den Seen, an der Küste und in den Frei- und Hallenbädern der Region. Auf viele dieser Aktivitäten wird im Buch hingewiesen.

Wenn der Nachwuchs selbst radelt, ist zu beachten, dass kleinere Kinder nicht auf Straßen, sondern auf dem Bürgersteig fahren müssen und dass die Räder deutlich kleiner, oftmals auch einfacher ausgestattet sind. Weshalb diese Binsenweisheit? Nun, nicht selten werden Familien gesichtet, bei denen die Eltern auf High-Tech-Bikes vorweg brausen und die Kinder auf ihren einfachen Rädern hinterher hecheln. Hier ist der Ärger vorprogrammiert, und genau den wollen wir ja mit diesem Familienausflug vermeiden!

Sie werden sehen: Wenn wir auf die Kinder eingehen, werden diese schnell Spaß an der sportlichen Betätigung mit Mama und Papa an der frischen Luft finden.

Reisezeit und Klima

Unsere Radwege können ganzjährig gefahren werden, wobei der Winter die von Radfahrern eher nicht bevorzugte Reisezeit sein dürfte.

Ab Beginn des Frühlings kommt man vielfach bereits in den Genuss unseres milden Klimas – in den höher gelegenen Regionen und am stürmischen Meer kann es allerdings noch »frisch« werden. Dennoch ist der Frühling eine der optimalen Reisezeiten, vor allem wegen der nachstehenden Umstände:

Im Sommer ist die Wettergarantie am Besten. Es kann mitunter recht heiß werden, vor allem, wenn wir durch enge Täler radeln. Ein Nachteil der Sommer-Radeltour ist sicherlich, dass wir nun wahrlich nicht alleine unterwegs sind. In der Hauptferienzeit, hier verstärkt noch an Wochenenden, wimmelt es auf manchen Wegen nur so von Radfahrern. Zu nennen sind hier vor allem wieder die »Klassiker« an den Flüssen und Seen. Es macht nur noch wenig Vergnügen, wenn wir ständig Acht geben

müssen, uns nicht aus den Augen zu verlieren und mit keinem zu kollidieren. Der entspannte Plausch entfällt dann auch, denn nebeneinander radeln können Sie zur »Rush-Hour« getrost vergessen. Daher der Tipp: Im Sommer auf die Wochentage ausweichen und an den Wochenenden auf die touristisch weniger überlaufenen Wege ausweichen – in diesem Buch werden Sie dafür reichlich »Stoff« finden.

Der Herbst ist als Radelzeit beliebt und empfehlenswert zugleich. Die Wege sind lange nicht mehr so überladen mit Menschenmassen, die Temperaturen sind im »goldenen Herbst« zumeist ideal. In vielen Orten finden nach Ausklang der Sommerferien Feste statt, was unsere Touren noch kurzweiliger ausfallen lässt. Besonders beliebt sind Stadtfeste, Märkte, Schützenfeste, Kirchweihfeste und in den Weinregionen natürlich die unzähligen Weinfeste. Doch Vorsicht: Auch auf dem Rad wird die Fahrtüchtigkeit durch den Genuss von Alkohol erheblich ein-

geschränkt. Nicht verschwiegen werden darf, dass im Herbst auch die Zeit der organisierten Reisen kommt. So ist es z.B. nicht gerade einem entspannten Stadtbesuch zuträglich, wenn mehrere Reisebusse ihre Ladung über den Ort ergossen haben.

Wer es zeitlich einrichten kann, sollte sich bei den Touristen-Informationen nach Radel-Aktionstagen erkundigen, die sich in immer mehr Regionen großer Beliebtheit erfreuen. Dabei werden Straßenzüge, Bundesstraßen, teils sogar ganze Täler, für den Autoverkehr gesperrt und nur für Radler und Skater freigeben. An diesen Tagen locken die Orte an der Strecke mit Attraktionen wie Straßenfesten o.ä., so dass der ungetrübte Radel-Genuss garantiert ist.

Reiseveranstalter

Der Trend zum Radurlaub ist den Reiseprofis nicht verborgen geblieben. So drängen immer mehr Veranstalter auf den Markt, die Ihnen auf Wunsch alles (bis auf das Fahren) abnehmen. Der Vorteil der organisierten Reise ist, dass Sie sich weder um den Rad- noch um den Gepäcktransport kümmern müssen. Auch die Übernachtungen sind hier ebenso vorgebucht wie die Verpflegungen unterwegs. Unterscheiden kann man bei organisierten Reisen die individuelle und die Guppen-Radreise. Die Kosten einer solchen Reise variieren natürlich je nach gebuchtem Standard deutlich. Das »Rundum-Sorglos-Paket« geht freilich zu Lasten der Spontanität – SIE entscheiden nicht, wo sie übernachten, sondern die Reiseplanung.

Der Rat zum Rad

Die meisten der beschriebenen Touren stellen keine besonderen Ansprüche an Mensch und Material. Da die meisten Radwege bestens ausgebaut und nur wenige Steigungen zu verzeichnen sind, reicht ein City- oder Tourenfahrrad mit sieben Gängen aus. Für längere Strecken, mit Gepäck oder bei gelegentlichen Steigungen ist es allerdings angenehm, ein paar mehr Gänge zur Verfügung zu haben. Wer einmal mit 20 kg Gepäck eine längere Steigung absolviert hat, weiß dies zu schätzen. Wichtiger noch als die Anzahl der Gänge ist die Robustheit des Rades – was nützen die Gänge, wenn alle paar Kilometer Reparaturen vorgenommen werden müssen? In den meisten größeren Städten, die wir tangieren, gibt es zwar Rad-Werkstätten, doch eine Panne tritt »bestimmt« während deren Mittagspause, nach Geschäftsschluss oder am Wochenende auf.

Dass sich das Fahrrad in verkehrssicherem Zustand befindet, sollte Voraussetzung für jede Radeltour sein. Dazu gehören z.B. intakte Bremsen und Reifen, geschmierte Kette, Beleuchtung, Reflektoren, Schutzbleche, etc.

Vor dem Fahrtantritt sollten Sie Ihr Fahrrad kurz durchchecken – es kostet sie vor der Fahrt gerade einmal 5 Minuten, eine Panne kann den ganzen Tag kaputt machen. Hier die einfachen Handgriffe:

- Vorder- und Hinterrad abwechselnd vom Boden heben und daran rütteln bzw. seitlich wackeln, um festen Sitz und Lagerspiel zu testen.

- Am Sattel drehen und ziehen – er muss absolut fest sitzen.
- Kontrollieren, ob die Schnellverschlüsse der Bremsen geschlossen sind, ferner, ob die Bremshebel sich nicht bis zum Lenker ziehen lassen und selbständig zurück gehen.
- Die Bremsbeläge auf Verschleiß prüfen.
- Vorderbremse ziehen und das Rad nach vorne schieben, um das Steuerlager auf Spiel zu testen.
- Durchtesten aller Gänge im Reparaturständer.
- Luftdruck in den Reifen prüfen.

Wenn es bei aller Vorbereitung doch zur Panne kommt, muss folgendes Bordwerkzeug mitgeführt werden:

Faltdecke (»Mantel«)	☐
Schläuche	☐
Pumpe	☐
Inbusschlüsselsatz	☐
Nippeldreher	☐
Ventilverlängerung	☐
Öl	☐
Deckenheber	☐
Flicken	☐
Gummilösung	☐
Flickzeug	☐

Noch ein Tipp zu diesem Thema: lassen Sie sich doch einfach von der Werkstatt Ihres Vertrauens mit den wichtigsten Handgriffen vertraut machen.

Hoffen wir, dass Sie es niemals brauchen, aber ein kleines Erste-Hilfe-Täschchen gehört IMMER ins Gepäck, auch bei jedem noch so kleinen Ausflug.

Bekleidung

Ein Blick in die Textilecke des Fahrradladens reicht aus, um zu erkennen: Das Angebot an Fahrradbekleidung ist unüberschaubar! Seit einigen Jahren bieten auch Discount-Märkte rechtzeitig zur Saison entsprechende Artikel an. Was Sie wählen, hängt auch von Geschmack und Geldbeutel ab, doch unbedingt zu empfehlen ist folgende Ausstattung:

- Helm (absolut unverzichtbar!)
- Radhosen in kurzer und langer Version
- Radtrikots in kurzer und langer Version
- Handschuhe
- Radbrille (gegen UV-Strahlung und Insekten)
- Leichte, faltbare Regenjacke / -hose

Darüber hinaus gibt es weitere sinnvolle Accessoires, wie z.B. Funktionsunterwäsche, Radschuhe (mit Klickplättchen gegen das Abrutschen von den Pedalen), Windweste, Armlinge und Beinlinge.

Gepäck / Ausrüstung

Auf einer längeren Tour werden Sie Gepäck mit sich führen wollen. Was dies umfasst, ist nicht zuletzt abhängig von der Art der Tour. Für eine kurze Sonntagsfahrt reicht es sicherlich aus, einen Flaschenhalter mit Trinkflasche und eine Sattelstützentasche für Werkzeug und Erste-Hilfe-Material mit sich zu führen. Als Alternative haben sich hier Fahrradrucksäcke bewährt, die etwas Gepäck aufnehmen können und einen Trinkvorrat beinhalten. Mehr als dies sollten Sie keinesfalls auf dem Rücken transportieren – erhebliche Rückenschmerzen wären sonst die Folge!

Eine durchaus Ernst zu nehmende Alternative ist für größere Touren der Fahrradanhänger, der in vielen Versionen angeboten wird. Dieser kann deutlich mehr Gepäck aufnehmen als Packtaschen und beeinflusst das Fahrverhalten deutlich weniger.

Am Häufigsten werden Lenkertaschen, Packtaschen (hinten) und Lowrider (vorne) verwendet. In die Lenkertasche sollten nur leichte Gegenstände. Optimal ist eine Lenkertasche mit Schnellverschluss, denn so können Sie hier Wertgegenstände deponieren, die Sie beim Verlassen des Fahrrads mit sich führen mögen. In die Lowrider-Taschen sollten möglichst leichte Gegenstände, denn diese beeinflussen das Lenkverhalten erheblich, zudem werden höhere Anforderungen an die Arm- und Nackenmuskulatur des Fahrers gestellt. Für den Gepäckträger werden unterschiedliche Systeme angeboten, wobei sich Einzeltaschen offenbar durchsetzen. Hier gilt: Schweres möglichst nach unten verstauen.

Bei allen Gepäckstücken sollten Sie darauf achten, dass diese wasserdicht sind oder sich schnell mit Regenhauben abdecken lassen. Nichts ist schlimmer, als die verschwitzte Rad-Kleidung auszuziehen und in andere feuchte Kleidung einzusteigen.

Essen, Trinken, Schlafen

Viele der im Buch vorgestellten Regionen stellen alles andere als touristisches Entwicklungsland dar. Vielmehr lebt häufig ein Großteil der Bevölkerung von dem Geld der Besucher. Die Verpflegung ist aber auch in den eher ländlichen Gebieten kein Problem – in jedem größeren Ort gibt es Einkehr- und Einkaufsmöglichkeiten. Das Angebot reicht von Hausmannskost in rustikalem Ambiente bis zum Nobelrestaurant. In der Hochsaison kann es zu Wartezeiten kommen, vor allem, wenn gerade eine Busgesellschaft über das Restaurant hergefallen ist.

Nicht versäumen sollten Sie den Besuch der für die Region typischen Gaststätten, um die kulinarischen Genüsse der Gegend kennen zu lernen – nicht selten speist man hier sogar noch günstiger.

Bei der Übernachtung sollten Sie in der Hochsaison kein Risiko eingehen und rechtzeitig reservieren. Die Fremdenverkehrsbüros (s. Infoblock) sind bei der Suche gerne behilflich. Wie bei den Restaurants ist das Angebot breit gefächert und reicht vom einfachen Privatzimmer bis zum Luxushotel. Jugendherbergen sind in vielen Regionen ebenfalls zu finden, allerdings nicht flächendeckend vorhanden. Für diejenigen, die als »echte« Radpuristen mit dem Zelt unterwegs sind, stellt sich die Frage nicht, ob noch ein freies Bett gefunden wird. Wildes Camping ist grundsätzlich in Deutschland verboten – Campingplätze sind allerdings so verbreitet, dass es keine größeren Probleme geben dürfte. Falls doch, wird sich bestimmt in der Nähe ein Bauer finden, der Ihnen ein Fleckchen zur Verfügung stellt.

GPS

Immer mehr Freizeitradler nutzen die Vorteile durch das Internet und durch GPS-Geräte für die Planung und Durchführung von Radtouren. So können die Touren präzise am PC geplant und jeder Weg gefunden werden: metergenau, ohne sich zu verfahren und vor allem ohne jemals vorher dort gewesen zu sein.

Auch für dieses Buch möchten wir Ihnen zusätzlich diese Hilfestellung für die Nutzung auf Ihrem GPS-Gerät bieten: für jede der im Buch aufgeführten Touren finden Sie auf unserer Internet-Seite entsprechende Track-Daten für Ihr Mobil-Gerät. Mit Hilfe des Zugangscodes **RADTOU-09-078-516-RF** stehen Ihnen die Daten auf der Seite **www.fahrrad-buecher-karten.de** kostenlos zum Download zur Verfügung.

Helfen Sie mit!

Die Informationen zu diesem Buch wurden sorgfältig nach bestem Wissen und Gewissen zusammengetragen. Dennoch gibt es in unserer schnelllebigen Zeit ständig Veränderungen. Straßennamen und Wegeführungen werden verändert, ebenso Anschriften und Öffnungszeiten. Helfen Sie uns mit, dieses Buch ständig aktuell zu halten, in dem Sie uns etwaige Änderungen mitteilen – gerne per Post oder Mail an buecher@bva-bikemedia.de. Unser Dank ist Ihnen so gewiss wie der Dank der anderen Leser!

Zum Abschluss bleibt nur noch eines:

VIEL SPASS BEIM RADELN
UND ALLZEIT EINE HANDBREIT LUFT
UNTER DER FELGE!

Zeichenerklärung

Radrouten

- Radroute
- Fähre für Radfahrer
- Beachtenswerte Steigung
- Starke Steigung

Straßen

- 8 Autobahn
- 305 Fernstraße
- Hauptstraße
- Nebenstraße
- Sonstige Straße

Bahnen

- Bahnlinie mit Bahnhof
- S S-Bahn-Haltestelle
- U U-Bahn-Haltestelle
- A Alsternordbahn-Haltestelle (in Hamburg)

Flächen

- Bebauung
- Industriegebiet
- Wald
- Park
- Freifläche
- Weinberg
- Sperrgebiet

Sonstige Objekte

- Hallenbad
- Freibad, Bademöglichkeit
- i Tourist-Information
- Fahrradreparatur
- V Fahrradvermietung
- J Jugendherberge
- Campingplatz
- Ausflugsgaststätte
- m Museum
- Spielplatz
- Rastplatz
- Schutzhütte
- Aussichtspunkt
- Sehenswertes Ortsbild
- Sehenswürdigkeit
- Fußgängersteg mit Treppe
- P Parkplatz
- Anlegestelle für Schiffsverkehr
- Kirche, Kloster/sehenswert
- Schloss/sehenswert
- Schlossruine/sehenswert
- Mühle/sehenswert
- Denkmal/sehenswert
- Bergwerk in/außer Betrieb
- Windmühle/sehenswert, Windrad
- Turm
- Leuchtturm
- Friedhof, Stadion
- Flughafen, Flugplatz

In den Tourenkarten stecken viele nützliche Radler-Infos, die als Signaturen dargestellt werden. Bitte benutzen Sie diese Legende, um die Signaturen zu »entschlüsseln«.

1 DIE Insel

Von Westerland nach List

Die Insel – Sylt – ist nach wie vor »in«. Nicht nur während der sommerlichen Hochsaison tummeln sich »Otto Normalverbraucher« und der »Jet Set« gerne im Norden Deutschlands. Auf unserer Radel-Tour suchen wir nach Gründen – und werden sie finden!

111Touren Info:

62 km, weitgehend flache Rundtour meist über Radwege und Nebenstraßen, Kürzung möglich. Gute Rad-Wegweisung.
Start / Ziel: Bahnhof Westerland
www.westerland.de

»Westlich vom Tinnumer Land« gründeten Überlebende der Sturmflut 1436 das neue Dorf **Westerland**. Einige Hundert Jahre später kürte man es aufgrund des Inselklimas zum **Seebad**, was einen enormen Bau-Boom auslöste. Wenn wir genau hinschauen, entdecken wir aber zwischen den Betonburgen **30 denkmalgeschützte** und andere **historische Häuser**, darunter herrliche alte **Friesenhäuser**, die alte **Dorfkirche**, die **Inselapotheke** und das **Hotel »Stadt Hamburg«.**

Los geht´s vom Bahnhof über Trift, Dirk-Brodersen-Str., Süderstr. und Käpt´n Christiansen-Str. an der St.Christopherus-Kirche und dem **Friedhof der Heimatlosen** (für See-Opfer) vorbei zur Dünenstr. Der ausgeschilderte Radweg bringt uns über den **»Westerwälder Ku-Damm«** und entlang einiger **Kureinrichtungen** in die »kleine Schwester« **Wenning-stedt**.

Rund um den **Dorfteich** liegen einige typische **Friesenhäuser**. Neben der **Friesenkapelle** befindet sich der **Denhoog**, ein 4.000 Jahre altes **Megalithgrab**, das wir besichtigen können.

Weiter geht´s über Seeblick, Seedüne, Hochkamp und Dünenstr. leicht bergauf zu einem Punkt mit phantastischer **Aussicht** über das **Rote Kliff** nach **Westerland**. Unser Radweg führt uns mit mehrfachem Abbiegen um die Randbebauung Kampens herum zum **Leuchtfeuer Rotes Kliff**.

»Kampener Leuchtturm« wird der 38 m hohe Turm in **exponierter Lage** gerne genannt. Der Ort selbst kann als **»St.Tropez Deutschlands«** bezeichnet werden, lockt er doch alljährlich Reiche und Schöne (oder solche, die sich dafür halten) in Scharen an.

Weiter geht´s von Kampen auf dem Radweg »List-Westerland« in seichtem Auf und Ab durch großartige **Dünenlandschaft**.

Promi in Sicht?

Den Fischen auf der Spur

Via Nordseeheim, Klappholttal und Mövenberg erreichen wir List.

Tipp: Ein Wegweiser bringt uns zum »**Erholungsgebiet Ellenbogen**«. Diese schmale **Sand- und Dünennehrung** umschließt den **Königshafen**, benannt nach einer Seeschlacht, und markiert den **nördlichsten Punkt Deutschlands**.

List, das nördlichste deutsche **Seebad**, ist von **Naturschutzgebieten** umgeben. Mittels Fähre können wir einen Ausflug ins nahe dänische **Rømø** unternehmen, das Schiff benötigt etwa eine Stunde. »**List Vegas**« ist eine Ansammlung farbenprächtiger, teils luxuriöser **Imbissbuden** am **Lister Hafen**. Das Schlürfen von **Austern** und **Champagner** gehört hier zur Tagesordnung.

Weiter geht´s stets am Ostufer der Insel entlang durch Süderheidetal, Kampen, Baderup, Munkmarsch und Klentertal nach Keitum. Von hier radeln wir parallel zu den Schienen zurück zum Westerländer Bahnhof.

Kartentipp:
ADFC-Regionalkarte »Schleswig-Holsteinische Nordseeküste«
1:75.000, ISBN 978-3-96990-019-2, 9,95 €
Digital für Smartphones und Tablets: www.fahrrad-buecher-karten.de/rk-digital

2 Auf den Spuren der Ochsen

Von Neumünster nach Rendsburg

Im Hohen Norden Deutschlands folgen wir einem Stück des so genannten »Ochsenweges«. Wo sich einst die Ochsenkarren bewegten, können wir auf bestens präparierten und perfekt gekennzeichneten Wegen radeln.

111Touren Info:

48 km, Streckentour auf meist befestigten Radwegen bzw. Straßen/Wegen, keine nennenswerten Steigungen, perfekte Wegweisung
Start: Bahnhof Neumünster
Ziel: Bahnhof Rendsburg
www.neumuenster.de
www.rendsburg.de

Unser Startort ist die viertgrößte Stadt Schleswig-Holsteins. Rund um den **Marktplatz** können wir uns herrliche Gebäude wie das **Alte Rathaus** ansehen. Im Ortsteil Kleinflecken stehen die meisten **historischen Häuser**.

Los geht´s vom Bahnhof in Neumünster, den wir mit der Rendsburger Straße unter den Schienen her verlassen. Wenig später knickt die Straße rechts ab. Wir rollen weiter geradeaus und folgen den Schildern des Ochsenweges. Das einprägsame Logo mit der Schleswig-Holstein-Karte bzw. den gekreuzten Hörnern weist uns zuverlässig den Weg über die A 7 hinweg via Timmaspe nach Nortorf.

An unserem Wegesrand liegt der **Tierpark**. Der **Alte Ochsenweg-Krug** »Goldener Ochse« in Timmaspe ist heute leider nicht mehr bewirtschaftet. Wir rollen durch Wiesen und Wälder, aber auch immer wieder durch alte Moore, in denen Torf abgebaut wird.

Weiter geht´s von Nortorf den Schildern folgend über Thienbüttel nach Bokel. Von dort haben wir zwei Alternativen zum Weiterradeln: Entweder im Zick-Zack durch die Felder bis Osterrönfeld. Von hier dann mit der Fähre über den Nord-Ostsee-Kanal in die City von Rendsburg. Oder (etwas weiter) via Brammerau, Nienkattbek, Pollhorn, Jevenstedt und an den Jevenstedter Teichen vorbei nach Westerrönfeld. Von hier nutzen wir dann auch eine Fähre, um ins Herz von Rendsburg zu gelangen.

Tierpark Neumünster

Tipp: In Rendsburg können wir als Ortsfremde auch ohne Stadtplan unter´m Arm eine Stadtbesichtigung unternehmen. Folgen wir ab dem **Alten Markt** der 3,2 km langen, so genannten »**Blue line**«, so gelangen wir zu allen Sehenswürdigkeiten der Stadt.

So starten wir am Glockenspiel des **Alten Rathauses**, kommen vorbei an der **St. Marienkirche** und erreichen den **Schiffsbrückenplatz**, wo es bis vor rund 200 Jahren den Stadthafen gab. Nicht weit entfernt liegt der Schlossplatz – hier gab es einst eine Burg, später ein Schloss. Beides ist allerdings Geschichte. Der blaue Pfeil führt uns auch zu den »**Pulverschuppen**«, bei denen wir heute einen Jugendtreff und viele Kunstwerke finden. Ein Indiz dafür, dass das Kulturzentrum ganz in der Nähe ist. Die Militärhistorie wird uns am Paradeplatz und an der **Christuskirche** vor Augen geführt. Letztere war einst die Garnisonskirche.

Tipp: Wer länger in der Gegend verweilt, hat in Rendsburg die Qual der Wahl: Weiter auf unserem **Ochsenweg** weiterradeln bis nach Flensburg – oder gar bis nach Dänemark? Oder lieber auf der kreuzenden »**NOK-Route**« dem Nord-Ostsee-Kanal folgen? In beiden Richtungen ist größter Radelspaß auf bestens präparierten Pisten und tollen Ausblicken auf Ozeanriesen garantiert!

Kartentipp:
ADFC-Regionalkarte
»Hamburg - Kiel - Neumünster«
1:75.000, ISBN 978-3-87073-938-6, 9.95 €
Digital für Smartphones und Tablets: www.fahrrad-buecher-karten.de/rk-digital

3 Im Herzen des Wattenmeers

Nordsee: Von Husum nach Nordstrand

Bis zu einem Meter unter dem Meeresspiegel liegt Nordstrand, das deshalb mit einem acht Meter hohen Seedeich geschützt wird. Wir radeln vom gar nicht grauen Husum hinein in dieses fruchtbare Marschland.

111Touren Info:

53 km, flache Rundtour meist über Radwege und Nebenstraßen.
Start / Ziel: Bahnhof Husum
www.husum-tourismus.de
www.nordstrand.de

Theodor Storm bezeichnete seine Heimatstadt wegen der damals üblichen Zementanstriche der Häuser als »graue Stadt am Meer«. Ganz anders präsentiert sich uns heute die »Hauptstadt Nordfrieslands« mit tollen **Bürgerhäusern** rund um den **Marktplatz**, von denen sich das **Herrenhaus** (1520) und das **Rathaus** (1601) noch abheben. Das **Storm-Haus** mit Erinnerungen an den Dichter ist ebenso beachtenswert wie die anderen **vier Museen** der Stadt.

Los geht´s vom Bahnhof Husum über Herzog-Adolf-Str., Mühlenau, Ludwig-Nissen-Str. vorbei am hübschen **Binnenhafen** sowie via Hafenstr. zum Außenhafen. Mit schönen Aussichten radeln wir weiter in Deich- bzw. Ufernähe nach Schobüll. Die Altendorfer Str. bringt uns durch Halebüll bis zum Abzweig vor Wobbenbüll. Ab hier fahren wir auf dem Nordstrander Damm hinüber zur »Insel« und können froh sein, wenn der Wind nicht zu stark bläst.

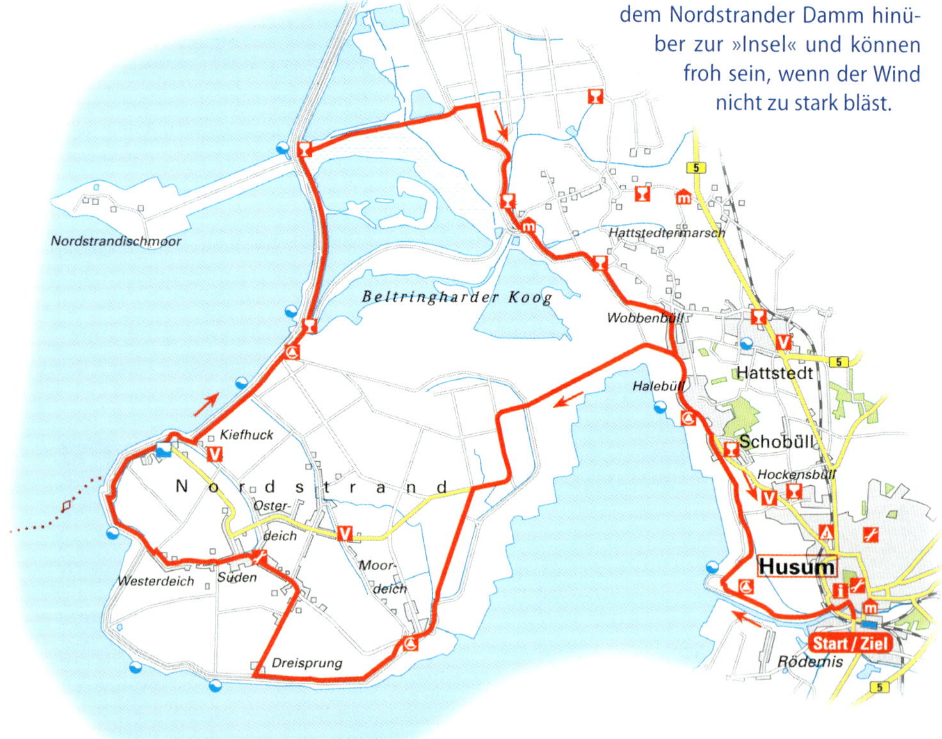

Historische Fahrt aufs Wattenmeer

Vom »**Schobüller Berg**« schweifen die Blicke weit über die Region, während wir im »**Kirchlein am Meer**« Kunst (z.B. Bildhauerei) und Kultur (Konzerte) genießen. Ein Abstecher führt nach Hattstedt mit seiner St.Marienkirche aus massivem Granit und einer Gallerie. **Nordstrand** ist durch die Anbindung ans Festland eigentlich keine Insel mehr, hat diesen Charakter aber nie abgelegt. Nach mehreren Sturmfluten wurde ein **8-m-Schutzdeich** erbaut.

Weiter geht´s durch ruhiges **Bauernland** mit saftigen Weiden. Von Pohnshalligkoog geht es an einigen Höfen vorbei nach Süderhafen im Morsum-Koog. Hier dominiert zwar das Silo, schöner ist aber die renovierte **Mühle »Engel«.** Wir verlassen den Morsum-Koog über die Süderhafenstr. am Seedeich entlang zur Siedlung Dreisprung.

Tipp: Von der **Deichkrone** schweift der Blick über das **Norderstrander Watt** bis zur Halbinsel **Eiderstedt**.

Weiter geht´s auf dem asphaltierten Deichweg, später durch eine Allee nach **Süden**.

Kaum zu glauben, aber im 18.Jhd. gab es hier einen ernsten Glaubenskrieg. Sichtbare Zeichen sind die drei **Kirchen St.Vinzenz, St.Theresia** und **St.Knut**.

Weiter geht´s auf der Hauptdurchgangsstraße von Westen zurück an die See. Wir kommen am **Fährhafen Strucklahnungshörn** vorbei, wo wir im gleichnamigen **Café** die Fähre nach Pellworm beobachten können. Von hier aus bleiben wir nun einfach stets in Wassernähe. Via Kiefhuck geht es durch das Watt zur Nachbarinsel, dann zurück ans Festland. Neben der Küstenstraße radeln wir retour nach Wobbenbüll und auf dem Hinweg zurück.

Kartentipp:

ADFC-Regionalkarte »Schleswig-Holsteinische Nordseeküste«
1:75.000, ISBN 978-3-96990-019-2, 9,95 €

Digital für Smartphones und Tablets: www.fahrrad-buecher-karten.de/rk-digital

4 Durchs Schwedeneck nach Kiel

Von Eckernförde nach Kiel

Dänischer Wohld, so lautet der Name jener Halbinsel, die wir umrunden. Im Schatten der Landeshauptstadt radeln wir in Küstennähe oder durch Buchenwald geschützt.

111Touren Info:

49 km, leicht hügelige Streckentour meist über Radwege und Nebenstraßen. Perfekte Rad-Wegweisung.
Start: Hafen Eckernförde
Ziel: Hafen Kiel
Info: Eckernförde 04351/71790, Kiel 0431/679100

Die Fischer- und Hafenstadt Eckernförde gefällt mit einer hübschen **Altstadt**, die sich rund um **Markt** und **Rathaus** (mit **Heimatmuseum**) postiert. Die **Kleinbürger**- und **Fachwerkhäuser** schmiegen sich an enge Gassen, aus **Fischräuchereien** dringt ein appetitanregender Duft. Besonders sehenswert ist der **innere Hafen** mit der **Holzklappbrücke**. 1994 wurde Eckernförde der Titel »Bundeshauptstadt für Natur- und Umweltschutz« verliehen.

Los geht´s am Hafen von Eckernförde. Ab hier folgen wir dem vierfarbigen Logo des Ostseebäderverbandes, das uns von nun an den Weg weist. Gleich zu Beginn gibt es einen Abstecher zum Gut Altenhof.

Das stattliche **Gut** war lange Zeit in Besitz der mächtigen Grafen Reventlow. Das **Herrenhaus** wurde auch für die nachfolgenden adeligen Besitzer mehrfach umgebaut, so dass es heute oft als Schloss bezeichnet wird.

Weiter geht´s auf unserem Radweg vorbei an der **reetgedeckten Fachwerk-Gaststätte Kiekut** mit Ausblick zum **Ostseebad Schwedeneck**. Von hier radeln wir über Surendorf, Dänisch Niendorf, Stohl und Strande nach Schilksee, den durch die Segel-Olympiade 1972 bekannten Kieler Stadtteil.

Nicht nur für Bootsfreunde: Die Kieler Woche

Tipp: Unterwegs bieten sich drei Abstecher an: Der erste führt noch vorm Schwedeneck zum **Feuerwehrmuseum** in Birkenmoor. An der Gaststätte Schwedeneck beginnt ein Weg vorbei an einem schönen **Herrenhaus** durch einen **Buchenwald** zum **Steilufer**. Bei Strande können wir der Strandstraße zum **Yachthafen** folgen und den **Bülker Leuchtturm** bestaunen. Ein paar Meter weiter genießen wir von der Terrasse am **Bülker Huk** die Aussicht über die **Kieler Außenförde** bis nach **Laboe**.

Weiter geht´s von Schilksee durch einige Vororte , schließlich am Ufer entlang nach Kiel.

Erst mit der Einrichtung eines preußischen **Flottenstützpunktes** im Jahre 1872 wurde Kiel, obwohl es seit 1242 Stadtrechte besaß, aus dem Schlaf gerissen. Die Lage an der See lässt uns nicht wundern, dass viele Sehenswürdigkeiten maritimer Natur sind, wie die **Holtenauer Schleusenanlage**, der gleichnamige **Leuchtturm**, das **Kanalpackhaus** und das **Kanal-Museum**. Überhaupt Museen – damit ist Kiel reich gesegnet: Außer einer **Kunsthalle** gibt es ein **Völkerkunde**- und ein **Zoologisches Museum**, im **Institut für Meereskunde** finden wir ein **Meerwasser-Aquarium**, ein **Stadtmuseum** darf genauso wenig fehlen wie ein **Schifffahrtsmuseum** mit einem **Museumshafen**. Genug alte Dinge gesehen? Dann schlendern wir doch einfach durch die schöne **Fußgängerzone**, die 1957 die erste ihrer Art in Deutschland war. Wer dennoch nicht ganz auf Sehenswertes verzichten mag, findet hier auch die **Nikolaikirche**, das **Opernhaus** und das **Rathaus**. Letzteres verfügt über einen 106 m hohen **Turm** von dem aus unsere Blicke weit über Land und Meer schweifen.

Kartentipp:
ADFC-Regionalkarte »Kieler Förde/Fehmarn/Holst. Schweiz« 1:75.000,
ISBN 978-3-87073-840-2, 8,95 €
Digital für Smartphones und Tablets: www.fahrrad-buecher-karten.de/rk-digital

5 Dänisches Feeling

Ostseeküste – von Gettorf nach Strande

Unsere Tour führt uns ins Hinterland der Ostseeküste. Dänen oder Schweden werden wir hier ebenso wenig treffen, wie den Urwald, den es hier früher gab - dafür reichlich anderes!

111Touren Info:

51 km, meist flache Rundtour mit einigen leichten Anstiegen auf Radwegen und Nebenstraßen.
Start/Ziel: Bahnhof Gettorf
www.gettorf.de

Gettorf ist das größte **Kirchdorf** und **Marktzentrum** der Halbinsel »Dänischer Wohld«, auf dem wir uns hier befinden. Der älteste Teil der heutigen **St.Jürgen-Kirche** besteht noch aus den 2 m starken **Felsquadern** der Vorgängerkirche. Sie dienen als Fundament für den weit sichtbaren 64 m hohen **Turm**. Die alte **Windmühle** geht etwas in dem Neubaugebiet unter.

Tipp: Freunde von zoologischen Gärten sollten den Gettorfer **Tierpark** ansteuern, der recht überschaubar und damit besonders reizvoll ist.

Los geht´s vom Bahnhof Gettorf auf dem Radweg der B 76 aus dem Ort heraus. Später folgen wir den Schildern rechts nach Borghorst, wo wir **Gut Borghorst** finden, das mit Fachwerkscheunen und einem **Wassergraben** versehen ist. Wir folgen zunächst den Wegweisern nach Osdorf, dann der kleinen, hügeligen Landstraße nach Stubbendorf, wo wir weit übers Land blicken können.

Nach der Abfahrt queren wir die Böderstr. und folgen geradeaus mit der Wegweisung Krusendorf der Kirchstr. ins **Ostseebad Schwedeneck**.

Hinter der Krusendorfer **Backsteinkirche** radeln wir auf bzw. neben den Straßen den

Schildern folgend via Arendorf, Hohenhain, Dänisch Nienhof, Stohl, Marienfelde und Altbülk zum **Bülker Leuchtturm**. Von dort sind wir an der Küste entlang rasch in Strande.

Wir passieren auf unserem Weg gleich mehrere aufstrebende **Urlaubsorte**, die nicht nur mit **Ostsee** und **Strand**, sondern auch mit ausgedehnten **Laubwäldern** werben können. **Gut Altbülk**, an dem wir ebenfalls vorbei radeln, ist nicht arg spektakulär, der 27 m hohe **Leuchtturm** auf dem **Bülker Huk** aber umso mehr. Strande fristete lange Zeit ein bescheidenes Dasein, bevor die Kieler es als Tages- und Wochenendziel entdeckten.

Fast wie in der Südsee

Weiter geht´s von der Strandstr. zur Förderstraße-West, die wir geradeaus überqueren und dem Wanderweg folgen, der uns am **Fuhlensee** vorbei führt. Beim **Gut Eckhof** münden wir auf die Dänischenhagener Straße, der wir bis in das gleichnamige Dorf folgen. Über Strander Str., vor der **Feldsteinkirche** rechts in die Schulstr. durchradeln wir den Ort. Den Schildern folgend radeln wir via **Gut Kaltenhof**, Felm, Felmerholz, Kleinfelmerholz (hierhin geht es im spitzen Winkel rechts ab) und Kronshörn nach Wulfshagen.

Die **Fachwerkkaten** im Ort sind hübsch anzusehen, noch schöner ist das waldumstandene **Herrenhaus Gut Wulfshagen**, das ebenfalls in **Fachwerk** gewandet ist.

Weiter geht´s über die schmale Straße durch den Wald und über die Bahnstrecke. Wir folgen den Wegweisern nach »Holand«, und »Wulfshagener Hütten«, wo wir rechts in den Kattenbrock abbiegen. Dieser bringt uns geradewegs am **Tierpark** vorbei wieder zurück nach Gettorf.

Kartentipp:

ADFC-Regionalkarte »Kieler Förde/Fehmarn/Holst. Schweiz« 1:75.000, ISBN 978-3-87073-840-2, 8,95 €

Digital für Smartphones und Tablets: www.fahrrad-buecher-karten.de/rk-digital

6 Wasser wohin wir sehen

Von Plön nach Stocksee

Als wäre diese Region nicht schon durch die Ostsee mit Wasser verwöhnt – rund um Plön reihen sich 12 kleine Seen aneinander. Das Radeln ist hier genau so schön, wie es sich anhört.

111Touren Info:

45 km, etwas hügelige Rundtour meist über Radwege und Nebenstraßen. Gute Rad-Wegweisung.
Start / Ziel: Bahnhof Plön
www.ploen.de

Inmitten der **Seenlandschaft** ragen die historischen Mauern der ehemaligen **Residenzstadt Plön** in die Höhe. Die Silhouette wird beherrscht vom wuchtigen **Renaissance-Schloss**, zu dem **Marstall, Reithaus, Park** und **Lustschloss** gehören. In der **Altstadt**, die sich um den **Marktplatz** mit der **St.Nikolai-Kirche** erstreckt, sind vor allem die **St.Johannis-Kirche** und die **Alte Apotheke** zu beachten. Etwas abseits können wir vom **Aussichtsturm** auf dem **Parnaß** die Landschaft von oben betrachten.

Los geht´s vom aussichtsreichen Bahnhof Plön zum Seeufer und an demselben entlang am **Freibad Fegetasche** vorbei. Versäumen Sie nicht den wunderbaren Blick über den See auf Plön! Am Rand des **Gutes Ruhleben** radeln wir auf einer **Vierer-** und **Großen Plöner See** trennenden **Landzunge**. Auf dem Weg nach Bosau sehen wir das Wasser immer wieder durch die Bäume schimmern.

Panoramablick auf den Plöner See

Der rund 800 Jahre alte **Brook´sche Hof** zeugt davon, dass Bosau eines der ältesten Dörfer Holsteins ist. Im **Ortskern** fallen die windschiefe **Altenteiler Kate**, die **Dunker´sche Kate** und die kostbar ausgestattete **St.Petri-Kirche** auf.

Weiter geht´s um den See herum via Stadtbek und Bredenbek, dann um den Stocksee nach Nehmten.

Tipp: In Bredenbek besteht die Möglichkeit, die Tour um 10 km zu verkürzen, indem wir direkt weiter nach Nehmten radeln. Dann entgeht uns aber die Zusatzrunde um den **Stocksee**, den wir vom **Stockseer Krug** aus besonders gut betrachten können. Sehenswert ist auch die ehemalige **Tagelöhnersiedlung »Im Sande«.**

Das **Gut Nehmten** ist ein altes **Herrenhaus**, dessen **Landschaftsgarten** bis ans Ufer des Plöner Sees heran reicht.

Weiter geht´s am Ufer des Plöner Sees entlang über Godau, einen anstrengenden Hügel nach Sepel und zum **Luftkurort Dersau**. Durch das Gehölz Wildköppel radeln wir zum Gut Ascheberg.

Eine vierzeilige, gut 250 Jahre alte **Lindenallee** markiert die Zufahrt zum **Schloss Ascheberg** auf einer kleinen Halbinsel.

Weiter geht´s mit unserem Radweg am See entlang zurück nach Plön.

Früher war die »**Liebesinsel**« nur mit dem Ruderboot zu erreichen. Nach Absenkung des Wasserspiegels ist das **Niedersächsische Bauernhaus** auf der Südspitze des auch **Prinzeninsel** genannten Fleckens trockenen Fußes erreichbar.

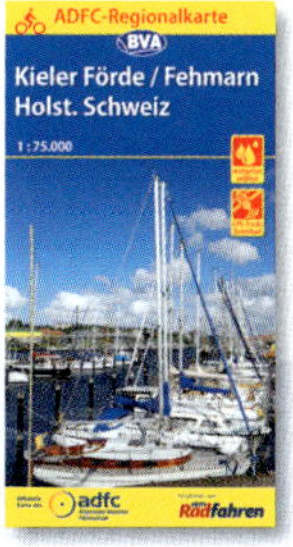

Kartentipp:

ADFC-Regionalkarte »Kieler Förde/Fehmarn/Holst. Schweiz« 1:75.000,
ISBN 978-3-87073-840-2, 8,95 €

Digital für Smartphones und Tablets: www.fahrrad-buecher-karten.de/rk-digital

7 Ruhe und Abgeschiedenheit

Von Eutin nach Pönitz

Wir starten in Eutin, einer der schönsten Städte Schleswig-Holsteins, zu einer Radtour ins Grüne. Auf unserer Tour an einigen Seen vorbei stört nur wenig unsere Radel-Idylle.

111Touren Info:

44 km, etwas hügelige Rundtour meist über Radwege und Nebenstraßen. Gute Rad-Wegweisung.
Start / Ziel: Bahnhof Eutin
www.eutin.de

Unübersehbar erhebt sich **Schloss Eutin** aus dem **Wassergraben**. Ganz so, wie wir das in einer solchen Anlage erwarten, gibt es auch eine **Kapelle**, die reichhaltig ausgestattet ist. In einer **Gemäldegalerie** hängen die Portraits zahlreicher Mitglieder der europäischer Fürstenhäuser. Der **Marstall** beherbergt heute das **Ostholstein-Museum**, in dem wir alles über die Region erfahren. So auch, dass Eutin schon 1156 Bischofssitz wurde und 1257 die Stadtrechte verliehen bekam. Es gibt aber noch mehr in der **Rosenstadt** zu entdecken – aus den vielen **Backstein- und Fachwerkbauten** suchen wir uns **Rathaus, Witwenpalais, Hofapotheke, Voß´sches Haus** und die **Kapitalhöfe** als besonders sehenswert heraus. Bestens überblicken können wir alles vom **Wasserturm** aus.

Los geht´s vom Bahnhof zum See durch eine fast 300 Jahre alte Lindenallee vor dem Schloss her zur Anlegestelle am Redderkrug. Bis Vinzier folgen wir dem Weg Nr.25 durch einige Dörfer hindurch. Auch Süsel ist via Bujendorf rasch erreicht.

Zu unserer Überraschung finden wir in **Süsel** mit **St.Laurentius** eine der schönsten Landkirchen Oberholsteins. Von der reichhaltigen **Innenausstattung** sind vor allem die **Kreuze** zu beachten.

Tipp: Im **Süseler See** können wir uns zwischendurch

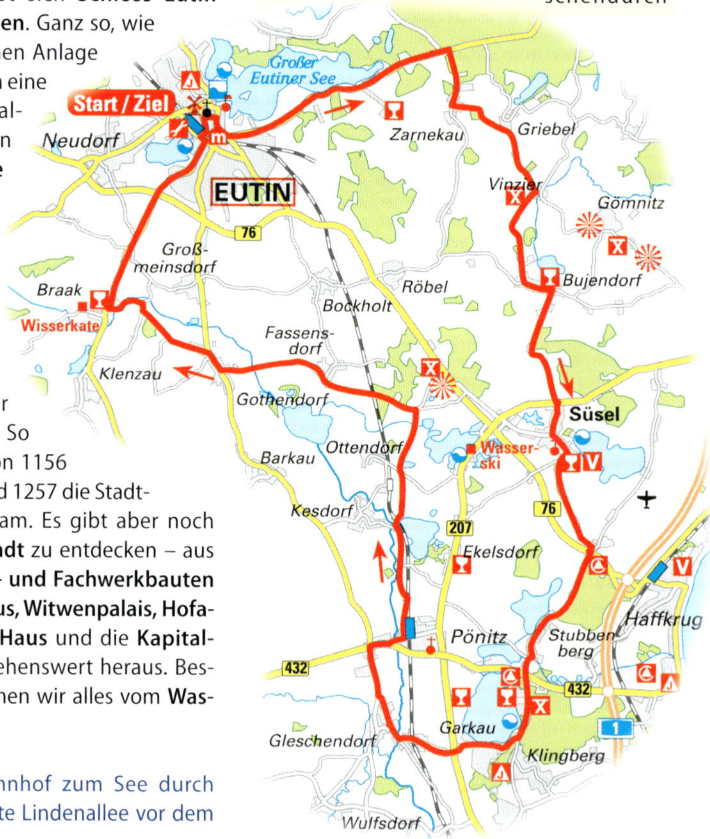

Rosenstadt Eutin und...

Abkühlung verschaffen. Gleiches bieten der **große** und der **kleine Pönitzer See**.

Eutiner Schloss

Weiter geht´s nach Klingberg, wo Paul Zimmermann 1903 die erste **FKK-Siedlung** gründete. Weil es am See viel Privatbesitz gibt, müssen wir uns vom Ufer trennen und am Kurpark entlang durch eine Siedlung radeln. An Gut Garkau vorbei gelangen wir nach Gleschendorf, wo wir das Flüsschen Schwartau überqueren.

Das kleine Flüsschen **Schwartau** gibt nicht nur dem Kurort bei Lübeck seinen Namen, sondern auch der **Marmelade**, die wir gerne auf dem Frühstückstisch stehen haben.

Weiter geht´s vorbei am Bahnhof Pönitz (von hier können wir auch mit der Bahn zurück fahren) nach Woltersmühlen. Mit Blick auf **weitere Seen** radeln wir via Fassendorf, Gothendorf und Braak wieder zurück nach Eutin, wo unsere Tour endet.

Kartentipp:
ADFC-Regionalkarte »Lübeck und Umgebung« 1:75.000,
ISBN 978-3-96990-061-1, 9,95 €
Digital für Smartphones und Tablets: www.fahrrad-buecher-karten.de/rk-digital

8 Wettradeln mit den dicken Pötten

Von Glückstadt nach Brunsbüttel

111Touren Info:

27 km, Streckentour meist auf befestigten Radwegen bzw. Straßen/Wegen, keine Steigungen, regionale Wegweisung sowie Beschilderung „Nordseeküsten-Radweg"
Start: Glückstadt
Ziel: Brunsbüttel
www.glueckstadt.de

Wir radeln absolut steigungsfrei auf dem bestens ausgebauten Radweg, der ein Teil des Nordseeküsten-Radwegs ist. Es lohnt sich, immer mal wieder über den Deich zu blicken, um das rege Treiben auf der Elbe zu betrachten. In Brunsbüttel kommen wir den „Dickschiffen" ganz nah, denn hier beginnt der vielbefahrene Nord-Ostsee-Kanal.

„Glückstadt – der Königstraum an der Elbe" – so wirbt die Kleinstadt gerne für sich. Der Slogan geht zurück auf den Dänenkönig Christian IV, der 1617 hier den Grundstein für Glückstadt legen ließ.

Das Herz der Stadt schlägt rund um den **Binnenhafen**, der von tollen alten Häusern umringt wird. Hier schmeckt der **Matjes**, für den Glückstadt auch bekannt ist, besonders gut! Die Altstadt zieht sich vom Hafen vorbei an alten **Adelshöfen** bis zum Marktplatz mit dem schicken **Rathaus** aus der Spätrenaissance.

Tipp: Wer länger in der Region ist, kann in Glückstadt mit der **Fähre** über die Elbe schippern. Dabei kommen wir nicht nur den dicken Frachtschiffen richtig nahe. Am andern Ufer können wir auch genüsslich durch das „**Alte Land**" radeln, was nicht nur zur Obstblühte ein Fest für die Sinne ist. Auch bis Stade mit seiner Altstadt ist es nicht allzu weit.

Los geht´s am Hafen von Glückstadt, wo wir direkt in den Nordseeküsten-Radweg einsteigen können. Am Deich entlang kommen wir zur Mündung der Stör. Nachdem wir den Fluss über das Sperrwerk passiert haben, gesellen wir uns wieder zum Deich, radeln vorbei an Brokdorf, werden vom Wasser weg geleitet und können einen kleinen Aufenthalt in St. Margarethen einplanen.

Das **Sperrwerk** der Stör ist eines der wichtigsten Bauwerke der Region, denn es regelt den Abfluss des Wassers ins Meer und verhindert

Mit der kleinen Kanalfähre erreichen wir die Innenstadt von Brunsbüttel

zugleich, dass sich Springfluten ins Land ergießen. Kurz hinter dem Sperrwerk kommen wir an einem schönen alten **Leuchtturm** vorbei.

Weiter geht´s von St. Margarethen wieder zurück zum Deich, dann durch das Industriegebiet zur Kanalfähre. Auf der anderen Seite sind es nur noch ein paar Pedaltritte bis ins Herz von Brunsbüttel.

Brokdorf war in den 1980er Jahren das Ziel von Demonstranten, die den Bau des Kernkraftwerks verhindern wollten. Naja, schön anzusehen ist der Meiler nun nicht. Daher widmen wir uns wenig später dem Ort St. Margarethen mit seinen roten Backsteinhäusern und dem weiß-rot-gestreiften **Leuchtturm**.

Brunsbüttel wurde durch den Bau des Nord-Ostsee-Kanals zum wichtigsten Seehafen der Region. Schon beim Übersetzen mit der kleinen **Fähre** werden wir beeindruckt durch die sehr nahen Ozeanriesen. Die passieren hier die Schleuse, um quer durch Holstein nach Kiel zu fahren. Damit sparen sie sich den weiten Weg um Dänemark herum. Entsprechend wuselig geht es hier auf dem Wasser zu. Auf der anderen Seite des Kanals steuern wir den **Aussichtspunkt** an. Eine **Anzeige** verrät uns, wann welche großen Schiffe erwartet werden. Wenn es gerade ruhig ist, besuchen wir das direkt nebenan liegende Schleusenmuseum Atrium.

Nicht versäumen dürfen wir, uns das historische Brunsbüttel anzusehen, das etwas entfernt von der Schleuse liegt. Dazu gehören das efeubewachsene **Rathaus**, die Paulus, die Jakobus-Kirche und vor allem das **Matthias-Boie-Haus**, was als eines der schönsten Fachwerkhäuser der Gegend gilt.

Kartentipp:

ADFC-Regionalkarte „Hamburg - Kiel - Neumünster“
1:75.000, ISBN 978-3-87073-938-6, 9,95 €

ADFC-Regionalkarte „Schleswig-Holsteinische Nordseeküste mit Inseln“
1:75.000, ISBN 978-3-96990-019-2, 9,95 €

Digital für Smartphones und Tablets: www.fahrrad-buecher-karten.de/rk-digital

9 Die Route des weißen Goldes

Von Lüneburg nach Lübeck

Der Elbe-Ostsee-Kanal wurde schon 1398 erbaut, um dem teuren Gut Salz die Reise an die See zu verkürzen. Auf unserer Radtour durch die grüne, aber doch geschichtsträchtige Gegend wird uns dieser Kanal begleiten.

111Touren Info:

91 km, flache Streckentour meist auf Radwegen, Kürzung durch Bahnetappen möglich. Perfekte Rad-Wegweisung.
Start: Bahnhof Lüneburg
Ziel: Bahnhof Lübeck
www.lueneburg.de
www.luebeck.de

Lüneburg hat eine solche Fülle von Sehenswertem, dass wir Tage hier verbringen könnten. Wahrzeichen der Stadt ist der **Kran** am **Fischmarkt**, neben dem der ehemalige **Heringsspeicher** und die **Lüner Mühle** emporragen. Weiter an der Ilmenau treffen wir auf die **St.Johannis-Kirche** und den **Wasserturm**, der an der Stelle der alten **Wehranlage** steht. Ein wenig außerhalb liegt das **Deutsche Salzmuseum**, während der zentrale Platz »**Am Sande**« von **Patrizierhäusern** umrahmt wird. Das größte deutsche aus dem Mittelalter erhaltene **Rathaus** finden wir am **Markt**.

Los geht´s vom Bahnhof über Bahnhof- und Lünertorstr. in den Lüner Weg, wo bereits die Rad-Wegweisung (rechteckige weiße Schilder mit Rad und »Alte Salzstraße«) beginnt.

So ist der Kanal rasch erreicht.

Das **Schiffshebewerk Scharnebeck** hebt mit Gegengewichten die Schiffe in nur drei Minuten auf- und abwärts. Das Schauspiel können wir von einer Plattform aus beobachten.

Weiter geht´s den Schildern folgend in Kanalnähe nach Lauenburg, wo wir zunächst die Elbe, dann den Kanal überqueren.

Die gesamte **Altstadt** ist als **Stadtdenkmal** ausgewiesen – kein Wunder, denn in dem Ensemble rund um das **Rathaus** (mit **Elbschifffahrtsmuseum**), das wir über die Elbstraße ansteuern, ist ein Haus schöner als das andere. Und alt, wie z.B. **Mensingsches Haus (1573)**, **Schreyersches Haus (1581)**, **Fachwerktraufenhaus (1583)** oder **Elbschifferhaus (1663)**.

Berühmt: Das Holstentor in Lübeck

Weiter geht´s am Kanal entlang, wieder über diesen hinweg, an der Palmschleuse vorbei. Ab dem Lauenburger Hafen folgen wir den Treidel-Wegen am Elbe-Lübeck-Kanal über Büchen, Siebeneichen, Güster und Grambeck nach Mölln.

Tipp: Hinter Siebeneichen führt ein Abstecher zum **Gut Wotersen.** Das **schlossartige Herrenhaus** war Schauplatz der Fernsehserie »Das Erbe der Guldenburgs«.

In Mölln »lebt« Till **Eulenspiegel** – es gibt einen **Brunnen** und ein **Museum** zum Thema. Dabei ist die malerische Stadt an zwei Seen ohnehin mit Sehenswertem gesegnet, wie dem **Backstein-Rathaus**, der **St.Nicolai-Kirche**, dem **Wasserturm** (mit **Aussicht**) oder dem **Stadtmannshof**.

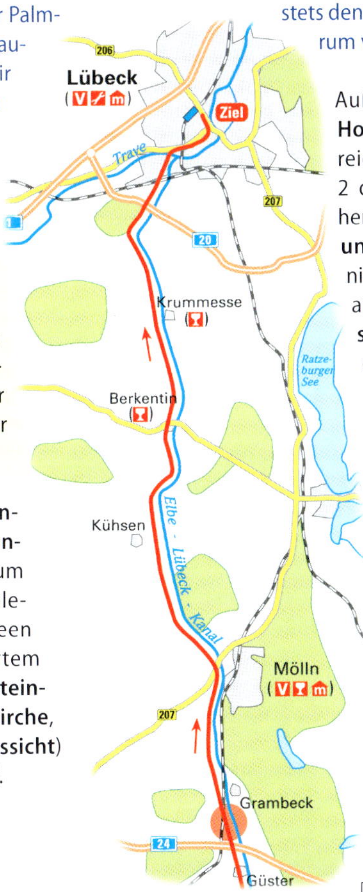

Weiter geht´s an gleich fünf Schleusen vorbei stets den Schildern folgend ins Zentrum von Lübeck.

Außer dem weltberühmten **Holstentor** gibt es auch hier reichlich zu staunen: In der 2 qkm großen **Altstadt** stehen mehr als **1.000 Gebäude unter Denkmalschutz**, also nicht nur der **Dom**, die vielen anderen **Kirchen**, die **Salzspeicher**, das **Rathaus** oder das **Buddenbrookhaus**.

Kartentipp:
ADFC Radausflugsführer »Alte Salzstraße«
1:50.000, ISBN 978-3-87073-526-5, 14,95 €

10 An der Oberalster

Von Ohlstedt nach Norderstedt

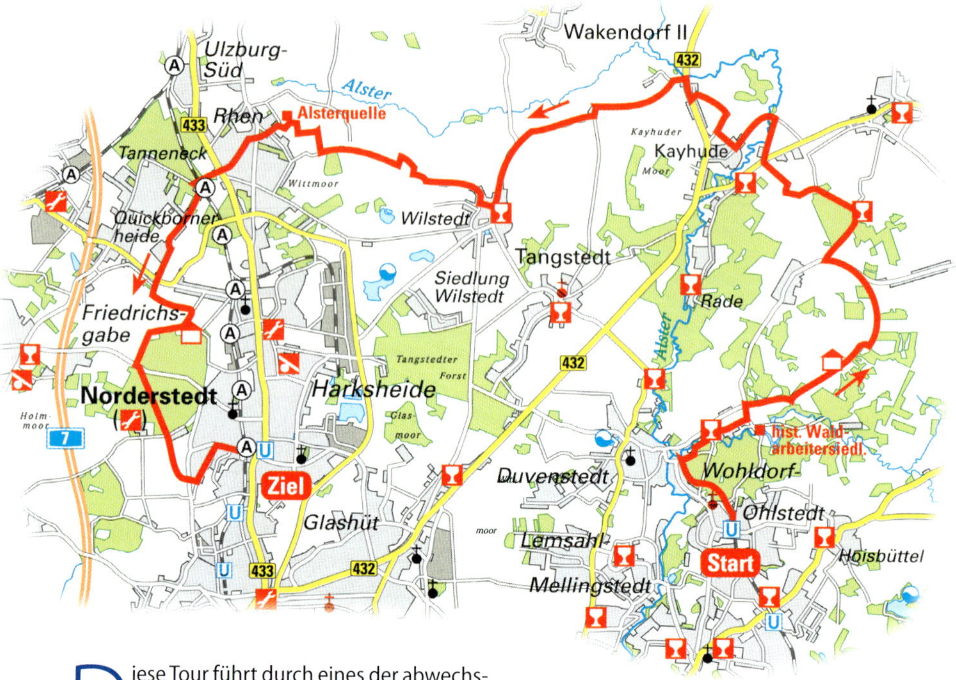

Diese Tour führt durch eines der abwechslungsreichsten Naherholungsgebiete Hamburgs, den Wohldorfer Wald.

111Touren Info:

40 km, flache Streckentour meist über Radwege, kleines Teilstück über eine stark befahrene Straße.
Start: U-Bahnhof Ohlstedt
Ziel: U-Bahnhof
Norderstedt-Mitte
www.hamburg.de

Los geht´s von der U-Bahn-Station links unter der Brücke her und rechts durch Timms Hege. Rechts in den Kupferredder. Gegenüber dem Parkplatz links den gelben Wanderpfeilen nach in das **Naturschutzgebiet Wohldorfer Wald.** Wir kommen am **Kleinbahn-Museum** und rechts, später links abbiegend, am **Herrenhaus** vorbei.

Seit 1961 ist der Betrieb der elektrischen Straßenbahn auf dieser Strecke eingestellt, so dass das alte **Bahnhofsgebäude** nun als **Museum** dient. Das mit einem **Wassergraben** umgebene **Fachwerk-Herrenhaus Wohldorf** versteckt sich hinter den Bäumen.

Weiter geht´s am Beginn der Linkskurve links in den unbefestigten Fußweg, Weberstieg genannt. Am Ende beim **Naturschutz-Infohaus** rechts auf dem Duvenstedter Triftweg in den Duvenstedter Brook.

Das 10 qkm große **Naturschutzgebiet** zeichnet sich durch vielfältige Landschaftsformen aus, wo sich Kraniche, Rot- und Damwild wohl fühlen.

Gelungener Auftakt mit der Kupfermühle in Wohldorf

Weiter geht´s recht verzwickt durch den Wald: An der Revierförsterei links in die Landstr. In Wiemerskamp rechts (Pfingsthorst), halb links in den Schierenhorster Weg, an dessen Ende rechts. Dem »K« bzw. dem gelben Pfeil nach zum Krögersweg, der die Alster begleitet. Beim Gut Stegen links über die Brücke. In Kayhude rechts (Wiesenweg) und in Naherfurth links, dann rechts auf die B 432. Am Ortsende links (Fahrenhorster Weg), an der Weggabelung links. Nach kurvenreicher Fahrt beim Bauernhof rechts und geradeaus auf der Landstr. In Wilstedt am Kriegerdenkmal rechts (Dorfring), dann rechts (Henstedter Weg), am Ende halb rechts auf dem Asphaltweg. In Togenkamp in der Rechtskurve halb links, für 4 km dem »A2« folgen. Bei den Leitplanken rechts, nächste links, am Teich rechts und gleich wieder links am Rinnsal entlang zur Alster-Quelle

Tipp: Nach dieser »Pfadfinderei« haben wir uns eine Pause verdient. Dazu dient hier ein Moortümpel, den eine Feldsteinmauer einfasst – so unscheinbar sieht die **Alsterquelle** aus. Schon lang war die Alster das Ziel der Begierde, auch wegen des einträglichen Betriebs von **Wassermühlen**.

Das Ziel der Begierde: die Alster

Weiter geht´s am Ende links in den Asphaltweg, rechts durch den Nadelwald, links auf der Hauptstr. Wir können nun wählen, ob wir einfach der B 433 nach Norderstedt folgen, oder ob wir abseits in »zackiger Fahrt« Nebenstraßen benutzen. Die Rathaus-Allee bringt uns in jedem Falle zur U-Bahn-Station. Vor der Heimfahrt sehen wir uns noch das **Feuerwehr-Museum** in einem **200 Jahre alten Anwesen** an.

Kartentipp:

ADFC-Regionalkarte »Hamburg und Umgebung« 1:75.000,
ISBN 978-3-87073-968-3, 9,95 €

Digital für Smartphones und Tablets: www.fahrrad-buecher-karten.de/rk-digital

11 Ruhe und Abgeschiedenheit mitten in der Millionenstadt

Rundtour durch den Hamburger Stadtpark

Dies ist eine Tour, die sich komplett von allen anderen unterscheidet: Die beschriebene Strecke umfasst nur 6 km, dafür verläuft sie komplett autofrei durch die grüne Lunge Hamburgs. Wir können beliebig kreuz und quer radeln, picknicken, Menschen und Tiere bestaunen, in die Sterne sehen und und und…

111Touren Info:

6 km, Rundtour ausschließlich auf Radwegen, keine Steigungen, regionale Wegweisung
Start und Ziel: Stadtpark-Eingang Saarlandstraße
www.hamburg-tourism.de

Sage und schreibe 148 Hektar umfasst das Areal des Hamburger **Stadtparks**. Im Zeitalter der Industrialisierung verschwanden in den deutschen Großstädten immer mehr Wälder und Wiesen. Auch in Hamburg war dies zu beobachten. Die Einwohner sehnten sich aber danach, am Ende eines harten Arbeitstages oder am Wochenende frische Luft zu tanken und dabei den Blick auf die Natur genießen zu können. Also wurde 1901 von der Stadt beschlossen, das sogenannte Sierichsche Gehölze anzukaufen und einen Park anzulegen. Davon zeugt das gleichnamige **Forsthaus**, das hier seit 1885 steht. Im Jahre 1914 wurde die Grünanlage als Volksgarten eröffnet.

Los geht´s am Eingang „Saarlandstraße" des Stadtparks. Nachdem wir den Goldbekkanal überquert haben, biegen wir links ab und folgen einem der vielen Wege, die im Uhrzeigersinn am Rand des Stadtparks entlang führen. Wir tangieren den rechts liegenden Stadtparksee, überqueren rechts versetzt die Otto-Wels-Straße und biegen später rechts ab, um zum Planetarium zu radeln.

Gleich zu Beginn kommen wir am **Modellboot-Teich** vorbei, der 70 cm tief ist und einen Durchmesser von 40 m hat. Bei schönem Wetter kommen wir hier zum ersten Mal ins Staunen, wie perfekt die Modelle gearbeitet wurden, die hier zu Wasser gelassen werden.

Auch auf unserer Runde liegt die **Freilichtbühne**, auf der Open-Air-Konzerte stattfinden.

Wenn wir einfach ´mal im Zick-Zack durch den Stadtpark cruisen, entdecken wir überall spannende Gebäude wie den **O´Swaldschen Pavillon**, die **Trinkhalle**, den Pinguinbrunnen oder die überdachte **Liebesinsel**, auf der schon viele für einen Heiratsantrag niederknieten.

Das **Planetarium** gilt als Wahrzeichen des Stadtparks. Zunächst als Wasserturm am west-

Viel Grün und Erholung mitten in der Stadt – das bietet der Hamburger Stadtpark

lichen Ende der Mittelachse erbaut, wurde es 1930 zu einem Planetarium umgebaut. 2017 wurde nochmals technisch nachgerüstet, so dass alljährlich mehrere Hunderttausend Besucher durch die moderne Eingangshalle in den **Sternensaal** schreiten können.

Weiter geht´s vom Planetarium weiter im Uhrzeigersinn am Rad des Parks entlang, wobei wir zwischendurch wieder die Otto-Wels-Straße queren.

Das charmante dabei: Wenn wir genauer hinsehen, entdecken wir immer wieder spannende **Kunstwerke**: neben Adam und Eva, den Zentauren oder badenden Schönheiten sind es vor allem Tiermotive, die Bildhauer hier schufen.

Natürlich gibt es auch eine Minigolfanlage, einen Rosengarten, eine ganze Reihe von toll ausgestatteten Spielplätzen und ein 3.000 qm großes Planschbecken.

Die Mitte der Anlage wird dominiert von der riesigen **Wiese**. Hier tummeln sich die Menschen, um verschiedensten Sportarten nachzugehen, zu grillen oder einfach ein Sonnenbad zu nehmen.

Tipp: Wer seine Verpflegung nicht dabei hat, steuert den **Biergarten** an, der Köstlichkeiten in flüssiger und fester Form bereit hält. Gute Luft und spannende Aussichten sind inklusive!

Zum Ende der Runde durch den Park steuern wir den **Stadtparksee** an. Der ist so groß, dass er mit Dampfern vom Jungfernsteg an der Alster angelaufen wird. Gut abgetrennt ist das **Natur- und Freibad** Stadtparksee, in dem wir uns täglich ab 11 Uhr abkühlen können.

Kartentipp:
ADFC-Regionalkarte »Hamburg und Umgebung«
1:75.000, ISBN 978-3-87073-968-3, 9,95 €
Digital für Smartphones und Tablets: www.fahrrad-buecher-karten.de/rk-digital

12 Der Jasmund

Rügen – Von Sassnitz nach Sagard

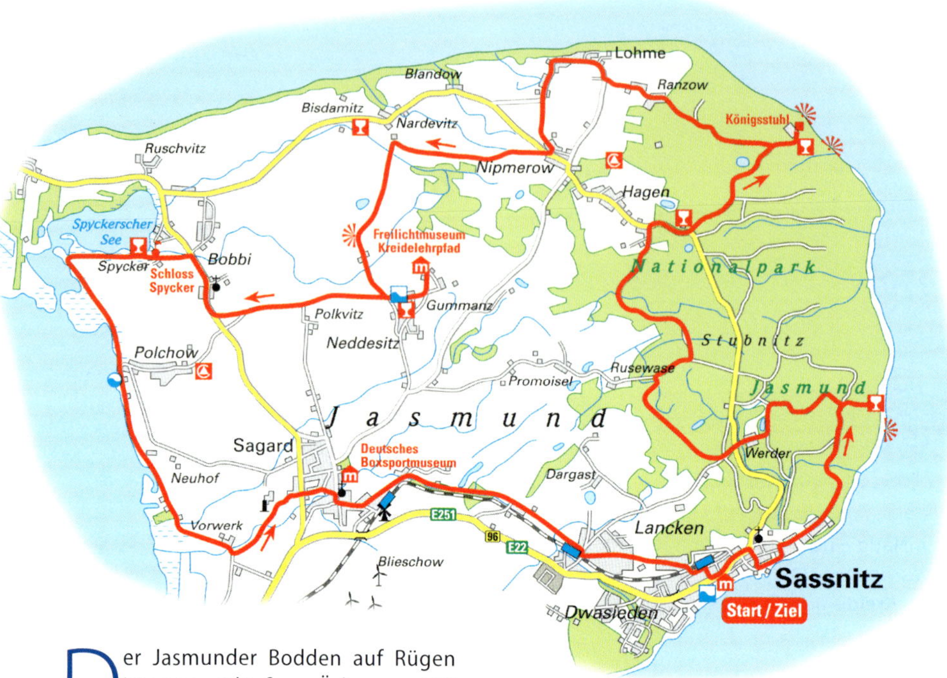

Der Jasmunder Bodden auf Rügen ist von weitläufigen Äckern und Wiesen sowie prächtigen Buchenwäldern durchzogen. Vom weltberühmten Königsstuhl aus bewundern wir den schaurig-schönen Tief- und Fernblick.

111Touren Info:

47 km, Rundtour mit teils kräftigen Steigungen auf Straßen und Radwegen.
Start / Ziel: Bahnhof Sassnitz
www.sassnitz.de

Los geht's vom Bahnhof Sassnitz via Bahnhof-, Hafen-, Markt-, Berg- und Weddingstraße zum Parkplatz am **Nationalpark Jasmund**. Auf einem als Radweg ausgewiesenen Forstweg Richtung **Hagen**, vorbei am **Forstamt** zur Stubbenkammerstraße und nach rechts Richtung **Sassnitz**, links Richtung **Stubbenkammer** zum Parkplatz am **Königsstuhl**.

Der Königsstuhl ist eine 200 qm große **Aussichtsplattform**, die einen wundervollen Tief- und Fernblick freigibt. Nach Entrichten des Eintrittsgeldes muss man diesen Ort aber mit vielen anderen Besuchern teilen. Weitaus ruhiger geht es auf der benachbarten **Victoria-Sicht** zu – zum Nulltarif!

Weiter geht's mit Blick auf das noch ferne **Kap Arkona** zur Siedlung Ranzow und weiter nach Lohme. Wir radeln weiter, einige Höhenmeter überwindend, nach Nipmerow und tauchen wenig später in eine hügelige Acker- und Weidelandschaft ein. Vom **Slanteberg**, den ein **Hünengrab** krönt, gibt es einen Blick übers **Tromper Wiek** hinweg zum **Nordkap**. Wir passieren **Gut Quoltitz** über einen Landweg und gelangen nach **Neddesitz**.

Blick von den Wissower Klinken auf die Ernst-Moritz-Arndt-Sicht

In **Neddesitz** erwarten uns ein **Herrenhaus**, das Badeparadies **Jasmund Therme** sowie das **Kreidemuseum**.

Weiter geht's Richtung **Bobbin** mit der gotischen **Kirche St.Paul**, am **Schloss Spyker** vorbei zum **Spykerschen See**. Durch den **Jasmunder Bodden** gelangen wir zur Siedlung Rachenberg

Tipp: Umschauen sollte man sich in Bobbin auf dem **Friedhof**, der zahlreiche interessante **Grabinschriften** über die Dorfgeschichte bereithält.

Das **Schloss Spyker** wurde im 16. Jhd. von der Familie von Jasmund erbaut und beherbergt heute ein Hotel. Im **Gewölbekeller** lässt sich sowohl rustikal als auch exklusiv speisen.

Weiter geht's durch den Jasmunder Bodden vorbei am **Martinshafen** – hier wurde früher die abgebaute Kreide transportiert – nach Sagard.

Der heute trist wirkende **Ort Sagard** war einst der **erste Badeort Rügens**. 1794 gründeten hier die Brüder von Willich die »Brunnen-, Bade- und Vergnügungsanstalt«. Sehenswert sind auch die **Dorfkirche** sowie das einzige deutsche **Boxsportmuseum**.

Weiter geht's via Quatzendorf, Kreidewerk Rügen und Lancken zurück zum Bahnhof Sassnitz.

Kartentipp:
ADFC-Regionalkarte »Rügen/Fischland-Darß« 1:75.000,
ISBN 978-3-87073-915-7, 8,95 €
Digital für Smartphones und Tablets: www.fahrrad-buecher-karten.de/rk-digital

13 Berge an der See

Rügen - Von Binz nach Sellin

Schluchten, Steilküsten, Moore, Wiesen, Felder, Täler und Höhenzüge prägen die Granitz mit ihrem weithin sichtbaren Jagdschloss. Neben den mondänen Seebädern Binz und Sellin durchradeln wir zahlreiche Bauern- und Fischerdörfer.

111Touren Info:

34 km, Rundtour mit einigen kurzen Anstiegen meist auf Radwegen.
Start / Ziel: Bahnhof Binz
www.ostseebad-binz.de

Tipp: Binz zählt zu Recht als »Nizza des Ostens«. Außer dem Strandbetrieb gibt es viel Kultur, wie z.B. **Fälschermuseum, Museum zum Anfassen, Erlebnismuseum Wasserwelt** und vieles mehr.

Weiter geht's vom **See-Café** über einen Radweg durch den Park in einen kleinen Wald über die Gleise der **Rügenschen Kleinbahn.**

Via Granitzer Straße gelangen wir ins **Naturschutzgebiet Granitz** und erklettern den Tempelberg, wo wir das Jagdschloss erreichen.

Los geht's vom Bahnhof Binz via Dollahner-, Jasmunder- und Wylichstraße zur Seepromenade am **Schmachter See.**

Der **See** entstand während einer Eiszeit. Die durchschnittliche Wassertiefe liegt nur bei rund einem Meter. Der See (mitsamt Ufer) steht heute unter **Naturschutz** und beherbergt eine große Anzahl gefährdeter **Vögel** und **Pflanzen.**

Das **Jagdschloss Granitz** wurde 1835 – 1846 von Fürst Malte I. auf dem 107 Meter hohen **Tempelberg** errichtet. Es beherbergt heute ein **Museum** mit wechselnden Kunstausstellungen, eine Gastronomie und ein Trauzimmer im Marmorsaal.

Weiter geht's auf Kopfsteinpflaster bergab, vorbei am ehemaligen **Torhaus.** Wir überqueren Gleise und erreichen eine Kastanienallee. Über die B 196 gelangen wir nach Lan-

Außen wie Innen eine Wucht: Jagdschloss Granitz

cken- Granitz und vorbei an der **Andreas-Kirche** zum **Dorfplatz** mit seiner imposanten **Linde**. Hier rechts, nach 400 m. links Richtung Neu Reddevitz, vorbei an dem **prähistorischen Friedhof** mit seinen **Megalithgräbern** und einer Unterstandshütte auf eine schmale Asphaltstraße (rechts halten), die uns in Berg- und Talfahrt vorbei an der Siedlung Gobbin über den Teschenberg nach Neu-Reddevitz bringt. Hier genießen wir am Strand die herrliche Aussicht auf das **Reddevitzer Höft**, die **Insel Vilm** und die **Stresower Bucht**. Auf gleichem Weg zurück zur **Unterstandshütte**. Nachdem wir die Orte Preetz und Seedorf passiert haben, verhilft uns eine schmale Brücke über die **Lanckener Bek**. In Neuesien beginnt der Aufstieg auf den **Hohen Berg** (Wanderwegmarkierung weiß-grün-weiß) und weiter nach Moritzburg. Am Ufer des Selliner Sees radeln wir über Altensien nach Sellin. Entlang der B196 und via Ostbahn-, Luftbad- und Wilhelmstraße geht es zur Hochuferpromenade. 50 Meter zurück in die Warmbadstraße, links in die August-Bebel-Straße, dann Richtung Binz. Nach einem steilen Anstieg passieren wir die **Gnadenkirche** und gelangen zu einem Forstweg Richtung Binz. Nach einer neuerlichen Berg- und Talfahrt vorbei am **Schwarzen See** kommen wir über Klünderberg, Heinrich-Heine-, Schiller-, Wylich-, Dünen- und Hans-Beimler-Straße zurück zum Bahnhof Binz.

Die Seebrücke in Binz

Kartentipp:

ADFC-Regionalkarte »Rügen/Fischland-Darß« 1:75.000,
ISBN 978-3-87073-915-7, 8,95 €

Digital für Smartphones und Tablets: www.fahrrad-buecher-karten.de/rk-digital

14 Deutschlands ältestes Seebad

Von Wismar nach Warnemünde

Am Fuße des Leuchtturms steht Warnemünders berühmter „Teepott".

Auf dem Ostsee-Radfernweg radeln wir über einen schier unüberwindbaren »Berg« (78 Meter), durchs flachwellige Küstentiefland vorbei an Steilufern und Küstenwäldern.

111Touren Info:

71 km, meist flache Streckentour, vorwiegend Asphaltstraßen und Radwege.
Start: Bahnhof Wismar
Ziel: Bahnhof Warnemünde
www.wismar.de
www.rostock.de

Los geht's via Bahnhof-, Poeler Str. und Müggenburger Weg zum Flugplatz. Wir folgen der Wegweisung nach Gagzow und ab dem Dorfplatz den Schildern über Krusenhagen, Farpen, Robertsdorf, Blowatz, Boiensdorf nach Stove.

Wahrzeichen von Stove ist die **Windmühle** von 1889. Radelnde Müsli-Freaks können hier heute ihren Proviant auffüllen und für zu Hause Backrezepte mitnehmen.

Weiter geht's: den Wegweisern Boiensdorf, Pepelow folgen, über den 54 Meter hohen **Scharberg** nach Pepelow. Hier halten wir uns bei der Straßenverzweigung rechts und verlassen das Dorf auf der Haffstraße. Wenig später erreichen wir Rakow und rollen über die Dorfstr. mit Gefälle mühelos nach Teßmannsdorf. Den Wegweisern folgend erreichen wir via Roggow den Ort Rerik. Über John-Brinkman-Str. und Wustrower Str. geht es ins Zentrum, und über die Dünenstr. zum **Fischereihafen** sowie zur **St.-Johannis-Kirche**. Via Leuchtturm-, Schillerstr. und Meschendorfer Weg kommen wir an ein denkmalgeschütztes **Jungsteinzeitgrab**. Den Schildern nach radeln wir über Wendelstorf, Strand Kägsdorf, und »Zum Rieden« nach Kühlungsborn.

Das ehemals größte Ostseebad der DDR ist heute ein beliebter Kur- und Badeort. Die grüne Stadt am Meer besitzt eine frühgotische **Dorfkirche** und die 1872 errichtete **Brunshöver Mühle**.

Gestatten: »Molli«

Tipp: Die seit 1910 bestehende **Schmalspurbahn** »Molli« verkehrt noch heute fahrplanmäßig zwischen Kühlungsborn und Bad Doberan (Fahrradmitnahme möglich). In 10 Tagen kann man/frau sich hier in theoretischem und praktischem Unterricht zum »Ehrenlokomotivführer« ausbilden lassen.

Weiter geht's via Reriker-, Fritz-Reuter-, Friedrich-Borgwardt- und Hermannstr. und Straße des Friedens, der wir nach rechts folgen. Vorbei am Ort Kühlungsborn-Ost und dem **Konzertgarten Ost** kommen wir zur breiten Strandpromenade. Über den breiten Wanderweg setzen wir unsere Fahrt fort nach Heiligendamm.

Das säulengeschmückte Kurhaus ist Aushängeschild von Heiligendamm, das **Deutschlands erstes Seebad** war.

Weiter geht's über die Kühlungsborner Str. am Kurhaus und am Rosa-Luxemburg-Haus vorbei auf die Prof.-Dr.-Vogel-Straße nach Börgerende. Der Wegweisung Nienhagen und später Warnemünde folgend, erreichen wir das Ziel unserer Etappe.

Warnemünde wurde 1195 zum ersten Mal erwähnt und ist seit 1323 Stadtteil von Rostock. Das Seebad hat sich seinen ursprünglichen Charakter bewahrt. Sehenswert sind die **Pfarrkirche** von 1866 und der 37 Meter hohe **Leuchtturm. Meyer's Mühle** von 1866 beherbergt heute eine Gastwirtschaft.

Kartentipp:
ADFC-Regionalkarte »Ostseeküste/Schwerin« 1:75.000,
ISBN 978-3-87073-974-4, 9,95 €
Digital für Smartphones und Tablets: www.fahrrad-buecher-karten.de/rk-digital

15 Die Badewanne Berlins

Von Wolgast nach Ahlbeck

An der pommerschen Riviera radeln wir durch die Seebäder Zinnowitz, Bansin und Heringsdorf nach Ahlbeck.

111Touren Info:

41 km, Streckentour mit einigen kräftigen Anstiegen überwiegend auf Radwegen.
Start: Wolgast, Hafenbrück
Ziel: Bahnhof Ahlbeck
www.wolgast.de
www.ahlbeck.de

Los geht's via Hafenbrück, Peenemünder Str., **Schlossinsel** und Brücke der Freundschaft. Gleich hinter der Klappbrücke passieren wir die Bahnstation **Wolgaster Fähre** und folgen der B 111 bis zur Tankstelle. Hier treffen wir auf den Radweg, der uns nach **Mölschow** bringt. Via Hauptstr. und Trassenheider Str. geht es nach Trassenheide. Wir folgen der Wegweisung »**Dünenwaldklinik**« und radeln weiter nach Zinnowitz.

Tipp: Aus zwei Gründen lohnt sich der Abstecher nach **Peenemünde**. Ein Radweg durch den reizvollen Nordwesten der Insel sowie das **Raumfahrtmuseum**. Hier befand sich von 1936 bis 1945 die **Heeresversuchsanstalt** unter der Leitung von Wernher von Braun.

Seit 1851 darf sich Zinnowitz Seebad nennen. Zahlreiche **alte Hotels** und **Villen im Bäderstil** zeugen von der Pracht des einstigen Modebades.

Weiter geht's am **Meerwasserhallenbad** vorbei zur Strandpromenade. Die Wegweisung **Zempin** führt uns zur ersten »Bergwertung«. Wir erklimmen den 30 Meter hohen Glienberg. An der Wegverzweigung links zur Strandstraße. Am Strand stehen die Überreste der **Zempiner Salzhütten**. Der Wegweisung folgend erreichen wir Koserow.

Das **Seebad Koserow** ist der älteste Ort auf Usedom. Das denkmalgeschützte Ensemble aus **Salz- und Fischereihütten** beherbergt heute ein Museum.

Blick auf Bansin mit seinem kilometerlangen Strand

Eine Rast an der Seebrücke von Ahlbeck?

Weiter geht's über den **Streckelsberg** (mit 56 Metern höchste Erhebung auf Usedom). Von der Gipfelkuppe sieht man bei klarem Wetter die Kreidefelsen von Rügen. Über eine Treppe am Ende der lang gezogenen Abfahrt gelangen wir zum Kölpinsee. Wir rollen weiter nach Stubbenfelde und haben an der Rehaklinik Ostseeblick unsere dritte »Bergwertung« – die Abfahrt bringt uns zum Wockninsee. Wir folgen der Wegweisung nach Bansin und erreichen den Langen Berg. Die Orte Bansin, Heringsdorf und Ahlbeck gehen ineinander über und lassen keine klare Grenze erkennen.

Das Highlight der Bädergemeinschaft ist die zehn Kilometer lange piekfeine **Strandpromenade**. Auf der einen Seite Strand und Meer, auf der anderen Seite **Bäderarchitektur in Reinkultur**. Bansin verfügt über ein **Tropenhaus**, in Heringsdorf erwartet uns die **508 Meter lange Seebrücke**. Dort finden wir auch die erstklassige **Ostseetherme Usedom**, ein subtropisches Badeparadies mit integriertem **Kurmittelhaus**.

Weiter geht's über die Strandpromenade bis nach Ahlbeck. Auf Höhe der prachtvollen **Uhr** steuern wir landeinwärts über Neue-, Linden- und Bahnhofstraße unseren Zielpunkt an, wo der **Inselexpress** schon auf uns wartet.

Kartentipp:
ADFC-Regionalkarte »Usedom/Stettiner Haff«, 1:75.000,
ISBN 978-3-96990-073-4, 9,95 €

Digital für Smartphones und Tablets: www.fahrrad-buecher-karten.de/rk-digital

16 Hühnerleiter am See

Von Plau am See nach Alt Schwerin

Durch hügelige Landschaft fahren wir um den drittgrößten See Mecklenburgs. Landschaftsschutzgebiete und ufernahe Wege garantieren unbeschwerten Radelspaß.

111Touren Info:

51 km, Rundtour mit einigen kleineren Anstiegen meist auf Radwegen. Abkürzungen möglich.
Start / Ziel: Schiffsanlegestelle Plau am See, bei Anreise mit der Bahn Bahnhof Alt-Schwerin
www.plau.de

An der Handelsstraße von Brandenburg nach Rostock entstand im Mittelalter die Stadt **Plau am See**, Zeitzeuge ist heute der mächtige **Burgturm**. In diesem können wir zur **Aussicht** auf-, in das **Verlies** herabsteigen oder uns das **Museum** ansehen. Rund um Kirch- und Marktplatz erheben sich würdevolle Gebäude, unter ihnen die **St.Marien-Kirche** mit einem **Lübecker Schnitzaltar**, das **Prof.-Wandschneider-Museum** und das efeubewachsene **Rathaus**. Technische Highlights sind die **Hubbrücke** und die **Elde-Schleuse**, die wir von der **Hühnerleiter** aus beobachten können.

Los geht´s am Plauer Schiffsanleger hinauf zur B 103, über die Elde hinweg und auf dem Radweg parallel der B 10, an der Kreuzung links und via Plötzenhöhe nach Seelust. Ab hier immer in Ufernähe bleiben und den Radwegschildern nach Bad Stuer am Südzipfel des Sees folgen.

Die **Eisenhaltigen Quellen** in einer Kaltwasser-Badeanstalt ließen Stuer zum einzigen »Bad« der Seenplatte werden. Die meisten Gebäude aus dieser Zeit sind allerdings verfallen oder abgerissen.

Weiter geht's von Bad Stuer am Ufer entlang zur ehemals slawischen Siedlung Zislow mit einer 8-eckigen Fachwerkkapelle. Hinter Zislow können wir entweder mit einigen Schiebe-Passagen am See weiterradeln oder durch den Kaakbusch am Ferienpark vorbei nach Lenz radeln.

Tipp: Eine tolle Aussicht verspricht der Aufstieg zur **Lenzer Höh**. Von einer Gasthaus-Terasse lässt sich der Schiffsverkehr auf dem **Lenzer Kanal**, der den Plauer und den Petersdorfer See verbindet, beobachten.

Plauer See

Wer genug hat vom Radeln, kann von Lenz aus mit dem Schiff zurück nach Plau fahren.

Weiter geht´s von Lenz wieder ständig in Ufernähe an Schwimmbad, Campingplatz, Teich, B 192 und Zollstock-Museum vorbei zur Fischerei Wendorf.

Etwas abseits liegen die **Sommerrodelbahn** und der **Affenwald** mit Berberaffen. Mit einem sehr empfehlenswerten Abstecher radeln wir durch eine Allee ins museale Dorf **Alt Schwerin**, das so aussieht, als wäre die Zeit stehen geblieben.

Weiter geht´s am See, teils auch an der B 192 entlang, bis zur Naturpark-Station. Hier biegen wir links ab und radeln parallel zur B 103 bis zum Heidekrug. Dann können wir die Straße nach links verlassen und in Ufernähe via Quetzin (mit einer Schau-Imkerei) zurück zu unserem Anleger in Plau rollen.

Kartentipp:

ADFC-Regionalkarte »Ostseeküste/Schwerin« 1:75.000,
ISBN 978-3-87073-974-4, 9,95 €

Digital für Smartphones und Tablets: www.fahrrad-buecher-karten.de/rk-digital

17 Radeltour mit Kreuzfahrt

Von Waren nach Röbel

Diese Tour hat sich sehr rasch zu einem echten Klassiker entwickelt. Klar, denn die Müritz ist der größte Binnensee Deutschlands und Waren ist so etwas wie die „Hauptstadt" der Seenplatte. Höchste Zeit, beides genauer kennenzulernen! Dafür radeln wir über einen gut beschilderten, aber doch etwas anspruchsvollen Radweg. Der Untergrund ist teils etwas sandig – dafür geht´s meist durch ruhige Wälder. Für die Rückfahrt bietet sich eine Schiffstour über die Müritz an. Alles in allem eine echte Traum-Tour!

111Touren Info:

27 km, Streckentour meist auf befestigten Radwegen, einige Passagen etwas hügelig und auf sandigem Untergrund, regionale Wegweisung.
Start: Hafen Waren an der Müritz
Ziel: Hafen Röbel
www.waren-tourismus.de

Mit ihren rund 22.000 Einwohnern hat sich Waren an der Müritz zu einer Art „Hauptstadt der Mecklenburgischen Seenplatte" entwickelt. Hier stimmt aber auch alles: Es gibt einen quirligen **Stadthafen**, wo wir uns in einem der Cafés oder auf einer der Bänke niederlassen können, um den Freizeitkapitänen bei der Arbeit zuzusehen. Das Eis oder der Kuchen schmeckt so besonders gut! Nur ein paar Meter weiter erstreckt sich die einladende **Fußgängerzone** mit weiteren Einkehrmöglichkeiten. Hier können wir uns auch die St.-Marien-Kirche, die St.-Georgen-Kirche, das **Neue** Rathaus und die fachwerk-geschmückte **Löwenapotheke** ansehen.

Ein besonderes Highlight ist das **Müritzeum** mit rund 2.300 qm Ausstellungsfläche. In 26 Becken können wir die heimischen Fische bestaunen.

Waren liegt am Ufer der Müritz, die mit 112,6 qkm Fläche der größte Binnensee Deutschlands ist. Gespeist wird sie vom Fluss Elde, das Wasser fließt durch den Reeckkanal, den Mirower Kanal und den Bolter Kanal ab. Damit ist die Müritz perfekt in das **Wasserstraßensystem** der Seenplatte eingebunden. Kein

Am Hafen von Waren ist es so schön und spannend, dass wir gar nicht wegradeln möchten

Wunder, dass immer mehr Besucher Urlaub mit einem Hausboot machen – es ist einfach herrlich hier!

Los geht´s am Hafen von Waren an der Müritz, den wir stets in Seenähe über Strand-, Kietz- und Gerhart-Hauptmann-Straße verlassen. Dann radeln wir links und kommen zu einigen Holzstegen. Bitte aus Rücksicht zu den Fußgängern dieses Stück schieben! Auch später, wenn wir über das Campinggelände radeln, ist Rücksicht angesagt! Es folgt eine etwas wellige, aber vor allem sandige Strecke, bis wir auf die Straße treffen, mit der wir den Reeckkanal überqueren. Bei Klink kommen wir wieder auf einen Weg, der direkt am Ufer verläuft.

Nachdem wir die letzten Häuser Warens hinter uns gelassen haben tauchen wir ein in die grüne Natur. Besonders schön ist der Abschnitt über die **Holzstege**, die durch dichtes Schilf verlaufen. Wir passieren Streuobstwiesen, ehe unser Radweg mitten durch den Campingpark „Kamerun" führt.

Der staatlich anerkannte Erholungsort Klink empfängt uns am Seeufer mit einem echten „Knaller": **Schloss Klink** ist eine echte Augenweide. Idyllisch über der Müritz gelegen können wir hier im Hotel würdevoll übernachten.

Weiter geht´s von Klink teils etwas abseits von der Müritz über Sietow, Zierzow und Gotthun. Dann gelangen wir wieder ans Ufer, dem wir bis nach Röbel folgen.

Röbel ist ein tolles Ziel für unsere Radtour: Rund um den **Ziegenmarkt** gesellen sich kleine, kunterbunte Häuser, während an anderen Straßen **Fachwerkbauten** zu sehen sind, unter ihnen auch die ehemalige **Synagoge**. Über die Szenerie wachen die Marien-, die Nikolaikirche und die **Windmühle** auf dem ehemaligen Burgberg.

Tipp: Wer noch genug Puste hat, radelt die rund 28 km wieder zurück nach Waren. Auch eine komplette **Runde** um die Müritz ist möglich – für die mehr als 100 km ist aber Kondition angesagt. Daher hier der wohlgemeinte Tipp: Schließen Sie diese herrliche Radtour mit einer **Mini-Kreuzfahrt** ab! Das Schiff bringt uns von Röbel wieder zurück in den Hafen von Waren.

Kartentipp:
ADFC-Regionalkarte »Mecklenburgische Seenplatte«
1:75.000, ISBN 978-3-87073-953-9, 9,95 €
Digital für Smartphones und Tablets: www.fahrrad-buecher-karten.de/rk-digital

18 Toller See, der Tollensesee

Von Neubrandenburg rund um den See

Besonders schön von überwiegend bewaldeten Hügeln eingefasst liegt der Tollensesee. Der vorbildliche Radweg bringt uns von der »Vier-Tore-Stadt« Neubrandenburg einmal um den See.

111Touren Info:

55 km, Rundtour mit einigen kleineren, teils steilen Anstiegen meist auf Radwegen. Abkürzungen möglich.
Start / Ziel: Bahnhof Neubrandenburg
www.neubrandenburg.de

In Neubrandenburgs Wehranlage waren einst 57 **Wiekhäuser** und **Wachtürme** eingefügt. Den Zugang zur **Altstadt** vermittelten vier **Backstein-Stadttore**. Sehenswert sind auch die **St.Marien-Kirche**, das **Regionalmuseum**, die **Vierrademühle** und der **Modellpark Mecklenburgische Seenplatte**.

Los geht´s gleich zu Beginn mit zwei Alternativen: Die erste verlässt die Altstadt zum See und umrundet ihn im Uhrzeigersinn. Bei der zweiten verlassen wir die Altstadt durch das **Stargarder Tor** und links in die Neustrelitzer Str., nach wenigen Meter wieder links auf den Wanderweg Richtung Burg Stargard, zur Wilh.-Külz-Str., diese 10 m nach rechts, dann links weiter auf dem Wanderweg. Ständig in Bahnnähe (erst rechts, dann links der Schienen) bleibend kommen wir an der Ruine einer Papiermühle vorbei zur **Burg Stargard**.

Über den **Kopfsteinpflaster-Gassen** Stargards erhebt sich die gleichnamige Burg. Die einzige aus dem Mittelalter (1258) erhaltene **Höhen-**

Landhausidylle am Wegesrand

burg Norddeutschlands diente verschiedenen Herren. Neben dem **Burgmuseum** sind viele interessante Gebäude, wie **Torhaus**, **Vorburg** oder **Marstall** zu erkunden. Vom **Bergfried** schweift der Blick weit übers Land.

Weiter geht's von Stargard hinauf nach Rowa, dort halten wir uns erst auf der Straße Richtung Groß Nemerow, um dann rechts in fast schnurgerader Fahrt nach Klein Nemerow zu radeln. Ab hier führt uns der Tollensesee-Radrundweg in hügeliger, teils anstrengender Fahrt gleich wieder weg vom Ufer. Hinter Bornmühle kommen wir zur B 96, der wir parallel bis hinter Usadel hinauf folgen, wo sich eine schöne **Aussicht** auf die Lieps bietet. An ihrem westlichen Ufer liegt Prillwitz, das wir nach langer Abfahrt erreichen.

Tipp: **Gut Prillwitz** ist ein schlichtes barockes Herrenhaus. Um den adeligen Ansprüchen zu genügen, ließen sich die Herzöge von Mecklenburg-Strelitz ein zweigeschossiges **Schloss** in der Nähe erbauen.

Weiter geht´s mit einem kräftigen Anstieg bei Zippelow. Hinter einer ehemaligen **Wassermühle** kommen wir über Werder nach Penzlin.

Friedländer Tor

Neben der **St.Marien-Kirche** am Markt ist die alte **Burg** das wichtigste Ziel. Das hiesige Museum für **Magie und Hexenverfolgung in Mecklenburg** verspricht auch wegen des **Hexenkellers** ein gruseliger Genuss zu werden.

Weiter geht´s mit deutlicher Steigung über Lübkow nach Siehdichum (mit Aussicht) nach Alt Rehse, einem **Bilderbuchdorf mit reetgedeckten Fachwerkhäusern**. Von dort geht es hinunter zum See und an dessen Ufer entlang wieder zurück nach Neubrandenburg.

Kartentipp:
ADFC-Regionalkarte »Mecklenburgische Seenplatte«
1:75.000, ISBN 978-3-87073-953-9, 9,95 €
Digital für Smartphones und Tablets: www.fahrrad-buecher-karten.de/rk-digital

19 Das »Alte Land«

Von Finkenwerder nach Neugraben

Vor 800 Jahren wurde dieses Land von holländischen Siedlern eingedeicht und urbar gemacht. Im Schutz der Deiche entstand das größte Obstanbaugebiet Europas. Doch nicht nur zur Blütezeit ist unsere Radeltour hier ein Genuss.

111Touren Info:

68 km, flache Streckentour meist über Radwege und Nebenstraßen. Kürzung möglich.
Start: Anleger Finkenwerder
Ziel: Bahnhof Neugraben
www.jork.de
www.buxtehude.de

Los geht´s vom Fähranleger über Benittstr., Köhlfleet-Hauptdeich, Kanalstack, Sandhöhe und Ostfrieslandstr. zum Parkplatz hinter dem EADS-Gelände. Ab hier den gelben Pfeilen entlang der **Alten Süderelbe**, am Ende auf dem Asphaltweg links, dann rechts auf dem roten Radwanderweg auf der Deichkrone nach Neuenfelde. Die Stühle der **Neuenfelder Kirche** wurden zur Finanzierung des Gotteshauses an die Bürger verkauft, daher die Namen darauf. Weiter auf der Deichkrone links auf dem Kopfsteinpflaster, dann über den Marschkamer Deich zur Nincoper Str. Wir radeln an typischen **Obstbauernhöfen** vorbei und gelangen über Domänenweg, Groß Hove und Neuenfelder Str. zur Este.

Tipp: Nach Überquerung der Este können wir die Tour verkürzen, indem wir direkt am Ufer entlang nach Buxtehude radeln.

Weiter geht´s von der Este rechts in die Königreicher Str. Richtung HH-Cranz. Auf der Wellenstr. kommen wir an der **Windmühle Borstel** und dem **Wehrt´schen Hof** vorbei, ehe wir Grünendeich und weiter Steinkirchen und Mittelnkirchen erreichen. Von hier sind wir auch schnell in Jork.

Die **Martini- und Nikolai-Kirche** von Steinkirchen birgt eine besondere **Orgel** in sich, selbiges gilt für die **St.Bartholomäus-Kirche** von Mittelnkirchen. Stilgerecht in einem **Obstbauernhof** zeigt das **Museum** die technische Ent-

Mal eine andere Urlaubsform

wicklung im **Alten Land**. Ebenfalls in Wegesnähe liegt die **St.Mathias-Kirche** von Jork, in der sich die Sitze wegklappen lassen. Der 8 m hohe **Barockaltar** ist ebenso sehenswert wie der **Gräfenhof**, ein stattlicher Fachwerkbau.

Weiter geht´s auf fast schnurgerader Strecke zurück zu unserer Ecke an der Este, wo wir dieses Mal rechts abbiegen, um am Fluss entlang Buxtehude zu erreichen.

Würdevoll kommen wir am runden **Marschtorzwinger**, einem Rest der **Stadtmauer**, vorbei in die **Altstadt**. Dort erwarten uns das **Rathaus** mit Jugendstilelementen und die **St.Petri-Kirche**, deren 75 m hoher **Turm** die Stadt dominiert. Noch schöner anzusehen ist allerdings die »Lebkuchenhaus«-Fassade des **Heimatmuseums**, das wegen seiner Backsteinornamente so genannt wird.

Weiter geht´s am selben Fluss, aber am anderen Ufer zurück. Hinter dem Ortsschild von Moorende biegen wir rechts ab Richtung Rübke und radeln an der Moorwetterung entlang. Hinter Neu Wulmsdorf biegen wir links in den Neuenfelder Hinterdeich Richtung

Obstbauernhof

Francop, am Ende der Francoper Str. rechts in die Neuwiedenthaler Str., nach Unterquerung der Bahnstrecke biegen wir rechts ab und haben mit dem Neugrabener Bahnhof unser Ziel erreicht.

Kartentipp:

ADFC-Regionalkarte »Hamburg und Umgebung« 1:75.000,
ISBN 978-3-87073-968-3, 9,95 €

Digital für Smartphones und Tablets: www.fahrrad-buecher-karten.de/rk-digital

20 Ostfriesen-Runde

Von Greetsiel nach Hinte

Wir radeln durch eine Region, die typisch-ostfriesischer nicht sein könnte: Außer den Deichen und Ortschaften gibt es keine größeren Erhebungen. Schnell merken wir, warum hier so viele Menschen mit dem Fahrrad unterwegs sind: Tolle Radwege, ruhige Natur, gute Luft – was woll´n wir mehr?

»Verschließbarer Gewässerdurchlass in einem Deich«. So lautet die offizielle Definition von »Siel« – womit klar ist, dass Greetsiel eine Ortschaft hinter´m Deich ist. Und was für eine! Die rund 1.600 Einwohner leben teils in bestens erhaltenen **Fischerhäusern**. Die **Zwillingsmühlen**, an der wir unsere Tour beginnen, wurden 1856 und 1921 errichtet – eine der beiden ist noch zur Schrotherstellung in Betrieb. Die höchste Erhebung des Ortes ist die Backsteinkirche, die um 1400 herum entstand.

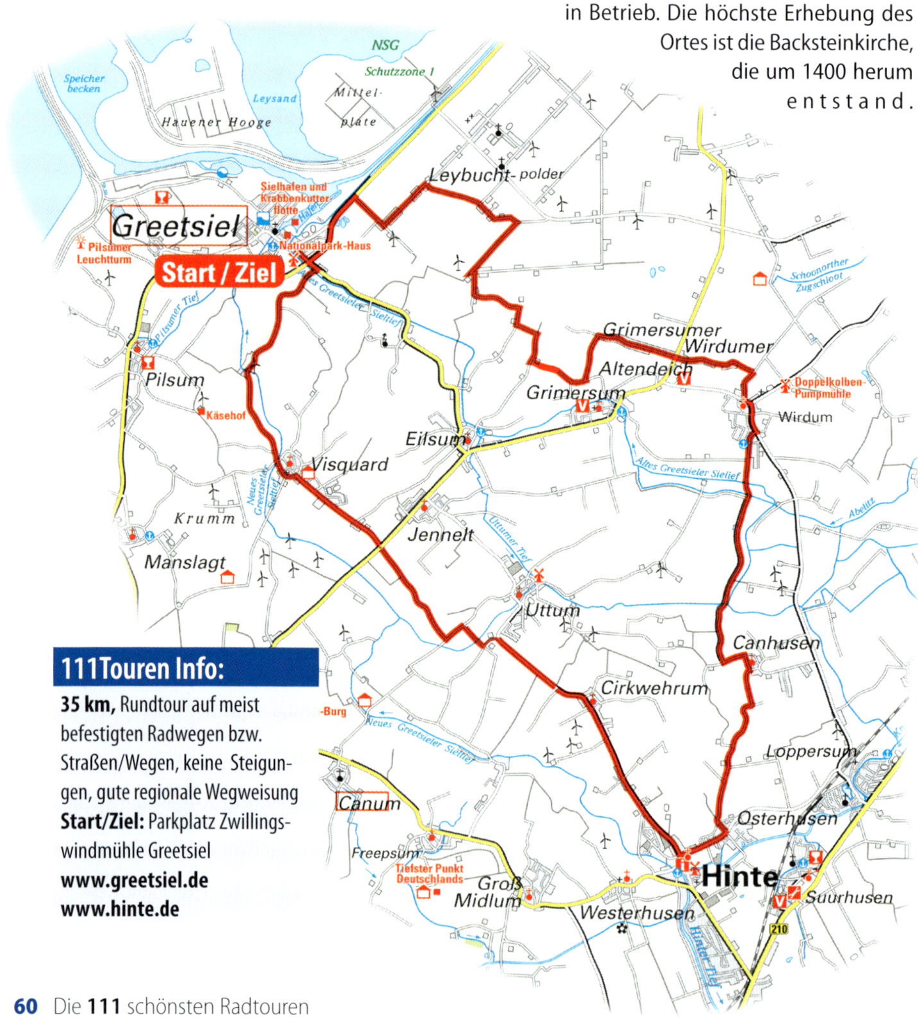

111Touren Info:

35 km, Rundtour auf meist befestigten Radwegen bzw. Straßen/Wegen, keine Steigungen, gute regionale Wegweisung
Start/Ziel: Parkplatz Zwillingswindmühle Greetsiel
www.greetsiel.de
www.hinte.de

Achten Sie ´mal auf die Wetterfahne: Der Wind wird von einem Dreimaster angezeigt. Auch das Hohe und das Steinhaus in der Nähe der Kirche sind wunderbar anzusehen. Mehr als 800 Buddelschiffe können wir in der größten europäischen **Buddelschiff-Sammlung** bestaunen.

Hafen von Greetsiel

Tipp: Auf 27 Kuttern fahren die Fischer täglich auf´s Meer und bringen uns schmackhaften Fang mit. Damit ist der **Krabbenkutterhafen** eines unserer wichtigsten und zugleich leckersten Ziele der Tour!

Los geht´s am Parkplatz der Zwillingswindmühlen, den wir nach links zur Mühlenstraße und gleich wieder links auf den Radweg neben der Landstraße verlassen. Die Landstraße führt uns hinaus in die Polderlandschaft. Vorbei an Wiesen, Feldern und Deichen radeln wir via Leybuchtpolder, Sommerpolder, Grimsersum, Wirdum und Canhusen nach Hinte. Dabei weist uns die regionale Beschilderung stets zuverlässig den Weg.

Von unserem Weg aus sehen wir die Leybucht, die seit 1950 vom **Störtebeker-Deich** gegen Sturmfluten geschützt wird. Der Ort Wirdum steht seit dem 9. Jh. in den Geschichtsbüchern, wobei ab dem 12. Jh. von einer »ostfriesischen Häuptlingsfamilie« berichtet wurde. Der Besuch der **Kirche** lohnt sich nicht nur wegen des imposanten Altars. Wenige Pedaltritte abseits der Ortsmitte liegt die für Deutschland einzigartige Wasserwindmühle, deshalb genannt **Flutterwindmühle**. Nachdem sie 1872 zur Weide-Entwässerung errichtet wurde, nutzte man sie später auch zur Wasserversorgung des Viehs. Die geschnitzte **Barock-Kanzel** ist das Highlight der **Hinter Kirche**. Gleich daneben posiert die **Wasserburg Hinta** für ein gelungenes Foto.

Weiter geht´s von Hinte der Regionalbeschilderung folgend nach Cirkwehrum. Über Damhusen, Dykhusen, Visquard und Appingen gelangen wir wieder zurück vor die Tore von Greetsiel. Der querenden Bundesstraße folgen wir einfach nach links, überqueren die Kreuzung geradeaus und gelangen zurück zu unserem Parkplatz.

Tipp: Haben Sie Lust, das Verkehrsmittel zu wechseln? In Hinte können wir ein **Boot** mieten und über die Kanäle nach Emden oder Greetsiel paddeln.

Auf einem künstlichen Hügel – genannt Warft – liegt die **Kirche** von Cirkwehrum. Drumherum gesellen sich kreisförmig die alten Häuser.

Kartentipp:

ADFC-Regionalkarte »Ostfriesland« 1:75.000,

ISBN 978-3-87073-963-8, 9,95 €

Digital für Smartphones und Tablets: www.fahrrad-buecher-karten.de/rk-digital

21 Tour durchs Moor

Von Aschendorf nach Bourtange

Unsere Tour führt uns durch lange Moorkolonien bis hinter die niederländische Grenze. Von dort geht es wieder zurück nach Aschendorf, wo die Ems schon von den Gezeiten geprägt ist.

111Touren Info:

37 km, flache Rundtour auf Rad- und Feldwegen an Straßen und Kanälen.
Start / Ziel: Bahnhof Aschendorf
www.papenburg-tourismus.de
www.rhede.de

Los geht´s vom Bahnhof Aschendorf links in die Große Str. Hinter der Ampel an der Kirche vorbei durch den Ortskern rechts in die Rheder Str., ab Ortsende auf den Deich. Über die Brücke gelangen wir zum Kreisverkehr in Rhede.

Direkt am Weg liegt das **Landwirtschaftsmuseum** im ehemaligen Hof Panster-Hunfeld. Gezeigt werden die alten Geräte, aber auch die damaligen Lebensverhältnisse.

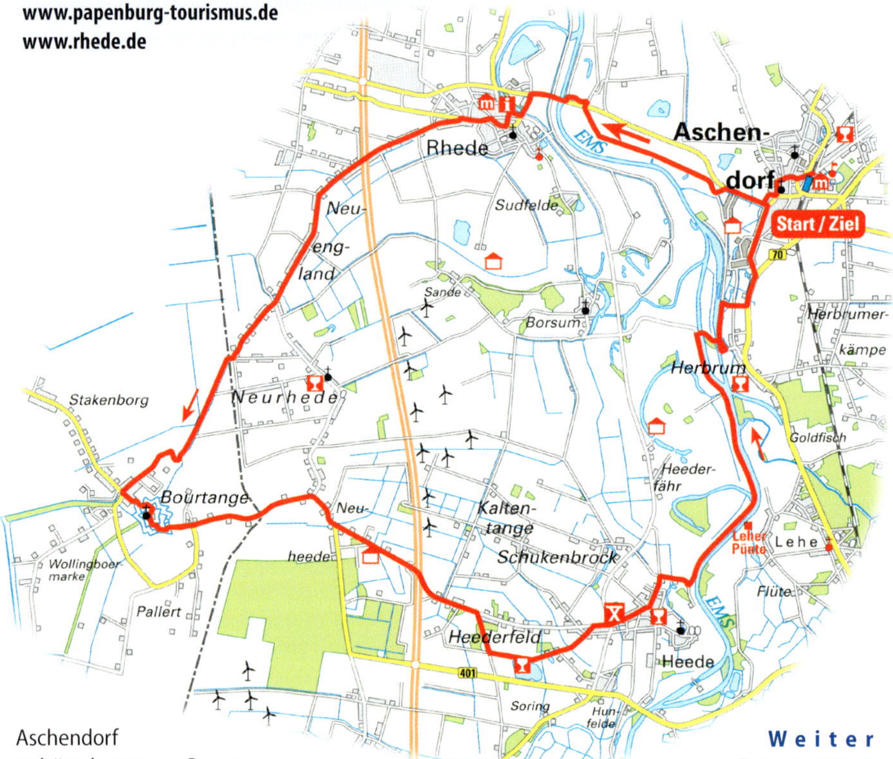

Aschendorf gehört heute zu Papenburg. Aus eigenständigen Zeiten stammen noch die **St.Amandus-Kirche** mit zwei kostbaren **Taufbecken** und das **Gut Altenkamp** mit Rokoko-Fresken und einem herrlichen **Park**.

Weiter geht's ein Stück zurück, rechts in die Emsstr. und vor der Kirche rechts in die Kirchstr. Nach 800 m geht es links über die Neurheder Str. und 4,3 km durch eine ehema-

Entspannt radelt es sich auf Treidelpfaden

lige **Moorsiedlung**. In einer Linkskurve halbrechts (Vorstrich). Der Feldweg biegt vor der Grenze scharf nach links und wir überqueren die Grenze sofort nach rechts. Dahinter bringt uns ein Radweg nach Bourtange.

Ende des 16.Jhds. führte hier einer der wenigen sicheren Wege durch das **Bourtanger Moor**. Grund genug also, eine **Festung** anzulegen, die aber mit dem Rückgang des Moores im 19.Jhd. an Bedeutung verlor. In den 1960er Jahren wurde die Festung zu altem Leben erweckt, was uns heute ein **historisches Flair** rund um den **Marktplein** beschert, an dem sich eine lange Pause lohnt.

Weiter geht´s über Bischopsweg, Muntserse Poort und **3 Zugbrücken** aus der Festung zur Grenze. Über die Bourtanger Str. geht es 3,9 km geradeaus nach Heede, wobei sich ein Abstecher am **Heeder See** vorbei lohnt.

Tipp: Kurz vor Heede führt die Pinnincksallee zur **1000-jährigen Linde**, die einst zur Schärpenburg gehörte. Die Burg ist zerstört, der Ort schreit aber förmlich nach einer Rast.

Weiter geht´s auf der Hauptstr., links in die Marschstr., rechts in die Emsstr. und auf dem Treidelpfad bis zum **Emswehr**, das zum Schutz vor Sturmfluten erbaut wurde. Wir radeln über Wehr und Kanal, danach retour auf den Treidelpfad. Vor dem 1. Schleusentor der Doppelschleuse Herbrum rechts zur B 70 und am **Haus Nienhaus** vorbei. Nach 200 m fahren wir links auf die Hüntestr., weiter geradeaus auf der Rheder Str. zur Große Str. und zurück über den Hinweg am **Gut Altenkamp** entlang zum Bahnhof.

Kartentipp:

ADFC-Regionalkarte »Emsland/Grafschaft Bentheim« 1:75.000,
ISBN 978-3-87073-886-0, 8,95 €

Digital für Smartphones und Tablets: www.fahrrad-buecher-karten.de/rk-digital

22 Barocker Ems-Glanz

Von Papenburg nach Meppen

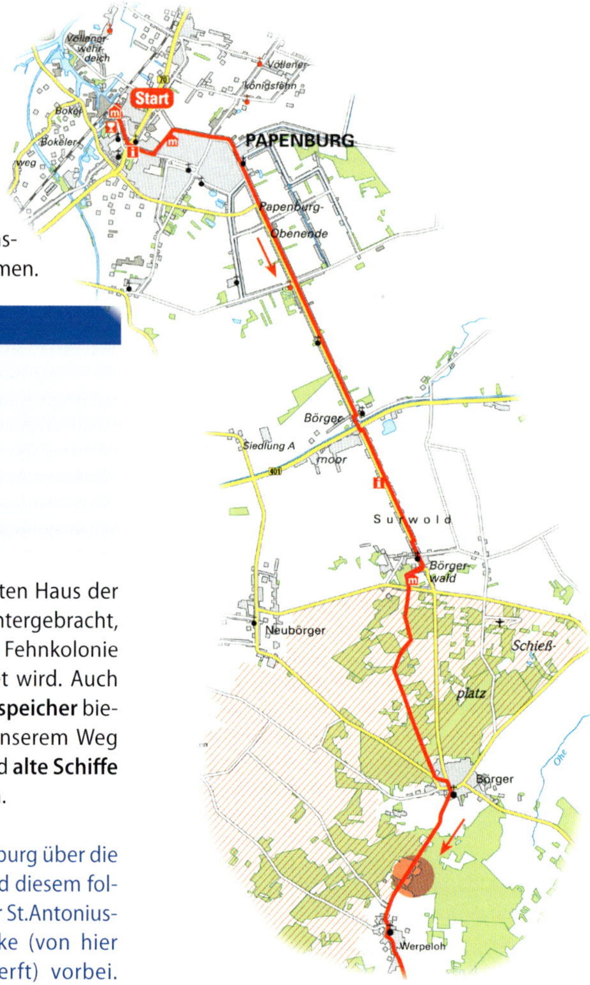

Besonders vielseitig ist unsere Tour in den Süden der Ems: Nach den schmucken Papenburger Kanälen tauchen wir ein in die Wälder des Geestrückens, ehe wir am Jagdschloss Clemenswerth vorbei nach Meppen kommen.

111Touren Info:

64 km, weitgehend flache Streckentour auf Radwegen und Nebenstraßen.
Start: Bahnhof Papenburg
Ziel: Bahnhof Meppen
www.papenburg-tourismus.de
www.meppen.de

In der **Alten Drostei**, dem ältesten Haus der Papenburgs, ist das Museum untergebracht, in dem der Weg von der ersten Fehnkolonie zur modernen Stadt gezeichnet wird. Auch **Hafenrundfahrten** und der **Zeitspeicher** bieten Infos zur Geschichte. An unserem Weg liegt die **Meyers Mühle**, während **alte Schiffe** das **Freilichtmuseum** markieren.

Los geht´s vom Bahnhof Papenburg über die Bahnhofstr. zum Hauptkanal und diesem folgend am wuchtigen Rathaus, der St.Antonius-Kirche und der Brigg Friederike (von hier Besichtigungen der Meyer-Werft) vorbei. Nach 700 m biegen wir links ab und fahren links vom Kanal Wiek zur Bockwindmühle und zum DIZ (Infos zur Nazi-Zeit). Am Ende des Kanals rechts und am Mittelkanal bis Obenende. Nun folgen 7,5 km schnurgerade Tour am Splittingkanal entlang bis Surwold-Börgerwald. Am Aussichtsturm vorbei kommen wir zum Erholungsgebiet »Surwolds Wald«.

Tipp: Vom 32m hohen **Aussichtsturm** schweift der Blick bis zur **Meyer-Werft**. Nebenan bieten **Sommerrodelbahn, Märchenwald** und **Biergarten** Abwechslung.

Weiter geht's auf dem Emslandradweg (ELR) nach Börger. An JH und Großsteinzeitgrab »Steenhus« vorbei über »Am Hünenstein« und

Museum auf dem Wasser

Sögeler Str. radeln wir nach Werpeloh. An der Kreuzung links »Zum Wildberg« und rechts durch den Park erreichen wir das exotische Batak-Haus. Auf der Hauptstr. geht es nach Sögel.

Die Perle unter den Herrensitzen im Emsland ist das barocke **Jagdschloss Clemenswerth**. Wer sich dem Charme entreißen kann, entdeckt den herrlichen Park mit sternförmigen **Alleen** und **Pavillons**. Etwas versteckt liegt in der Nähe der **Heimathof** mit historischen Hofgebäuden.

Weiter geht´s vom Schloss über den rechtsseitigen Pfad, auf der Straße rechts, an der Feuerwehr links und vorm **Ludmillenhof** rechts auf die Berßener St, links auf die Sparkeler Str., nach 3,6 km an **Gut Spraeklerwald** vorbei nach Groß Stavern. Durch die Mühlenstr., nach 1,6 km links zur **Wassermühle Bruneforth**. In der Nähe liegt ein Großsteingrab.1,5 km später links ab nach Klein Stavern und weiter nach Apeldorn. Von hier können wir auf der beschilderten Straße oder durchs Feld und am Ufer der Nordadde entlang nach Meppen zum Bahnhof radeln.

Die einst stark befestigte Stadt lebte u.a. von der Emsschifffahrt. Von der Glanzzeit zeugen das **Rathaus** am **Markt**, die **Gymnasial**- und die **Propsteikirche**. Alles zur Historie erfahren wir im **Stadtmuseum Arenbergische Rentei**.

Kartentipp:

ADFC-Regionalkarte »Emsland/Grafschaft Bentheim« 1:75.000, ISBN 978-3-87073-886-0, 8,95 €

Digital für Smartphones und Tablets: www.fahrrad-buecher-karten.de/rk-digital

23 Parklandschaft Ammerland – Symphonie in Grün

Von Bad Zwischenahn nach Garnholt

Unsere flache Rundreise auf verkehrsarmen, überwiegend landwirtschaftlich genutzten asphaltierten Strassen führt uns durch die drei großen Rhododen-dronparks im Ammerland. Im steten Wechsel ziehen weite Felder und Weiden, baumbestandene Wallhecken und windschützende Wälder vorbei.

Farbenpracht am Wegesrand

111Touren Info:

47 km, flache Rundtour meist auf Nebenstraßen. Rad-Wegweisung mit quadratischen Rhododendron-Schildern.
Start / Ziel: Touristen-Information Bad Zwischenahn
www.ammerland-touristik.de

Mit über 350 Vollerwerbs-**Baumschulen** auf 2600 ha ist das Ammerland ein führendes Baumschulzentrum Europas. Produktionsschwerpunkt sind Immergrüne, Koniferen und als Spezialität **Rhododendren** und **Freilandazaleen**. 90 % aller in Deutschland herangezogenen Rhododendren und 75 % aller Freilandazaleen stammen aus dem Ammerland.

Wer es lieber »handfester« mag, findet in Bad Zwischenahn ein herrliches **altes Kurhaus** am See sowie mehrere **Kirchen und Mühlen** in Stadt und Region. Vom **alten Wasserturm** haben wir einen weiten Blick über das Ammerland, welches während der Hauptblütezeit Anfang Mai bis Mitte Juni ein faszinierendes **Farbenspiel** bietet, aber auch außerhalb der Blütezeit landschaftlich überaus reizvoll ist. Den Grundstein für den **Rhododendronanbau** im Ammerland legte Gartenarchitekt Carl Ferdinand Bosse, der 1784 den Auftrag erhielt, den **Schlossgarten** in Rastede anzulegen. Eine zu Beginn des 19. Jahrhunderts gepflanzte 280 m lange Hecke existiert hier heute noch. Bosse kannte die ursprünglich aus dem Himalaja und Nordamerika stammenden Rhododendren aus englischen Gartenanlagen. Mittlerweile haben Rhododendren im Ammerland eine zweite Heimat, wo sie mit hohem gärtnerischen Können kontinuierlich kultiviert und weitergezüchtet werden.

Los geht´s an der Touristen-Info von Bad Zwischenahn stets in Ufernähe um den See. Im Ortsteil Rostrup biegen wir den Radwegschildern folgend links ab.

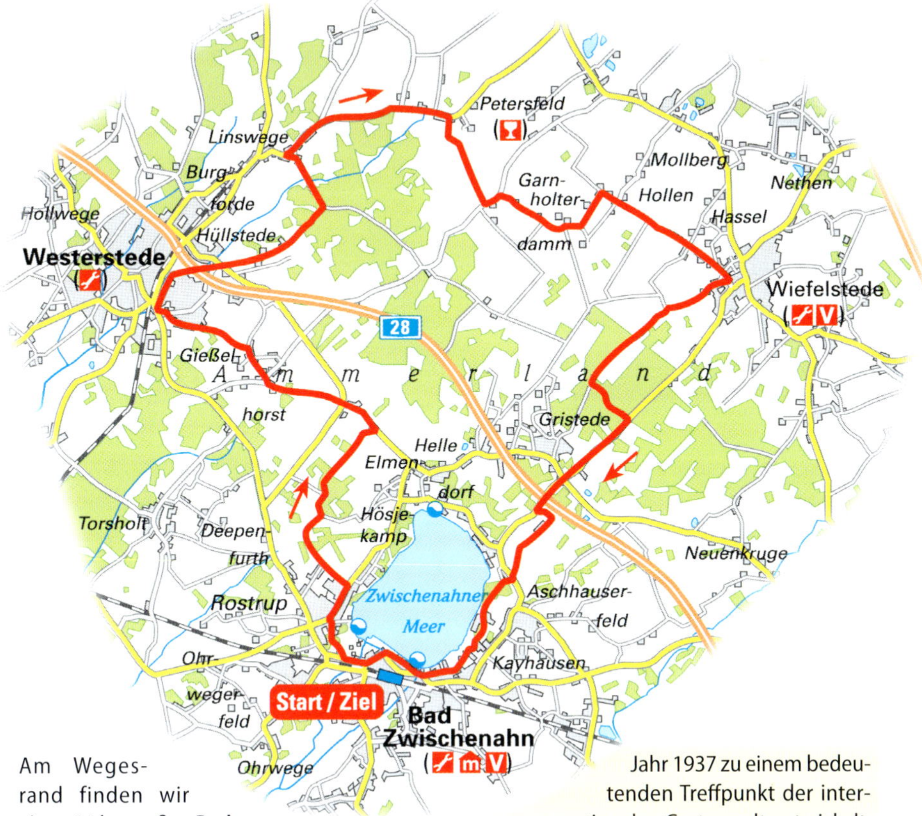

Am Wegesrand finden wir einen 14 ha großen **Park mit 90 Themengärten**, in denen die Vielfalt der Gartenkunst erlebbar ist. Eindrucksvoll ist der **Rhododendronpark** mit über 2000 verschiedenen Sorten.

Weiter geht´s über Langebrügge nach Gießelhorst. Hier befindet sich auf dem Gießelhorster Kirchweg der Aussichtsturm zum Thema Rhododendron. Später führen uns die Radschilder durch das hübsche **Westerstede** und weiter nach Linswege zum **Rhododendronpark Hobbie**.

Tipp: Dieser mit 70 ha der **größte Rhododendronpark Deutschlands** hat sich im Laufe der Jahre seit seiner Gründung im Jahr 1937 zu einem bedeutenden Treffpunkt der internationalen Gartenwelt entwickelt.

Weiter geht´s durch die grüne Parklandschaft über Garnholt und Wiefelstede in die Ortschaft Gristede. Hier befindet sich der **Rhododendronpark** der Baumschule Bruns, der **größten Baumschule Europas**. Neben 800 Sorten von Rhododendren bereichern hier zahlreiche **japanische Ahorn-, Zaubernuss- und Magnolienarten** die Sammlung. Über die Ortschaft Aschhauserfeld erreicht man wieder den Ausgangspunkt Bad Zwischenahn.

Kartentipp:
ADFC-Regionalkarte »Ostfriesland« 1:75.000,
ISBN 978-3-87073-963-8, 9,95 €

Digital für Smartphones und Tablets: www.fahrrad-buecher-karten.de/rk-digital

24 Zur Huntestadt

Von Bremen nach Oldenburg

Beiderseits der Hunte radeln wir durch idyllische Landschaft in die durch klassizistische Architektur geprägte Residenzstadt Oldenburg.

111Touren Info:

65 km, flache Rundtour meist über Nebenstraßen und Radwege.
Start / Ziel: Bahnhof Farge
www.bremen.de
www.oldenburg.de

Los geht´s vom Bahnhof Farge zur Fähre, mit der wir nach Berne übersetzen. Am Campingplatz rechts, dann parallel zur B 74 Richtung Berne, das von der **St.Aegidius-Kirche** geprägt wird. Hinter der Kreuzung mit der Deichstr. bzw. hinter Ranzenbüttel rechts Richtung Bettingbühren, am Stedinger Landhaus links. Am Schlüterdeich rechts, bei der Gabelung links, an der Kreuzung B 212 rechts über die Hunte. Der Landstraße folgen wir nach links durch Huntebrück und biegen am Gaskavernenspeicher Huntorf links ab. An der Vierhaushellmer Str. geht es rechts ab, ehe wir dem Radweg an der Landstraße nach links folgen.

Die Landstraße verläuft auf dem **Bohlenweg XXII**, auch Holten Straat genannt. Diese Trasse bestand einst aus querliegenden, etwa 2,20 m breiten Eichenpfählen, mit denen das Moor überbrückt wurde.

Weiter geht´s der Landstraße geradeaus folgend unter der Autobahn her, von wo aus wir den Wegweisern Richtung Oldenburg Innenstadt folgen.

Die Stadt an der Hunte kann auf eine lange Geschichte zurückblicken, wovon das **Stadtmuseum** erzählt. Wahrzeichen ist der **Lappan**, der **Turm des**

Heilig-Geist-Hospitals. Ebenfalls unübersehbar sind die **Lambertikirche** und das imposante **Schloss** mit seinem **Landesmuseum für Kunst und Kulturgeschichte**. Klassische Moderne finden wir im **Augusteum**, während der **Schlosspark** zum Entspannen einlädt.

Tipp: Wer sich so in das historische Oldenburg verliebt hat, dass er die Zeit vergaß, kann vom Bahnhof aus mit dem Zug über Hude nach Berne zurückfahren.

Weiter geht´s vom Schloss aus stets in der Nähe der Hunte entlang und in Bahnhofsnähe unter der Bahn her. Dahinter überqueren wir die Hunte und folgen der Straße nach links aus der Stadt heraus.

Würdevolle Residenzstadt Oldenburg

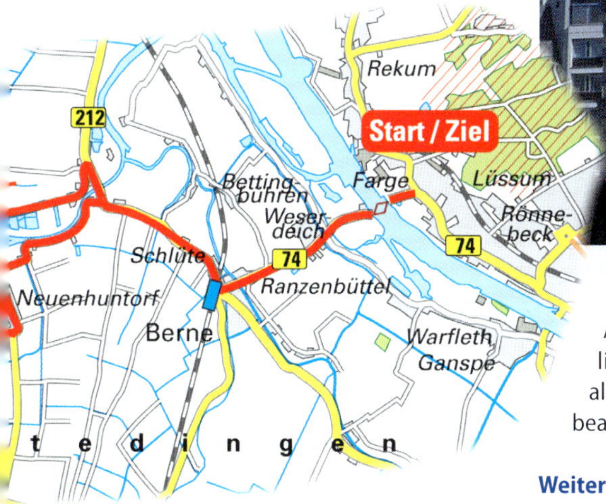

Noch vor der Autobahn geht es nach rechts zur Hunte, unter der Autobahn her und im Folgenden ständig in Ufernähe nach Neuenhuntorf.

Außer dem in privater Hand befindlichen **Gut Neuenhuntorf** fällt vor allem die **St.Marien-Kirche** auf, die eine beachtenswerte Marienfigur beherbergt.

Weiter geht´s über Huntebrücker- und Schlüterstraße (B 212) zurück nach Berne. An der Kreuzung radeln wir links zur Fähre, die uns zurück nach Farge bringt.

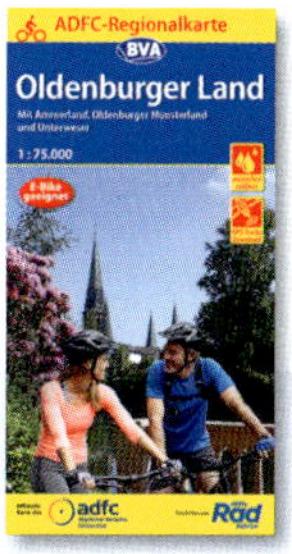

Kartentipp:
ADFC-Regionalkarte »Oldenburger Land« 1:75.000,
ISBN 978-3-87073-970-6, 9,95 €

Digital für Smartphones und Tablets: www.fahrrad-buecher-karten.de/rk-digital

25 Zum Deutschen Schifffahrtsmuseum

Von Bremen nach Bremerhaven

Tor zum Meer

Die historische Kulisse der Weser-Metropole im Rücken folgen wir dem Flusslauf auf seinem Weg zum offenen Meer. Als Vorhafen Bremens entstanden, bietet uns Bremerhaven heute viel Kurzweil.

111Touren Info:

60 km, flache Streckentour meist über Nebenstraßen und Radwege.
Start: Bahnhof Farge
Ziel: Bahnhof Bremerhaven
www.bremen-tourism.de
www.bremerhaven-tourism.de

Los geht´s am Bahnhof Farge. Über Farger-, Reckumer Str., Unterm Berg und am Deich entlang erreichen wir den U-Boot-Bunker »Valentin«.

Der 1943 begonnene **Bunker** sollte als U-Boot-Fabrik dienen, blieb aber unvollendet. Mit den Mengen Stahl und Zement hätte man eine Wohnsiedlung für 60.000 Menschen bauen können.

Weiter geht´s neben bzw. auf dem Deich und der Deichstraße entlang einiger Fischteiche bis zum beliebten **Ausflugsziel** Harriersand - die Insel erreichen wir über eine Brücke, an deren Ende ist eine Fahrt mit der Fähre ans andere Weserufer nach Brake angesagt.

Brakes Geschichte ist eng verbunden mit Sturmfluten. Im 19.Jhd. diente Brake Großseglern und Auswandererschiffen als Ankerplatz. Davon zeugt auch das hiesige **Schifffahrtsmuseum**.

Weiter geht´s am Museum vorbei über die Mitteldeich-, Hafen- und Nordstraße, dann links den Schildern folgend nach Brake-Golzwarden. Mit zweimaligem Wechsel der Bahnseite kommen wir über Golzwarden, Schmalenfleth, Alsefeld und Hardwarden am AKW Unterweser vorbei nach Kleinensiel. Hinter dessen Bahnhof geht es parallel beiderseits der Gleise nach Nordenham. In der **jungen Stadt** kann man im **Museum** alles über die friesische Kultur erfahren. Durch Nordenham radeln wir entweder auf der Hauptstraße immer geradeaus nach Blexen oder angenehmer über Bahnhofstr., W.-Rathenau-Allee, Richtung Einswarden, am Park links, am Rondell rechts, via Plattenweg, Atenser Allee, Wehrdeich, Bauernweg, Altensieler Str., B 212 rechts, Sandinger Weg, Grebswarder Weg, am **Jedutenhügel** (fränkischer Wachposten) vorbei und über M.-Paulus-Str., Am Luisenhof, Fähr- und Deichstr. nach Blexen, wo wir den Schildern zur Fähre folgen. Diese bringt uns zum Ziel unserer Tour – der Bahnhof ist beschildert.

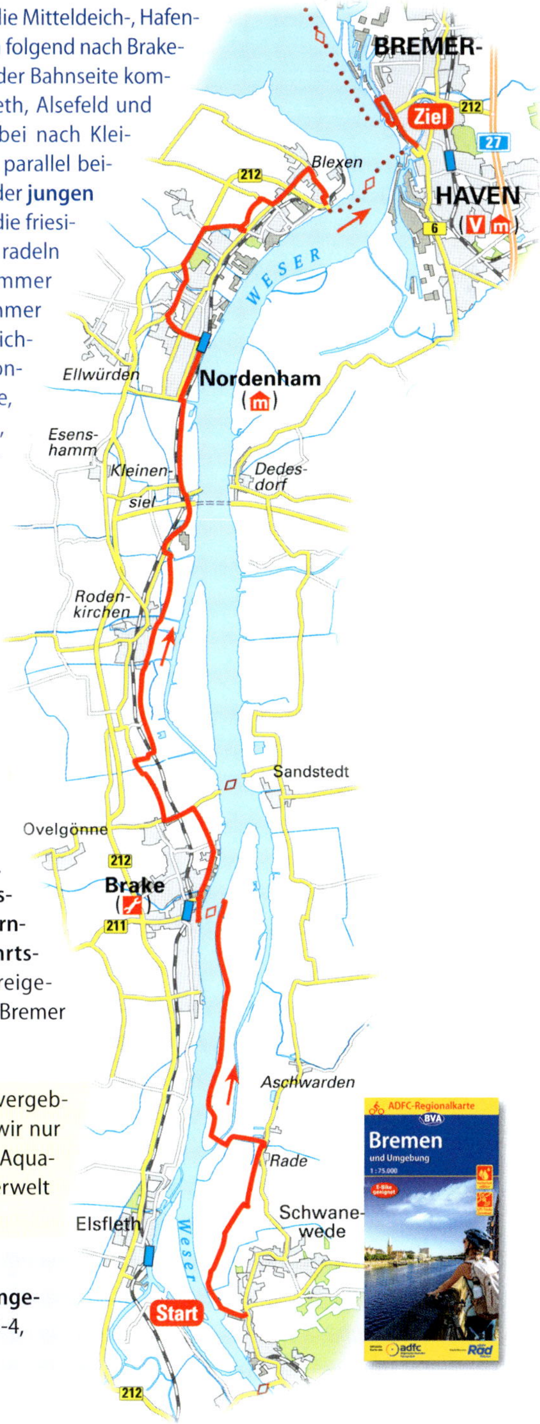

Als älteste Kirche der Wesermarsch gilt **St.Hippolyth** mit gotischen Fresken im Gewölbe und einer reich verzierten Kanzel.

Bremerhaven entstand, als die Weser versandete, als Vorhafen Bremens. Heute ist es eine sehenswerte **Einkaufsstadt**, die ihre Geschichte im **Morgenstern-Museum** und im **Deutschen Schifffahrtsmuseum** pflegt. Letzteres zeigt im Freigelände viele alte Schiffe, unter ihnen die Bremer Hansekogge.

Tipp: Im **Zoo am Meer** suchen wir vergeblich nach Elefanten, denn hier finden wir nur Tiere nordischer Breiten. Im Nordsee-Aquarium können wir die stille Unterwasserwelt betrachten.

Kartentipp:
ADFC-Regionalkarte »Bremen und Umgebung« 1:75.000, ISBN 978-3-96990-015-4, 9,95 €

Digital für Smartphones und Tablets: www.fahrrad-buecher-karten.de/rk-digital

26 Auf zur Hansestadt

Von Verden nach Bremen

Die Reiterstadt Verden bildet den Auftakt zu dieser Tour, die zu weiten Teilen durch das Ur-Wesertal führt. Das viele Grün entlang der Strecke lässt uns glauben, wir radeln durch endlose Parklandschaften. Selbst die Großstadt Bremen empfängt uns nicht mit unschönen Vororten, sondern setzt diese Eindrücke fort.

111Touren Info:

53 km, nahezu flache Streckentour mit einer kurzen Steigung auf Nebenstraßen und Radwegen, perfekte Rad-Wegweisung.
Start: Altstadt Verden
Ziel: Wilhelm-Kaisen-Brücke / Altstadt Bremen
www.bremen-tourism.de

Als ein Traum in **Fachwerk** präsentiert sich Verden. Im **Fischerviertel** der Süderstadt ballen sich um die Domstraße herum Highlights wie die **St-Andreas-Kirche**, der **Dom Maria & Caecilia**, die **Ratsapotheke** oder das Domherrenhaus mit dem **historischen Museum**. Zwischen Bahnhof und Weser liegt das **Deutsche Pferdemuseum** – nicht nur für Fans dieser Vierbeiner ein Erlebnis. Was wie Kirche aussieht, ist das **barocke Rathaus** der Stadt.

Los geht´s am Ufer zwischen den Brücken auf der Reeperbahn. Weiter über Alleeufer, Allerstraße, Maulhop, Memelstraße und Hasenmühlenweg an der **Storchen-Pflegestation** vorbei.

Kurz darauf passieren wir den **Sachsenhain**, der von den Nazis als Gedenkstätte angelegt wurde und heute mit **Fachwerkhäusern** und **Findlingen** einen drei Kilometer langen Rundweg bietet.

Weiter geht´s auf einer Landstraße durch Wiesen nach Groß-Eissel und weiter via Cluvenhagen nach Achim.

Die über 1000 Jahre alte Stadt war einst bekannt für ihre Zigarrenfabrik. Weitere sichtbare **Industriearchitektur** bieten »**Riekes Honigkuchenfabrik**« und die **Windmühle** in exponierter Lage.

Weiter geht´s über Werder nach Thedinghausen.

Tipp: Am Ortsrand finden wir den **Weserrenaissancebau Erbhof**, im Ortskern eifern **Rathaus, Packhaus, Rathausscheune und Taubenturm** um die Gunst des schönsten Fotos.

An der Weser

Über die Wilhelm-Kaisen-Brücke geht es zunächst ins **historische Schnoor-Viertel**, in dem ehemalige **Fischer- und Handwerkerhäuschen** kleine Plätze und Höfe bilden. Wir sehen uns die gezackten **Wallanlagen** an, ehe es in die gute Stube der Hansestadt am **Marktplatz** geht. Beim Bestaunen des alten **Rathauses** hat man schnell die **Bremer Stadtmusikanten** übersehen. Der **Roland** ist ein einsamer Demonstrant für die bürgerliche Freiheit.

Weiter geht´s auf krummen Wegen durch ruhige, teils unter Schutz stehende Landschaft und Parks hinein nach Bremen, das über Radwege stressfrei erreicht wird.

Kartentipp:

ADFC-Regionalkarte »Bremen und Umgebung« 1:75.000,
ISBN 978-3-96990-015-4, 9,95 €

Digital für Smartphones und Tablets: www.fahrrad-buecher-karten.de/rk-digital

27 Natur pur an der Elbe

Von Lauenburg nach Hitzacker

Der Naturschutzbund Deutschland (NABU) initiierte den Radweg »Naturerlebnis Elbe«. Wir teilen dieses Erlebnis gerne und schauen uns zudem noch historische Orte an.

111Touren Info:

117 km, weitgehend flache Rundtour mit einigen kleineren Steigungen meist über Radwege und Nebenstraßen, Kürzung möglich. Perfekte Rad-Wegweisung.
Start / Ziel: Bahnhof Lauenburg
www.lauenburg.de

Los geht´s am Bahnhof **Lauenburg**. Infos zur Stadt finden Sie in Tour 9. Vom Bahnhof radeln wir aufs andere Elbeufer, um diesem flussaufwärts zu folgen. Bei dieser Tour gibt es gleich zwei Rad-Wegweisungen, denn der **NABU-Radweg** ist in weiten Teilen identisch mit dem **Elbe-Radweg**. Auf detaillierte Wegbeschreibungen kann daher verzichtet werden.

Am Wegesrand liegen das **Naturschutzgebiet Havekost** sowie Radegast mit seiner **Dorfkirche** und dem alten **Pfarrwitwenhaus.** Es folgt eine Passage durch das **Naturschutzgebiet Elbdeichvorland bei Bleckede mit Vitico**. Die Kleinstadt Bleckede wird durch **Fachwerkbauten** und das **Schloss** bestimmt. Im Schloss gibt es ein **Info-Zentrum** zu den umliegenden **Schutzgebieten**.

Tipp: Ein etwa 8 km langer Abstecher führt uns zum **Findlingsgarten Bleckede-Breetze**. In der gepflegten **Parkanlage** können wir uns über die steinzeitlichen Zeugen der Ur-Elbe informieren.

Weiter geht´s über unseren Radweg nach Neu Darchau. Hier kann die Tour mit Benutzung der Fähre verkürzt werden! Der Radweg verläuft hügelig, dafür mit Aussicht, durch weitere Naturschutzgebiete via Drethem (mit einer **Fachwerkkirche**) bergauf durch Klötzie hinauf zum Kniepenberg. Ein Aufstieg zum **Aussichtsturm** bietet sich wirklich an. Wir radeln hinunter nach Tießau und weiter nach Hitzacker.

Dank der Lage auf einer **Insel** in der Jeetzemündung wurde der Ort schon früh bewehrt. Heute erwartet uns eine wundervolle **Altstadt**, die mit dem **alten**

Lauenburg mit seiner wunderschönen Altstadt

Zollhaus, der **St.Johannis-Kirche** und (gleich bei der Einfahrt) der **Drawehner Torschenke** ihre Höhepunkte findet. Vom nahegelegenen **Weinberg** haben wir alles gut im Blick, auch die **Riesenkastanie.** Wissenswertes zur Region vermitteln das **Heimatmuseum Walther Honig** und das **Archäologische Zentrum Hitzacker**.

Weiter geht´s mit der Fähre ans andere Elbufer und auf unserem Radweg nun flussabwärts. Von unserem Weg nach Darchau können wir einen Abstecher zur Stixer Wanderdüne unternehmen. Wir radeln durch ehemaliges DDR-Sperrgebiet via Popelow und Stiepelse zum Belecker Fähranleger, wo wir einen alten **DDR-Wachturm** sehen. Durch ein weiteres Naturschutzgebiet erreichen wir Boizenburg.

Das völlig frei stehende **Fachwerk-Rathaus** markiert die Mitte dieses hübschen Salzhändler-Ortes, der eine hohe Museumsdichte besitzt: Es gibt hier das **»Erste deutsche Fliesenmuseum«**, ein **Heimatmuseum** und das **Elbbergmuseum**.

Weiter geht´s von Boizenburg auf dem Radweg zurück nach Lauenburg, das wir rasch erreicht haben.

Kartentipp:

ADFC-Regionalkarte »Hamburg und Umgebung« 1:75.000,
ISBN 978-3-87073-968-3, 9,95 €

Digital für Smartphones und Tablets: www.fahrrad-buecher-karten.de/rk-digital

28 Feuchtes Vergnügen – trockene Tücher

Osnabrücker Land – von Bramsche nach Alfhausen

Aus der Tuchmacherstadt Bramsche führt unsere Tour ins Wassersport-Eldorado des Alfsees. Über Kloster Malgarten geht es am Mittellandkanal entlang zurück.

111Touren Info:

48 km, flache Rundtour meist über Nebenstraßen und Radwege.
Start / Ziel: Bahnhof Bramsche
www.bramsche.de

Als drittgrößte Stadt im Osnabrücker Land hat die Bramscher **Innenstadt** rund um die **St.Martin-Kirche** viel Abwechslung zu bieten. Gesehen haben muss man das **Tuchmacher-Museum**, in dem wir alles über dieses Handwerk erfahren.

Los geht´s vom Bahnhof Bramsche über Bahnhof- und Lindenstr., Riesterweg, Moor- und Sögeler Str. zum Hase-Kanal. Stets in dessen Nähe kommen wir zum Alfsee.

Als großes Regenwasser-Rückhaltebecken erbaut, dient der **Alfsee** Zugvögeln als Rastplatz und Menschen als Erholungsstätte. Der **Ferien- und Erholungspark Alfsee**, an dem wir später vorbeiradeln, lässt kaum einen Wunsch offen.

Weiter geht´s am Ufer des Sees. Vor dessen »Nordkurve« verlassen wir den Deich nach links über die Bahngleise via Flötteweg nach Alfhausen mit seiner **Johanniskirche**, die einen **Bentheimer Taufstein** ihr Eigen nennt. Wer abkürzen will, fährt einfach am Ufer weiter. In Alfhausen biegen wir hinter der Kirche rechts in die Alte Schulstr., auf dem Weg »Bahnofsesch« zum Bahnhof, rechts/links unter der Brücke hindurch zurück zum Alfsee. Über die Westerfeldstr. wird der **Erholungspark** erreicht. Über die Barlager Str. erreichen wir Rieste, weiter am Bahnhof

Alfsee: Mal ein anderes Fortbewegen gefällig?

Malerisch am Haseufer liegt **Kloster Malgarten.** Trotz der vielen Wirren in der Region blieb das Kloster eine »katholische Insel«, wovon die barocke **Kirche St.Johannes** zeugt.

und am Gasthaus vorbei, dann via Neuenkirchener- und Von-Pallandt-Str. gelangen wir zum Kloster Lage.

Durch ein **altes Tor** und an der Gaststätte »**Alte Küsterei**« vorbei geht es zum Kloster, das im 13.Jhd. als Kommende der Johanniter gegründet wurde. Im Inneren der Klosterkirche hängt ein überlebensgroßes **Eichenkruzifix**.

Weiter geht´s auf der Lager Allee und weiter über Sunderstr., Große Wittefelderort zu **Rohde´s Heuerhaus**. Im Garten stehen um das restaurierte Haus herum in Form geschnittene Büsche und Bäume. Dahinter passieren wir nach 1,4 km einen **Fachwerkhof**, radeln über Feldwege und die Hase hinweg durch einen Wald und links auf die Maschortstr.. Weiter über Riester- und Wittefelder Allee erreichen wir das Kloster.

Weiter geht´s über die Wittefelder Allee, vor der A1 rechts, im Bogen links über die A1, 800 m später rechts auf den Malgartener Damm und über Vördener-, Alte Heerstr. und Auf der Luhr zum Mittellandkanal, der uns zurück nach Bramsche führt.

Tipp: Ein Abstecher führt am **Mittellandkanal** entlang nach **Kalkriese.** Hier tobte die **Varusschlacht** zwischen Römern und Germanen. Der **archäologische Park** lässt diese Geschichte auferstehen.

Kartentipp:

ADFC-Regionalkarte »Osnabrücker Land« 1:75.000,
ISBN 978-3-96990-022-2, 9,95 €

Digital für Smartphones und Tablets: www.fahrrad-buecher-karten.de/rk-digital

29 Großstadtflair im Grünen

Von Osnabrück nach Sutthausen

In der Altstadt Osnabrücks wurde mit dem Westfälischen Frieden Geschichte geschrieben. Genauso historisch ist die Altstadt, die wir in Richtung Natur verlassen.

111Touren Info:

47 km, meist flache Rundtour mit wenigen Hügeln über Nebenstraßen und Radwege.
Start / Ziel: Bahnhof Osnabrück
www.osnabrueck.de

Der preußische **Hauptbahnhof** bildet den sehenswerten Auftakt für eine Runde durch die Innenstadt. **Pernickelmühle, Dom St.Peter, St.Marienkirche**, der **Marktplatz** mit alten **Kaufmannshäusern** und natürlich das **Rathaus des Westfälischen Friedens** (hier wurde das Miteinander der Konfessionen festgeschrieben) sind Ziele erster Klasse, die das Losradeln deutlich verzögern dürften.

Los geht´s vom Bahnhof über Mörserstr., Haarmannsbrunnen, Herrenteichswall und Hase-Brücke zur Pernickelmühle. Die Hasestr. bringt uns zum **Dom**, über den **Markt** gelangen wir zum **Rathaus**. Hinter der Bierstr. zweimal rechts in Loh-, links in die Hasestr., wieder links in den Vitihof und gera-

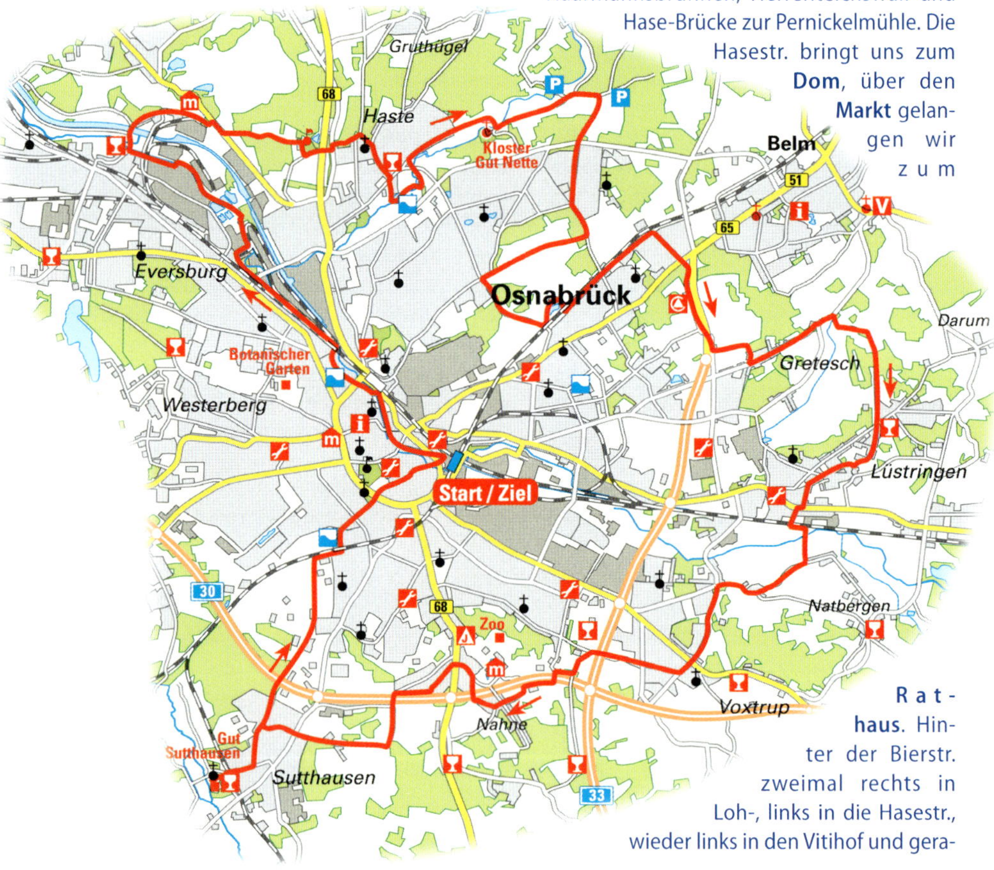

In der Stadt des Westfälischen Friedens

deaus in die Stüwestr. Unser weiterer Streckenverlauf ist wie folgt: Wachsbleiche, Hase-Ufer-Weg (für 1,4 km), Römereschstr., Kiefernweg, 200 m auf einem Schotterweg, entlang der Hase und den Bahngleisen, Von-Kerssenbrock-Allee, über den Kanal, rechts in den Süberweg, hinter der Disko links in den Honeburger Weg zum **Gut Honeburg**, das einst als Wasserburg erbaut wurde. Hinter »Im Hone« geht es über einen Hügel über Hardinghaus-, Bramstr., Insterburger Weg am Nettebad vorbei zum Östringer Weg und zur **Nackten Mühle**. Auch zur **Wassermühle Nettetal** ist es nicht weit.

Auf dem freien Feld, weit weg von Bergen und Wäldern, stand diese Mühle, die fortan **»nackte Mühle«** genannt wurde. Heute ist es ein »technisch-ökologischer Lernort«.
Die **Wassermühle Nettetal** wurde aus historischen Baustoffen originalgetreu restauriert - heute wird in den Steinmahlgängen Biogetreide gemahlen.

Weiter geht´s den Schildern ORT (Osnabrücker Rundtour) folgend. Wer abkürzen mag, kann zwischendurch auf der B 51 direkt zurück ins Zentrum radeln. Nach Unterqueren der Autobahn biegen wir links in Daumeyers Weg. Über Gretescher Weg, Balmer Str., Stadtweg, Ziegeleistr., Mindener Str. und Hasewinkel erreichen wir die Gleise, hinter denen wir links einem Schotterweg folgen, der in eine Teerstraße durch die **Bauernschaft Düstrup** mündet. Am Kreisel links am **Gut Sandfort** und einer **Bruchsteingärtnerei** vorbei, weiter über Meller Str., Am Mühlenkamp und nach 1,3 km hinter der Autobahn links bis zur Brüningsquelle. Bei unserer Tour durch Langenkamp, Schäferskamp, Nahner Landwehr, Im Nahner Feld, Wiesentalstr., Herrmann-Ehlers-Str. und Middenkamp kreuzen wir auf unserem Weg zum **Forsthaus** noch mehrmals die Autobahn. Die Radroute TS (Teuto-Senne) bringt uns an Bahngleisen entlang vorbei an **Freibad** und **St.Johannis-Kirche** zurück zum Bahnhof.

Tipp: Am Forsthaus lockt ein kurzer Abstecher zur **Sutthauser Mühle** mit einer kleinen romanischen Kirche. Die Mühle bietet heute Platz für Berufsbildende Schulen in kirchlicher Trägerschaft. Das Gasthaus zählt zu den schönsten **Gartenlokalen** der Region.

Kartentipp:
ADFC-Regionalkarte »Osnabrücker Land« 1:75.000,
ISBN 978-3-96990-022-2, 9,95 €
Digital für Smartphones und Tablets: www.fahrrad-buecher-karten.de/rk-digital

30 Ein Meer mitten im Land

Von Wunstorf um das Steinhuder Meer

Rund um das Steinhuder Meer radeln wir vorbei an geschützter, ruhiger Natur und genießen die Blicke hinüber zur Schloss-Insel. Ein Abstecher zum Saurierpark versetzt uns einige Millionen Jahre zurück.

111Touren Info:

43 km, flache Rundtour meist über Radwege.
Start / Ziel: Bahnhof Wunstorf
www.wunstorf.de

Wunstorf geht aus einem 871 erwähnten **Kanonissenstift** hervor. Die heute zu sehende **Stiftskirche** ist ein Mix aus unterschiedlichen Stilrichtungen. An der **Marktkirche** hängt ein **eiserner Korb**, in dem lange Zeit der Skalp eines Brandstifters gezeigt wurde, um andere abzuschrecken.

Los geht´s vom Bahnhof Wunstorf den Rad-Schildern »Steinhuder Meer-Dümmer See« folgend unter dem Busbahnhof her, dann über Blumenauer Str. und Lutherweg, am Bahndamm rechts, über den Bach, links durch die Bahnunterführung sowie auf der Stiftstr. durch das Zentrum von Wunstorf. Aus der Fußgängerzone rollen wir bei nächster Gelegenheit hinunter in die Senke der Westaue, durch einen Wald bis zur Brücke und schließlich den Schildern folgend nach Steinhude.

In Norddeutschland wird jeder »blaue Fleck« auf der Karte »Meer« genannt, so wie man dort nicht ans Meer, sondern an die »See« geht. Wo wir nun den zweiten Teil des See-Namens geklärt haben, können wir uns dem ersten Teil widmen. Dies lohnt sich, denn in den **Gaststätten in Seenähe** lässt sich angenehm rasten. Das **Heimatmuseum** erklärt alles

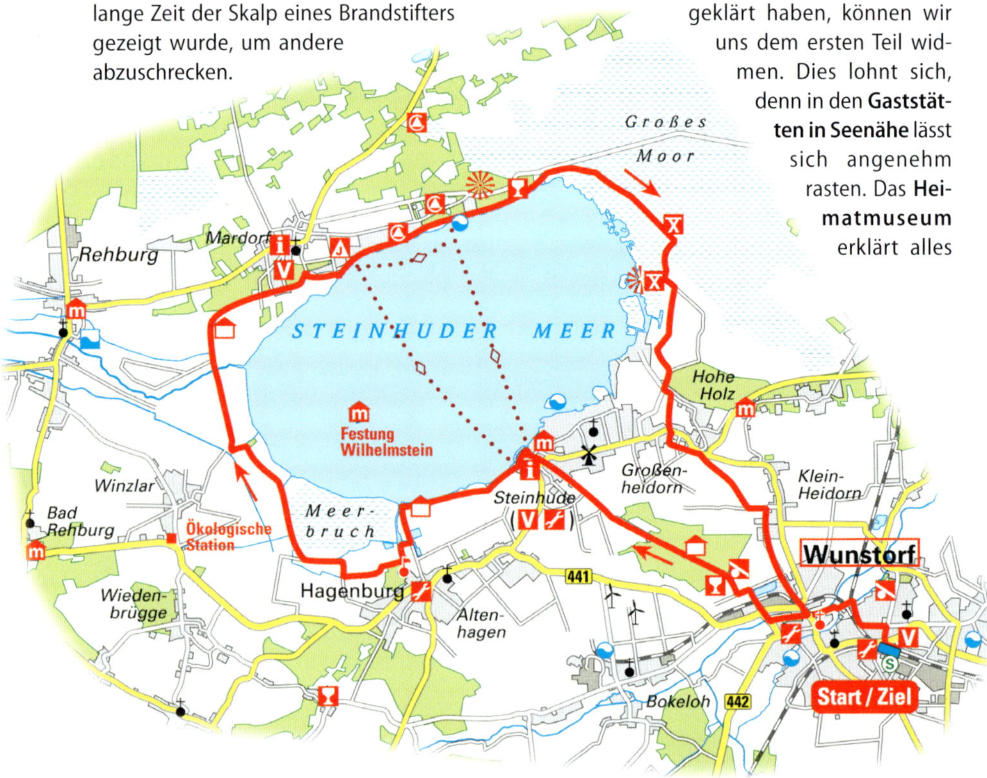

Am Steinhuder Meer lohnt das Segel setzen

Wissenswerte zur Region, auch zur Entstehung der beiden künstlichen Inseln, von denen eine zum Baden dient und die andere das private Schloss Wilhelmstein beherbergt. Auf dieser Insel wurde auch der **Steinhuder Hecht**, ein U-Boot-Vorläufer, getestet.

Weiter geht´s den dunklen Holz-Wegeweisern folgend rund um den See – ein »Verfransen« ist kaum möglich.

Tipp: Von Winzlar aus bietet sich ein Abstecher zum Rehburger Berg an. Hier wurden 250 **Fußabdrücke von Dinosauriern** gefunden, die teils 130 Mio. Jahre alt sind. Nicht nur für Kinder ist der **Saurierpark** ein lohnenswertes Ziel!

Weiter geht´s in Ufernähe den Schildern folgend vorbei an einem großen Sandstrand, an der mit Ferienhäusern bebauten Düne »Weißer Berg« durch ein Naturschutzgebiet nach Großenheidorn. Von hier aus ist es nur noch ein kurzes Stück zurück über Kleinenheidorn nach Wunstorf.

An der Hauptstr. von Großenheidorn können wir im **150 Jahre alten Gasthaus** Küker einkehren.

Kartentipp:
ADFC-Regionalkarte »Hannover u. Umgebung« 1:75.000,
ISBN 978-3-96990-025-3, 9,95€
Digital für Smartphones und Tablets: www.fahrrad-buecher-karten.de/rk-digital

31 Gesunde Runde um den Doktorsee

Von Rinteln zum Kloster Möllenbeck

Der Weser-Radweg gehört seit vielen Jahren zu den beliebtesten Fernradwegen der Republik. Wenn Rinteln nicht zufällig ein Etappenziel ist, bleibt es oft bei einer kurzen Stippvisite. Schade, denn die kleine Fachwerk-Stadt an der Weser bietet nicht nur ein historisches Zentrum, sondern auch Badeseen und weitere Sehenswürdigkeiten „vor der Tür". Höchste Zeit, dass wir uns dies einmal ansehen!

111Touren Info:

13 km, Rundtour meist auf befestigten Radwegen bzw. Straßen/Wegen, keine Steigungen, regionale Wegweisung.
Start und Ziel: Rinteln
www.rinteln.de

Die Innenstadt von Rinteln ist toll: In der kleinen **Fußgängerzone** laden uns Cafés und Biergärten zur Einkehr ein. Und die Straßen werden gesäumt von schmucken alten **Fachwerkhäusern**. Besonders schöne finden wir z.B. in der Schulstraße. Wer eher auf Backstein steht, besucht die Ritterstraße, denn hier stehen besonders viele Häuser in diesem Stil. Das reich verzierte **Rathaus** müssen wir uns ausgiebig ansehen, ebenso den in Fachwerk gehaltenen **Prinzenhof** und die **Jakobikirche**.

Im Mittelalter wurde Rinteln mit einer Stadtmauer zu einer richtigen Festung ausgebaut. Nach dem Schleifen der Wehranlagen ist davon heute nichts mehr übrig. Allerdings können wir den Verlauf noch heute an der **Parkanlage Blumenwall** nachvollziehen, denn hier lag einst der nordwestliche Teil der alten Festungsanlage.

Tipp: Wer mag, kurbelt von der Innenstadt hinauf zum sogenannten **Klippenturm**. Der Aussichtsturm lugt seit 1889 neugierig aus dem dichten Grün der Luhdener Klippe heraus. Wer es bis hierher geschafft hat, bewältigt dann auch noch gerne die 103 Stufen bis zur Plattform.

Los geht´s an der Weserbrücke von Rinteln, die wir über den Pferdemarkt verlassen. So gelangen wir zum Weser-Radweg, der uns am Ufer entlang und rund um den Doktorsee herum führt. An der Querstraße („Am Doktorsee) rechts, wenig später links „Am Kloster". So gelangen wir zielgenau zum Kloster Möllenbeck.

Viel Wasser rund um unsere Tour

Herrlich: Zunächst blicken wir rechts auf die Weser, dann radeln wir mitten durch die kleine Seenlandschaft, wobei der **Doktorsee** links von uns liegt. Er entwickelte sich wegen seiner guten Infrastruktur zu einem beliebten Ausflugsziel, wobei allein das Freizeitgelände eine Fläche von 152 ha umfasst. Bis 1960 wurde hier Kies abgebaut, wobei mehrere Seen entstanden, von denen einer Zugang zur Weser hat. Übrigens: Wir befinden uns hier genau auf der Grenze zu Nordrhein-Westfalen! Wer Ende Juli hier ist, kann das **Sommerfest** besuchen, dessen Krönung das Höhenfeuerwerk „Doktorsee in Flammen" ist.

Weiter geht´s vom Kloster Möllenbeck zunächst wieder auf dem Weg zurück, den wir herkamen. An der Weggabelung rechts und an der nächsten Querstraße wieder rechts. So kommen wir wieder zurück in die Stadtmitte von Rinteln.

An jeder Stelle, wo wir heute den Anblick des **Klosters Möllenbeck** genießen, stand schon

Kloster Möllenbeck

lange ein Kloster. Der heutige Bau entstand zwischen 1478 und 1505. Dazu gehört auch die große **Klosterkirche** mit ihren markanten spitzen Türmen. Die evangelisch-reformierte Kirche ist heute Eigner der Anlage und sieht sich stets weltoffen. Wer zur rechten Zeit hier ist, bekommt das beim **Irish Folk Festival** oder beim Konzert „Möllenbeck rockt!" zu sehen und zu hören. Atemberaubend klingt auch die **Orgel** der Kirche, die 1909 unter Einbeziehung der alten Pfeifen neu gestaltet wurde.

Kartentipp:
ADFC-Regionalkarte »Weserbergland«
1:75.000, ISBN 978-3-96990-045-1, 9,95 €
Digital für Smartphones und Tablets: www.fahrrad-buecher-karten.de/rk-digital

32 Hier geht´s rund

Von Gifhorn nach Wolfsburg

Dass in Wolfsburg die größte Autofabrik Deutschlands steht, ist weithin bekannt. Dass sich aber im Mühlenpark von Gifhorn die meisten Museums-Mühlen in ganz Europa befinden, überrascht. Mit einer Tagestour lässt sich beides miteinander verbinden.

111Touren Info:

46 km, Rundtour meist auf befestigten Radwegen bzw. Straßen/Wegen, keine größeren Steigungen, gute regionale Wegweisung, Verkürzung möglich!
Start und Ziel: Gifhorn, Großraumparkplatz an der Schottischen Mühle
www.gifhorn.de

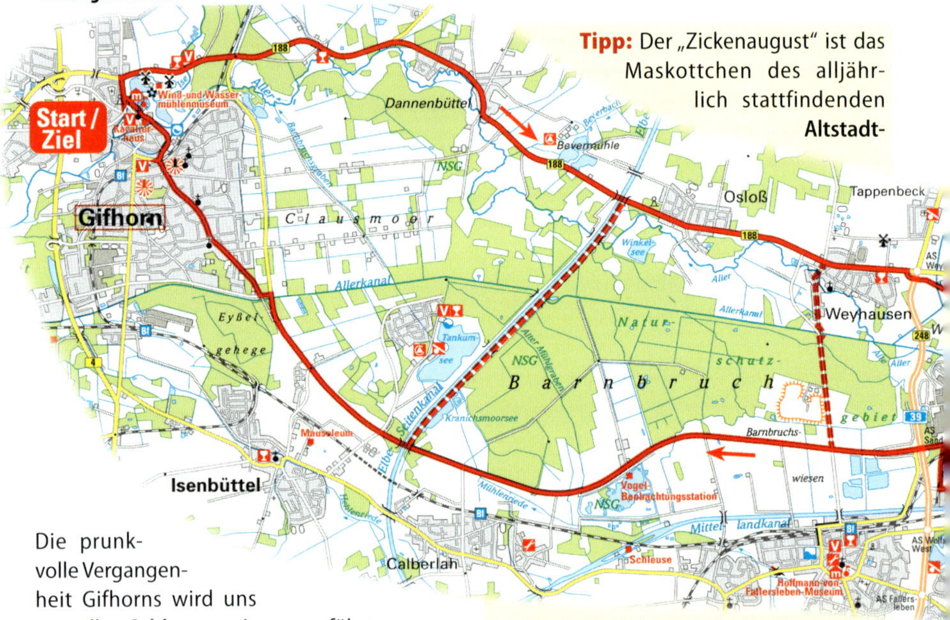

Die prunkvolle Vergangenheit Gifhorns wird uns am tollen **Schloss** vor Augen geführt. Doch auch die übrige Innenstadt mit Altem Rathaus, dem **Höferschen Haus** und weiteren Fachwerkbauten weiß uns zu begeistern. An der Hauptattraktion Gifhorns startet unsere Radrunde: Im 1980 eröffneten **„Internationalen Mühlen-Freilichtmuseum"** strahlen 16 großartige Mühlen um die Wette, darunter Mühlen aus Portugal, Griechenland, Spanien und Holland. Das Gelände ist sagenhafte 16 ha groß. In einer Ausstellungshalle gibt es Modelle verschiedener Wasser- und Windmühlen zu sehen. Ebenfalls auf dem Mühlengelände befinden sich die russisch-orthodoxe Holzkirche des Heiligen Nikolaus mit einigen wertvollen Ikonen und das **Kulturinstitut „Die Brücke"**. Die bis zu 27 m hohen insgesamt 8 Kuppeln sind teilweise vergoldet und einem altrussischen Kloster nachempfunden.

Tipp: Der „Zickenaugust" ist das Maskottchen des alljährlich stattfindenden **Altstadtfestes** von Gifhorn. Die Stadt war auch lange als „Zickenstadt" bekannt, was noch heute am „zickigen" **Denkmal** in der Fußgängerzone deutlich wird.

Wolfsburg, Schloss Fallersleben

Los geht´s vom Parkplatz aus entlang der Lüneburger Straße stadtauswärts an der weiß getünchten Mühle vorbei. An der nächsten Ampelkreuzung rechts Richtung Wolfsburg auf den Radweg an der B 188. Es gibt ungetrübten Radelspaß, auf wechselnden Straßenseiten an Neuhaus vorbei nach Dannenbüttel, hier ist es etwas eng. Am Kieswerk und Beversee vorbei gelangen wir zur Unterquerung des Elbe-Seitenkanals und weiter nach Osloß.

Tipp: Familien mit Kindern, die die Tour abkürzen möchten, können hinter der Unterführung die Räder nach oben zum Kanal schieben. Auf dem **Treidelpfad** den Kanal entlang. Hinter den Seen müssen wir wieder herab und können neben der Straße zurück nach Gifhorn.

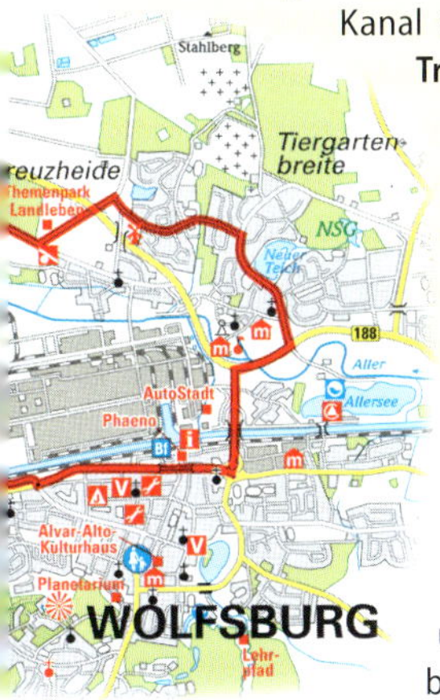

Das Örtchen Osloß weiß mit einigen **Fachwerkhäusern** zu gefallen, die in unterschiedlichen Farben daher kommen.

Weiter geht´s von Osloß für eine kurze Strecke auf dem Mehrzweckstreifen bis zu einer Ampelkreuzung, an der wir unsere Tour rechts nach Gifhorn verkürzen können. Die lange Tour führt über Warmenau, Kreuzheide und Tiergartenbreite nach Alt-Wolfsburg. Wir rollen vor der Autostadt her, passieren den Kanal und biegen rechts ab, Oststraße, Kanalquerung, Stellfelder Straße und dann durch das VW-Werk zur Nordstraße. Hier links und geradeaus zurück nach Gifhorn. Von der Ortsmitte aus folgen wir den Schildern „Mühlenpark" zurück zum Startpunkt.

Tipp: Nicht nur für Kinder interessant ist das **Phaneo** in Wolfsburg, Wissenschaft mit 250 interaktiven Experimentierstationen begreifbar gemacht. Imposant ist **Schloss Fallersleben** mit Zwiebelturm, Ziergiebeln und Heimatmuseum. Und ja: Hoffmann von Fallersleben, dessen berühmtestes Werk die deutsche Nationalhymne ist, stammt tatsächlich von hier. Ein Besuch der Autostadt mit ihren markanten Autotürmen und dem (VW-) **Automuseum** gehört immer zum Pflichtprogramm.

Kartentipp:

ADFC Regionalkarte »Braunschweig und Umgebung« 1:75.000,
ISBN 978-3-87073-885-3, 8,95€

Digital für Smartphones und Tablets: www.fahrrad-buecher-karten.de/rk-digital

33 Lügenbaron, Rattenfänger und andere Gestalten

Von Holzminden nach Hameln

Verträumte Landschaften, alte Dörfer, prächtige Schlösser und die Münchhausenstadt Bodenwerder prägen die Tour zwischen der Industrie- und Handelsstadt Holzminden und dem Weserrenaissance-Juwel Hameln. Die Weser wird zwischen den felsigen Muschelkalkbergen zu vielen Richtungswechseln gezwungen.

111Touren Info:

52 km, nahezu flache Streckentour mit einer kurzen Steigung; auf Nebenstraßen und Radwegen, perfekte Rad-Wegweisung.
Start: Luther-Kirche Holzminden
Ziel: Rattenfängerhalle Hameln
www.hameln.de

Das Zentrum Holzmindens wird vom baumgesäumten **Marktplatz** markiert, an dem sich die **Luther-Kirche** und **sehenswerte Fachwerkbauten** empor recken. Hausberg Holzmindens ist der »**Monte Bello**«, der kahlköpfige, 503 m hohe **Köterberg**.

Los geht´s: Von der Luther-Kirche über Kirchstraße, Neuen Weg, Steinbreite, Rehwiese, Lindenallee und Im niederen Felde aus dem Ort hinaus in die Natur. In Ufernähe bis Bodenwerder.

In dem kleinen Städtchen ist der phantasievolle Geschichtenerzähler **Münchhausen** allgegenwärtig. Der einstige Stammsitz derer von Münchhausen dient heute als **Rathaus**. Klar, dass es hier auch ein **Erinnerungszimmer** mit der **Kanonenkugel** und auf dem Vorplatz einen **Münchhausenbrunnen** gibt.

Weiter geht´s auf dem rechten Ufer neben dem **Heiligenberg** her, am **Schloss Hehlen** (anderes Ufer) vorbei, das nur auf den ersten Blick

Blick auf Rühle und Pegestorf

Münchhausen ist allgegenwärtig

eher schmucklos wirkt. Durch das hübsche Dorf **Hajen** mit seiner romanischen Dorfkirche nach Grohnde mit dem beliebten **Fährhaus**. Kurz vorm Ziel liegt die **Domäne Ohsen** mit einer **Burg**, die einst als Wasserburg auf einer Weserinsel errichtet wurde.

Tipp: Über die **Weserbrücke** bei Ohsen erreichen wir mit einem lohnenswerten Abstecher über den beschilderten Emmertal-Radweg das **Schloss Hämelschenburg**, bei dem sich eine Führung lohnt. Die **Schlosskapelle** gilt als eine der ältesten protestantischen Kirchen des Landes.

Weiter geht´s an einer gut erhaltenen **Windmühle** vorbei nach Hameln.

Die **historische Altstadt** Hamelns ist vom Radweg bequem zu erreichen, aufgrund der Touristenscharen sollte das Sightseeing aber besser per pedes erfolgen. Ganze Busladungen von Touristen folgen dem Flötenspiel durch die Stadt und horchen der Rattenfängersage. Vergessen SIE aber nicht, die wahre Geschichte zu erfahren! Mit Kindern folgen Sie den aufgemalten **Ratten** und lernen mit aufgestellten Tafeln alles Wissens- und Sehenswerte. Es geht vorbei an **Rattenkrug, Bürgerhus, Lückingschem Haus, Hochzeitshaus** und **Marktkirche**.

Kartentipp:
ADFC-Regionalkarte »Weserbergland«
1:75.000, ISBN 978-3-96990-045-1, 9,95 €
Digital für Smartphones und Tablets: www.fahrrad-buecher-karten.de/rk-digital

34 Radeln mit Adebar

Rund um Bad Wilsnack

Rund um die sehenswerte Stadt Bad Wilsnack liegt die Region namens Prignitz. Wunderbar flach, mit Bächen und der Elbe durchflossen bietet sie nicht nur beste Bedingungen für die Störche, sondern auch für uns Radler.

111Touren Info:

27 km, Rundtour ohne nennenswerte Steigungen auf separaten Radwegen und wenig befahrenen Nebenstraßen
Start/Ziel: Bahnhof Bad Wilsnack
www.dieprignitz.de
Die Strecke ist ausgeschildert und kann nach den Knotenpunkten 48-40-41-42-43-44-48 abgefahren werden.

Dass Bad Wilsnack mehr als 600 Jahre alt ist, können wir rund um den schmucken **Marktplatz** an vielen Stellen entdecken: Tolle **Fachwerkfassaden**, die Alte Apotheke, das Alte Rathaus und vieles Sehenswertes mehr säumt die Straßen und Gassen. Die spätgotische **Kirche St. Nikolai** überragt alles. Aufgrund eines Hostienwunders wird sie auch »Wunderblutkirche« genannt – ein Besuch ist Pflicht!

Kirche St. Nikolai

er auf dem Elbdeich

Gradierwerk an der Therme

Ebenso ein Besuch des **Kurparks** und des **Gradierwerks**, an dem wir auch noch ´was Gutes für unsere Lungen tun können.

Tipp: Spanisches Feeling in der Therme, Alpenfreuden in den Berg- und Sennhäusern des Saunadorfes und orientalischer Charme aus 1001 Nacht im Saunaparadies: Wer sich nach der Tour in der Kristall Kur- und Gradier-Therme Bad Wilsnack nicht erholt, ist selber schuld.

Los geht´s vom Bahnhof Bad Wilsnack dem »zackigen Verlauf« der Bahnstraße bis zum Ende folgend. Links in die Große Straße, direkt rechts in den Zernerweg. Dieser bringt uns fast schnurgerade an den letzten Häusern und einer Kläranlage vorbei durch ruhige Natur. Am Ende links, am nächsten Querweg links und wieder rechts nach Abbendorf.

Bei Abbendorf treffen wir auf den **Gnevsdorfer Vorfluter**, einem 11 km langen Kanal zwischen Elbe und Havel. Seit es ihn gibt, hat sich hier die Hochwassersituation deutlich verbessert. Wer viel Zeit und Lust hat, kann dem sagenhaften **Elbe-Radweg** in beide Richtungen über viele perfekte Radelkilometer hinweg folgen.

Weiter geht´s durch Abbendorf über »am Deich« bis zum Deich, dem wir nach rechts folgen. An Gnevsdorf vorbei nach Rühstädt.

Nachdem wir uns im Straßendorf Gnevsdorf die kleine **Kapelle** angesehen haben, kommen wir ins 240 Einwohner zählende Dorf Rühstädt. Es überrascht zunächst ein weitläufiger, toller Park, in dem ein **Schloss** mit langer Tradition steht. Die Anlage basiert auf den Anfängen einer Wasserburg und dient heute als schickes Hotel. Das **Storchennest** auf dem **Wasserturm** zeugt davon, dass Rühstädt als das storchenreichste Dorf Deutschlands gilt.

Weiter geht´s vom Schloss über Rühstädter Dorfstraße und rechts Roggbergstraße. Nach dem Linksknick rollen wir mehrere Kilometer schnurgeradeaus. Nach Querung der Karthane rechts abbiegen in den Eselsweg, um später links via Gnevsdorfer Weg, auf die Dorfstraße durch Groß Lüben und später rechts ab, via Rammweg, An der Wassermühle und Mühlenstraße zurück nach Bad Wilsnack zu gelangen.

Kartentipp:
ADFC-Regionalkarte »Prignitz« 1:75.000,
ISBN 978-3-87073-674-3, 8,95 €

Digital für Smartphones und Tablets: www.fahrrad-buecher-karten.de/rk-digital

35 Wie Perlen an der Schnur

Von Ruppin nach Rheinsberg

Radler-Herz, was begehrst du mehr?

Sechs Seen liegen wie Perlen an der Schnur. Sie werden einsamer und sauberer, je weiter wir fahren. Mit dem märkischen Museenschloss wartet ein krönender Abschluss.

111Touren Info:

30 km, flache Streckentour mit einer kleinen Steigung, meist über Waldwege und Nebenstraßen.
Start: Bahnhof Neuruppin
Ziel: Bahnhof Rheinsberg
www.reiseland-brandenburg.de

Am Ufer des gleichnamigen Sees liegt Neuruppin. In dem preußischen **Musterstädtchen** stehen die Häuser so, als seien sie zur Parade angetreten. Viele der Häuser sind im **schlichten Stil** der 1790er Jahre erhalten, so auch Fontanes Geburtshaus, heute **Löwenapotheke**. Der Bahnhof ist in die **historische Befestigungsanlage** eingebaut.

Los geht´s vom Bahnhof in Richtung Alt Ruppin, das auf dem Radweg N2 am See vorbei schnell erreicht ist.

Tipp: In der Naturschutzstation **Zippelsförde** gibt es die Möglichkeit, im Jägerhof wirklich einsam zu übernachten – etwas für Romantiker, nicht für Angsthasen!

Weiter geht´s auf dem N2, der uns an Molchow und dem Tiezensee vorbei nach Zermützel bringt. Die Schilder würden uns direkt weiter nach Rheinsberg bringen, empfehlenswert ist jedoch, den Rhin mittels Holzbrücke zu überqueren und dem N2 am **Zermützelsee** vorbei zu folgen. Auf den besonders schönen Radwegen am **Tornowsee** vorbei erreichen wir die Boltenmühle.

In der **Boltenmühle** wurde früher das Wasser des Binenbaches durch die Zimmer geleitet. Heute ist das Ufer des Baches plattgetreten, weil in der flachen Mark ein Bach mit 10 m Gefälle auf einem Kilometer eine Attraktion ist.

Weiter geht´s nicht mehr über N2, sondern Richtung **Kalksee** und Binenwalde, das schon bald erreicht ist. Über die kaum befahrene Straße kommen wir dann über Zühlen nach Rheinsberg.

Nur der Platz mit seiner **Postmeilensäule** vor dem Park ist dreieckig, sonst wurden die Straßen rechtwinklig angelegt. Ein Traum des Rokoko ist **Schloss Rheinsberg** am **Griesericksee**. Nicht versäumen sollten Sie den Park, der eine geglückte Mischung aus französischem und englischem Garten darstellt. Klar aus der Flucht geraten ist der Obelisk. Der **Rheinsberger See** mit seiner baumbestandenen **Remusinsel** ist etwas für Genießer.

Kartentipp:
ADFC-Regionalkarte »Mecklenburgische Seenplatte« 1:75.000,
ISBN 978-3-87073-953-9,
9,95 €

Digital für Smartphones und Tablets:
www.fahrrad-buecher-karten.de/rk-digital

36 Seen und Sehenswertes

Von Seddin nach Brandenburg

Auf unserem Weg, der südlich von Potsdam startet, radeln wir durch verträumte Natur. Langweilig wird es nicht mit Seen, die Möglichkeiten zur Abkühlung bieten, und alten Gebäuden und historischen Orten, die uns in die Vergangenheit entführen.

111Touren Info:

51 km, weitgehend flache Streckentour über Waldwege und Nebenstraßen.
Start: Bahnhof Seddin
Ziel: Bahnhof Brandenburg
www.reiseland-brandenburg.de

Los geht's vom Bahnhof Seddin über die Straße Richtung Autobahn, die wir schon bald queren, um dahinter links nach Ferch zu radeln.

Ferch liegt am Südende des **Schwielowsees** und ist dadurch natürlich touristisch interessant. Wer es lieber ruhiger mag, sieht sich die **Fachwerkkirche** mit der »göttlich naiven **Deckenbemalung**« an.

Weiter geht´s auf einer Pflaster-Strecke, die bald aufhört, wenn wir nach Kammerode radeln. Hinter dem Ort folgen wir kurz der Straße Richtung Werder, ehe wir links abbiegen und über Bliesendorf sowie unter der Autobahn her nach Lehnin radeln.

Der umgebende **Wald** spielt eine besondere Rolle bei der Sage um die Entstehung des hiesigen **Klosters**. Der **Holzstumpf** vor dem **Altar** der **Klosterkirche** ist angeblich immer noch der, an dem 1180 Stifter Otto saß. Ähnlich alt ist das **Triumphkreuz**, das aus den oberen Teilen des selben Baumes stammen könnte.

Tipp: Alternativ zur unten beschriebenen Strecke können wir ab Lehnin am **Klostersee** und am **Netzener See** vorbei nach Damsdorf radeln. Von dort aus geht die Tour dann zum **Rietzer See** und trifft hinter Prützke bzw. hinter der Autobahn wieder auf die Standard-Route.

Weiter geht´s von Lehnin Richtung Rädel. Am Ortseingang biegt die Asphaltroute links ab, hier halten wir uns rechts auf einem Waldweg nach Michelsdorf. Dahinter stoßen wir später auf besserem Weg auf die Autobahn, radeln vor derselben nach links weiter und gelangen nach Rotscherlinde, wo wir die B 102 im Links-Rechts-Versatz nach Krahne überqueren. Hier biegen wir rechts ab und erreichen Reckhahn.

»Der Kinderfreund« hieß das Buch von Eberhard von Rochow. Der Landschulreformator verzichtete hier als erster im Unterricht auf Rohrstock und ähnliche Strafen. Grund genug, ihm ein **Museum** zu widmen.

Weiter geht´s von Reckahn unter der Autobahn her via Göttin zu unserem Tourziel Brandenburg.

Fachwerkkirche in Ferch

Die **Altstadt** von Brandenburg wurde im Krieg weitgehend verschont, so dass uns heute eine Reise in die Vergangenheit erwartet. Zu Füßen der beiden Gotteshäuser, dem **Dom** und der **Gotthardtskirche,** gibt es reichlich **Historisches** zu entdecken – nicht nur den stolzen **Roland** vor dem **Rathaus.**

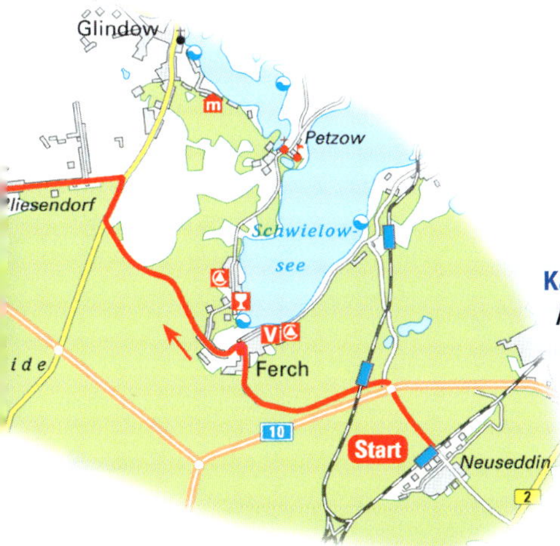

Kartentipp:
ADFC-Regionalkarte
»Potsdam/Havelland«
1:75.000,
ISBN 978-3-87073-959-1,
9,95 €

Digital für Smartphones und Tablets:
www.fahrrad-buecher-karten.de/rk-digital

37 Potsdamer Seentour

Von Potsdam nach Ferch

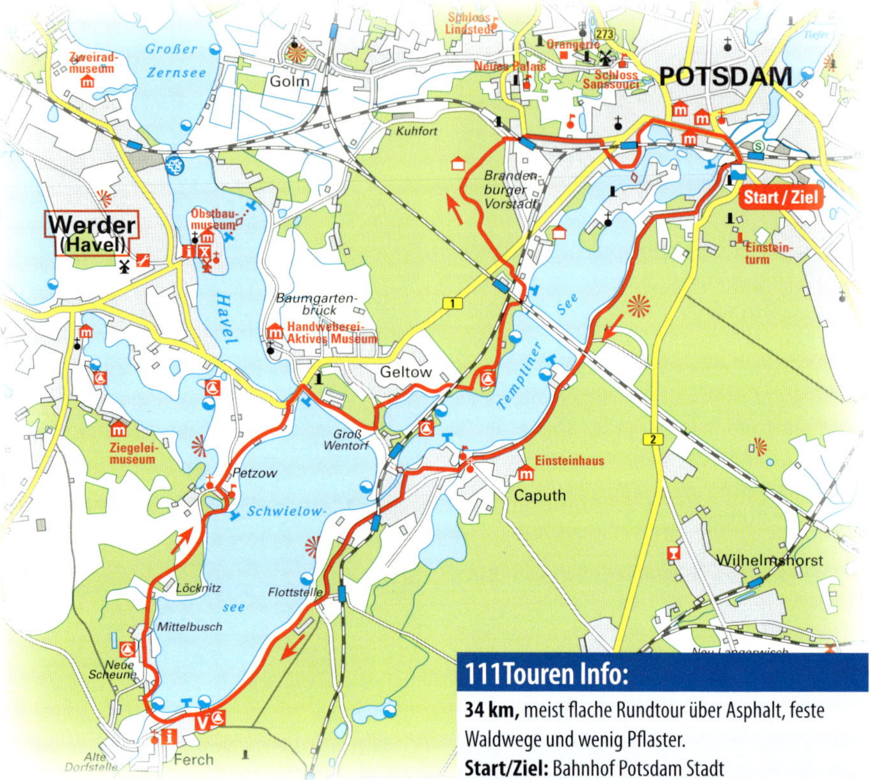

111Touren Info:

34 km, meist flache Rundtour über Asphalt, feste Waldwege und wenig Pflaster.
Start/Ziel: Bahnhof Potsdam Stadt
www.potsdam.de

Unser Weg führt uns von Potsdam vorbei an einer Vielzahl historischer Bauwerke durch die von Hügeln, Wasser, Sand und Sumpf geprägte Mark rund um den Schwielowsee.

Los geht's aus dem Bahnhof kommend in der Leipziger Str. Hier fehlen für ein kurzes Stück Radwege.

Gleich auf dem Bahnhofsvorplatz sehen wir links über uns den **Einsteinturm**, einen architektonischen Paukenschlag von 1924. Hier versuchte sein Namensgeber die Relativitätstheorie zu beweisen. (Abstecher 1,4 km, 60 Höhenmeter).

Weiter geht's via Templiner Str. und dem Radweg (mit »F1« ausgeschildert) vorbei an der Halbinsel Hermannswerder. Direkt am Ufer des Templiner Sees entlang und über die Lindenstr. gelangen wir ins Stadtzentrum von Caputh.

Der **Bahndamm**, der seit 1956 den Templiner See teilt, ist Zeugnis der deutschen Teilung. Direkt am Ortseingang von Caputh steht links am Hang das **Wohnhaus von Albert Einstein**.

Potsdam

Seenlandschaft bei Potsdam

Im Zentrum von Caputh erwarten uns **Schloss** und **Kirche**.

Weiter geht's von Caputh nach Ferch über den Radweg direkt am Seeufer. Wir bleiben auf dem Seeweg und gelangen über den Radweg auf die Fercher Str. Richtung Petzow. Hier biegen wir rechts in einen Park ab, der uns vorbei an einem neogotischen **Schlösschen** ans Ufer von **Haussee** und **Schwielowsee** führt. Die Beschilderung des F1 führt uns von Petzow nach Baumgartenbrück. Die Fahrt unter den **efeuberankten Bäumen** ist herrlich, wir halten uns an der Einmündung Geltower Chaussee links und biegen dann gleich rechts in den Weg am Petzinsee ab. Wir überqueren eine Bahnlinie, umrunden den Campingplatz, folgen weiter F1 und gelangen durch einen **Wildpark** zum **Park Sanssouci**. Da hier das Radfahren untersagt ist, radeln wir am Zaun entlang stadteinwärts nach Potsdam.

Durch den Zaun erhaschen wir einen Blick auf den **Charlottenhof** und die **Römischen Bäder**. Kurz vor dem neuen Potsdamer Hauptbahnhof stoßen wir am alten Markt auf die **Nikolaikirche**, die die Silhouette der Stadt prägt. Von hier ist unser Zielpunkt, der Hauptbahnhof, nur noch einen Steinwurf entfernt.

Tipp: Vom alten Markt bietet sich zur Einkehr ein Abstecher zur Mittelstraße ins **Holländische Viertel** an.

Kartentipp:

ADFC-Regionalkarte »Potsdam/Havelland« 1:75.000,
ISBN 978-3-87073-959-1, 9,95 €

Digital für Smartphones und Tablets: www.fahrrad-buecher-karten.de/rk-digital

38 Den Gurken hinterher

Spreewald – von Lübben nach Raddusch

Dem Gurken-Radweg folgen wir durch den Oberspreewald. Perfekte Radel-Idylle wechselt sich ab mit schönen alten Ortskernen, deren Namen wir auch in Sorbisch lernen können.

111Touren Info:

28 km, flache Streckentour über Radwege, perfekte Wegweisung.
Start: Bahnhof Lübben
Ziel: Bahnhof Raddusch
www.luebben.de
www.spreewald.de

Die gastfreundliche Stadt Lübben ist das Tor zum Ober- und Unterspreewald. Zahlreiche, die Stadt durchziehende **Wasserläufe**, ausgedehnte Grünanlagen – allen voran der Lübbener **Hain und die Kahnfährhäfen** – lassen den Besucher erkennen, dass er sich im Herzen des Spreewaldes befindet.

Los geht´s vom Bahnhof am besten dem Niederlausitz-Radweg über Park- und Schillerstr. bis zur Berliner Chaussee und dieser dann nach rechts folgend. An dem Parkplatz Ecke Frankfurter Str. beginnt der Gurken-Radweg, dem wir durch herrliche Natur im Zick-Zack durch den Wald folgen. An traditionellen **Gemüseanbaugebieten** vorbei erreichen wir schließlich Lübbenau.

Im Sommer gibt es die berühmten »**sauren Gurken**« frisch vom Fass. Neben den leiblichen gibt es mit der **Barockkirche St.Nikolai** und alten **Fachwerkhäusern** auch viele kulturelle Genüsse. Um die **Schlosswiese** reihen sich die **ehemalige, gräfliche Gerichtskanzlei**, das **Efeuhaus**, die **Orangerie** und natürlich das Schloss selbst. Im sogenannten Torhaus am Topfmarkt ist das **Spreewald-Museum** untergebracht, in dem wir etwas über die hiesige sorbisch-wendische Kultur, die Leineweberei und alles andere Wissenswerte der Region erfahren.

Tipp: Nur wenige (beschilderte) Meter neben dem weiteren Weg liegt das **Lagunendorf Lehde**, der wohl bekannteste und einzigartigste Ort im Spreewald. Hier leben und arbeiten etwa 160 Einwohner nach traditioneller Art. Der **Holzkahn** gehört auch für die Postfrau zum alltäglichen Verkehrsmittel. Das ganze Dorf steht unter Denkmalschutz.

Weiter geht´s auf dem Spreeradweg ins ebenfalls **denkmalgeschützte Leipe**, das bis 1936 nur mit dem Kahn erreichbar war. Bitte

Wie anno dazumal im Spreewald

die Schilder beachten, denn wir folgen nun dem Gurken-Radweg nach Raddusch, das an zwei weiteren Bootsverleihern vorbei durch den Wald schnell erreicht ist. Vom Bahnhof aus geht es mit dem Zug wieder retour nach Lübben.

Raddusch, eines der **ältesten Spreewalddörfer**, ist durch einen Nebenarm der Spree mit dem Labyrinth der Wasserstraßen verbunden. Westlich des Ortes liegt ein ehemaliger Tagebau, in dem ein **slawischer Burgwall** neu entstand und die Ur- und Frühgeschichte der Region dokumentiert.

Kartentipp:

ADFC-Regionalkarte »Spreewald« 1:75.000,
ISBN 978-3-87073-904-1, 8,95 €

Digital für Smartphones und Tablets: www.fahrrad-buecher-karten.de/rk-digital

39 Berliner Mauer - was ist geblieben?

Mit dem Rad durch die City

Am 13.08.1961 wurde damit begonnen, Barrikaden zu errichten. Fast 30 Jahre trennte die Mauer West- und Ostteil der Stadt. Unsere Spurensuche folgt dem ehemaligen Verlauf der Mauer.

111Touren Info:

17 km, flache Streckentour, teils über Kopfsteinpflaster.
Start: Bahnhof Gesundbrunnen
Ziel: Bahnhof Warschauer Straße
www.berlin-tourist-information.de

Los geht´s vom Bahnhof Gesundbrunnen über Swinemünder-, Bellermann-, und Brehmstr. zur Brehmbrücke. In der Nähe wurde an der **Bösebrücke** am 9.11.1989 der erste Grenzübergang für DDR-Bürger geöffnet. Weiter via Schwedter-, Gleimstr. und **Mauerpark** zur Bernauer Str.

Die Bilder vom Mauerbau an der **Bernauer Str.** gingen um die Welt. Viele Menschen sprangen aus Fenstern, um aus dem Osten zu fliehen. VoPo Schumann ging in die Geschichte ein, als er am 15.8.61 über eine Stacheldrahtrolle in den Westen sprang. Eine Schautafel erinnert an den Bau des **Fluchttunnels** 1964. An der **Kapelle der Versöhnung** vorbei kommen wir zur Gedenkstätte Berliner Mauer, wo die **ehemalige Grenzanlage** noch in ihrer vollen Breite vorhanden ist.

Weiter geht´s von der Bernauer- auf die Gartenstr. Im Kreisverkehr rechts, hinter der Brücke rechts in die Liesenstr. Am Friedhof der französischen Gemeinde vorbei zur Chausseestr., wei-

Brücken verbinden oft besonders schön

ter via Boyen-, Scharnhorststr. und Kleinem Weg zum Flussufer. Dort links zum Kanal, wieder links auf der Promenade zum **Invalidenfriedhof** mit Grabmalen preußischer Größen. Auf der Invalidenstr. am **Wirtschaftsministerium** vorbei, über die Louisen-, Hannover Str. (hier Tor zur Charité), Virchowweg, Schumann-, Charité-, Reinhardstr., Bahnbrücke, Kapellufer, über die Spree (nach **»West-Berlin«),** neben Paul-Löbbe-Haus her in die Paul-Löbbe-Allee am **Reichstagsgebäude** vorbei zum Friedrich-Ebert-Platz und weiter zum **Pariser Platz**.

Das **Brandenburger Tor** von 1791 ist das einzige erhaltene Stadttor und Symbol der Wiedervereinigung. Fast 30 Jahre war es durch die Mauer verschlossen.

Weiter geht´s durch das Brandenburger Tor zurück auf dem Radweg der Ebertstr. Am Tiergarten und dem **Denkmal für die ermordeten Juden Europas** vorbei zum Potsdamer Platz.

Der **Potsdamer Platz** lag wüst und leer im Grenzraum. Heute erinnert nur noch ein Segment der Mauer inmitten hochglänzender Architektur an diese Zeit.

Weiter geht´s über Stresemann-, Niederkirchener Str. am **Abgeordnetenhaus** vorbei (hier wurde 1919 die KPD gegründet), zu weiteren **Mauerresten** und der **»Topographie des Terrors«**, bei dem das Grauen der Nazis dokumentiert ist. Über die Zimmerstr. am **Checkpoint Charlie** vorbei in die Axel-Springer-Str. Via Kommandanten-, Alte Jakobs-, Stallschreiber-, Alexandrinen-, Sebastian-, Heinrich-Heine-, Luckauer-, Waldemar-, Leigendamm, Leuschnerdamm, Köpenicker Str., Stralauer Platz, Mühlenstr und Oberbaumbrücke zur S-Bahn-Station Warschauer Platz.

Kartentipp:

ADFC-Regionalkarte »Berlin und Umgebung« 1:75.000,
ISBN 978-3-96990-016-1, 9,95 €

Digital für Smartphones und Tablets: www.fahrrad-buecher-karten.de/rk-digital

40 Entlang der Spree

Vom Museumshafen zum Olympiastadion

Berlin hat mehr Brücken als Venedig – wir wollen diese Statistik prüfen und radeln immer am Wasser entlang aus der historischen Mitte bis vor die Tore der Stadt

111Touren Info:

19 km, flache Streckentour über Nebenstraßen und unbefestigte Wege.
Start: Bahnhof Jannowitzbrücke
Ziel: Bahnhof Olympiastadion
www.berlin-tourist-information.de

Los geht´s vom Bahnhof mit der Brückenstr. über die Spree, rechts auf das Märkische Ufer, an der Chinesischen Botschaft vorbei zum Märkischen Museum.

Im **Köllnischen Park** steht ein Teil der Stadtbefestigung. In dem roten Backsteinbau befindet sich das **Märkische Museum** zur Stadtgeschichte. Im **Zwinger** tummeln sich Berliner Wappentiere.

Weiter geht´s vom Bärenzwinger durch den Park zur Wallstr., dann rechts, vor dem Museumseingang links durch die Grünfläche zur Spree. Neben der **Brasilianischen Botschaft** her, links ab auf das Märkische Ufer zum **Museumshafen** mit historischen Schiffen und rechts auf die **Fischerinsel** (mit Plattenbauten). Hinter der Inselbrücke weiter parallel zum Wasser, hinter der Getrudenbrücke links über Getrudenstr. zum Uferweg der Friedrichsgracht. Auf diesem am **Auswärtigen Amt** vorbei zur Schleusenbrücke, dann via Kupfergraben, Unterwasserstr., Überquerung »Unter den Linden«, Am Zeughaus, **(Deutsches historisches Museum),** Am Kupfergraben an der Museumsinsel vorbei.

Tipp: Die **Museumsinsel** ist ein Ensemble aus **fünf bedeutenden Museen**, wie das **Pergamon-Museum** oder die **Alte Nationalgalerie**.

Weiter geht´s über Am Kupfergraben, Am Weidendamm zur Friedrichstr., via Weidendammer Brücke, Schiffbauerdamm, am **Berliner Ensemble** (Theater) und der **Kneipenmeile** vorbei, in der es **Kölsch** gibt, gelangen wir ins neue **Regierungsviertel** mit dem **Reichstag** und dem **Kanzleramt**. Immer weiter entlang der Spree (ein Stück rechtsseitig) durch den Spreebogen, bis wir schließlich etwas fortgeleitet werden zur Straße des 17.Juni kommen, die wir aber nur kurz befahren, ehe es wieder am Ufer entlang geht.

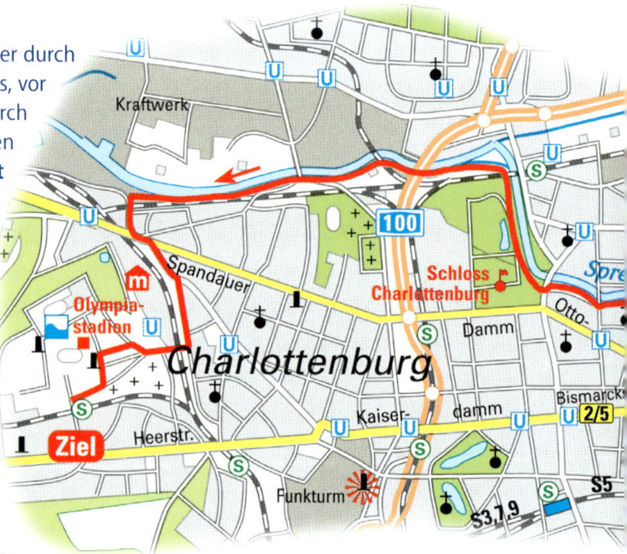

Modern und gut gelegen

An uns ziehen mit **Kanzleramt, Haus der Kulturen der Welt** (»schwangere Auster«), **Schloss Bellevue** (Amtssitz des Bundespräsidenten), **Bundesministerium des Innern, Charlottenburger Tor** und **Kraftwerk Charlottenburg** Ziele ersten Ranges vorbei. **Schloss Charlottenburg** ist der bedeutendste Barockbau Berlins.

Weiter geht´s immer in Ufernähe am Landwehrkanal bzw. an der Spree entlang. Hinter Autobahnunterführung und Kleingärten heißt es aufpassen, denn hinter der Rohrdammbrücke geht es links hoch zum Wiesendamm, hier links zum Spandauer Damm, geradeaus in einen Waldweg, leicht aufwärts zur Einmündung der Reichsstr., rechts bis zur Westendallee, wieder rechts zur Olympischen Str. und abermals rechts zum Olympiastadion.

Das **Stadion** wurde 1913 erbaut, wegen des 1.Weltkriegs fanden die Spiele hier aber erst 1936 statt. Mehrere Umbauten folgten bis zur Fußball-WM-Stätte 2006. Der Glockenturm dient als **Aussichtsturm**.

Kartentipp:
ADFC-Regionalkarte »Berlin und Umgebung« 1:75.000,
ISBN 978-3-96990-016-1, 9,95 €
Digital für Smartphones und Tablets: www.fahrrad-buecher-karten.de/rk-digital

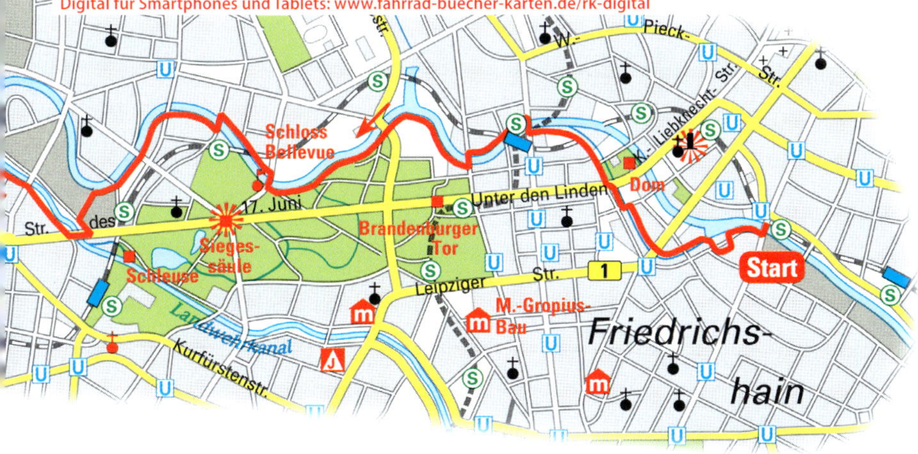

41 Mit dem Fahrrad unter der Spree

Von Friedrichshagen nach Erkner

Mitten in Berlin und doch im Grünen ohne Autoverkehr – die Runde um den Müggelsee ist längst kein Geheimtipp mehr. Auf dem Rückweg besuchen wir noch den Hauptmann von Köpenick.

111Touren Info:

35 km, nahezu flache Rundtour meist über Waldwege und Nebenstraßen.
Start/Ziel: Bahnhof Friedrichshagen
www.berlin-tourismus-online.de

wir ihr rechts durch den Wald bis Wolterdsorf und weiter auf der Berliner-, Köpenicker und Schleusenstr. zur Woltersdsorfer Schleuse.

In der Nähe der seit Jahrhunderten vorhandenen **Schleuse** finden Sie die **Liebesquelle**. Der Kaffee im gleichnamigen **Gasthaus** wird mit dem Wasser gebraut, der die Trinkenden ein Leben lang lieben lässt – eine schöne Geschichte!

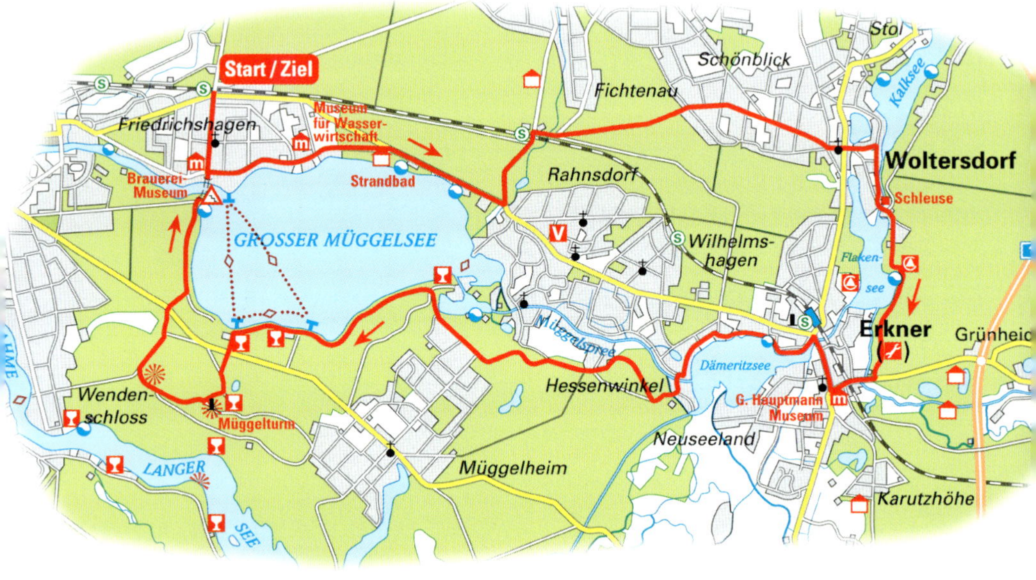

Los geht´s vom Bahnhof über die Bölschestr. zum Müggelseedamm, dem wir links folgen. Das **Wasserwerk**, 1893 das größte Europas, ist seit 1987 Museum. An sonnigen Tagen geht es in Ufernähe vorbei an nackt und bekleidet Badenden an Strand und **Strandbad**. Danach links zum Bahnhof Rahnsdorf, hinter diesem rechts, wo die Tram kreuzt folgen

Der **Kalksee** jenseits der Schleuse trägt seinen Namen wegen des Abbaus von Muschelkalk. Im etwa 5 km entfernten Rüdersdorf gibt es ein **Museum** zu diesem Thema.

Tipp: Ein kurzer Abstecher führt per pedes durch den Wald zum **Aussichtsturm** auf dem Kranichsberg. Neben der Aussicht gibt

Kunstgewerbe kunstvoll präsentiert

es hier eine **Ausstellung** zum Thema »Hollywood am Kalksee«.

Weiter geht´s am Ufer des Flakensees entlang. Über die Fürstenwalder Str. erreichen wir Erkner mit dem **Gerhard-Hauptmann-Museum**. Von hier Richtung S-Bahnhof, dann am Dämeritzsee entlang, durch das Naturschutzgebiet und am kleinen vorbei zum Großen Müggelsee. Dessen Ufer folgen wir einfach immer weiter und kommen später zum **Spreetunnel**. So gelangen wir in den Genuss, die Spree auch einmal zu UNTERqueren, bevor es geradeaus zurück zum Bahnhof Friedrichshagen geht.

Ein Abstecher führt zum **Müggelturm**, der auf einer 115 m hohen Erhebung steht und tolle Ausblicke parat hält. Vor dem Spreetunnel bietet sich ein Abstecher nach **Köpenick** an – obwohl mitten in Berlin gelegen, hat man in Köpenicks **alten Gassen** den Eindruck, eine Kleinstadt zu besuchen. Der berühmte **Hauptmann** steht (als Statue) vor dem **alten Rathaus**. In barocker Pracht präsentiert sich **Schloss Köpenick**, in dem das älteste deutsche **Kunstgewerbemuseum** untergebracht ist.

Kartentipp:

ADFC-Regionalkarte »Berlin und Umgebung« 1:75.000,
ISBN 978-3-96990-016-1, 9,95 €

Digital für Smartphones und Tablets: www.fahrrad-buecher-karten.de/rk-digital

42 Unterwegs im Hochharz

Von Wernigerode nach Bad Harzburg

Nördlich des berühmten Brockens führt uns unsere Tour durch den Nationalpark Hochharz. Bei den teils anstrengenden Steigungen ist es gut, dass wir am Ende der Tour einen Kurort ansteuern, um Kräfte zu tanken.

111Touren Info:

23 km, Streckentour meist auf Radwegen mit einigen starken Steigungen.
Start: Bahnhof Wernigerode
Ziel: Bahnhof Bad Harzburg
www.wernigerode-tourismus.de
www.bad-harzburg.de

Der Tourstart fällt schwer, denn Wernigerode zieht uns schnell in den Bann - die **Fachwerkpracht** ist beeindruckend und findet im Viertel um den **Oberpfarrkirchhof** sowie im **Rathaus** ihre Höhepunkte. Über allem residiert das neugotische **Schloss** auf dem Agnesberg. Wer auch die **Liebfrauen- und die Grabkirche St.Silvestri** genossen hat, informiert sich noch im **Harzmuseum**, im **Feuerwehrmuseum** oder im **Museum für Luftfahrt und Technik**.

Tipp: Noch vor dem eigentlichen Tourstart bietet sich ein unsportlicher Abstecher an: Mit der Bahn geht es Richtung Schierke und weiter hinauf mit der dampfenden **Harzer Schmalspurbahn** auf den 1142 m hohen **Brocken**. Auch wenn das Wetter wie so oft nicht mitspielt – ein Besuch des Brockens ist Pflicht!

Los geht´s dem »R1« folgend »zackig« am Ortsrand entlang und in den Wald. Nach entspannter Abfahrt und schweißtreibendem Anstieg erreichen wir am **Schwimmbad** vorbei Ilsenburg.

Schwungvoll rauscht die **Ilse** vom Brocken herab. Grund genug, an dieser Stelle, wo das Gelände flacher wird, eine **Burg** zu errichten. Nach wechselvoller Geschichte ist in ihr heute ein **Schlosshotel** untergebracht. Gegenüber steht die **Klosterkirche**, im Ortskern können wir außer der

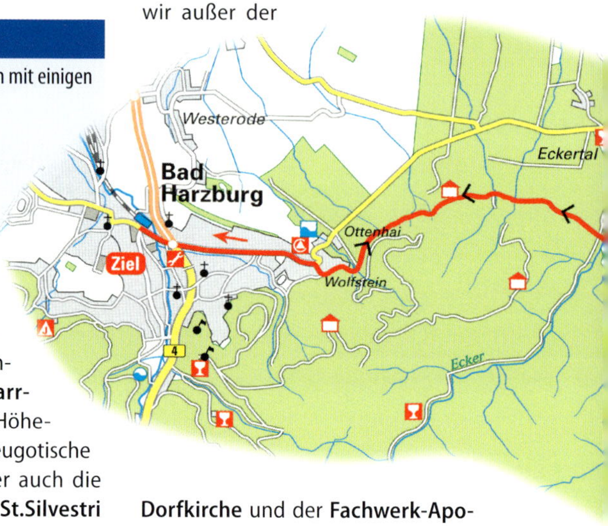

Dorfkirche und der **Fachwerk-Apotheke** das **Hüttenmuseum** besuchen. Der historische Eisengießer-Ort ist seit jeher ein Zentrum der **Ofenplattenherstellung**.

Weiter geht's auf dem »R1« bzw. dem Harz-Radrundweg (weißes Piktogramm) durch das Ilsetal an einem **Spielplatz** vorbei. Bitte aufpassen, denn kurz hinter diesem geht es in spitzem Winkel rechts ab. Stets am Ortsrand entlang geht es wieder aus der Stadt hinaus. Hinter einer Abfahrt und der Überquerung des Ecker (-baches) schnaufen wir durch den Schimmerwald wieder bergauf. Die wohlverdiente Abfahrt kündigt das Ende unserer Tour an. Wir treffen auf die B 6, der wir nach links hinunter nach Bad Harzburg folgen.

Hier möchte man bleiben... Wernigerode

Von der **Harzburg** der Salier von 1065 ist nur noch wenig erhalten, dennoch empfängt uns ein sehenswerter **Kurort**, der sich wegen seiner **Solequelle** und der guten Luft »Bad« nennen darf. Bei Wanderern ist von hier der Aufstieg zum Brocken beliebt, bequeme Naturen nehmen Vorlieb mit einer **Seilbahnfahrt** auf den **Burgberg**. Besonderen Nervenkitzel bietet der »**Skyrope-Hochseil-Parcours**«.

Kartentipp:

ADFC-Regionalkarte »Harz« 1:75.000,
ISBN 978-3-87073-846-4, 8,95 €

Digital für Smartphones und Tablets: www.fahrrad-buecher-karten.de/rk-digital

43 An der »Harz-Grenze«

Von Blankenburg nach Ballenstedt

An der Nordflanke des Ramberges verläuft unsere Tour an den Ausläufern des Harzes auf dem Rad-Harzrundweg. Historische Ortskerne und das sagenumwobene Walpurgis sorgen für viel Abwechslung.

111Touren Info:

38 km, Streckentour meist auf Radwegen mit einigen starken Steigungen. Kürzung möglich.
Start: Bahnhof Blankenburg
Ziel: Bahnhof Ballenstedt
www.blankenburg.de
www.ballenstedt-tourist.de

Unter dem 305 m hohen **Blanken Stein** finden wir Blankenburg mit seinem **großen und kleinen Schloss**. Rund um den **Marktplatz**, an dem auch das **alte Rathaus** steht, gibt es viel zu entdecken. Etwas außerhalb liegt die **Teufelsmauer**, die entstanden sein soll, als der Teufel diese Grenzmauer zu Gottes Reich nicht rechtzeitig fertig bekam.

Los geht´s vom Bahnhof Blankenburg zur Ortsmitte, wo der »R1« bzw. der Harz-Radrundweg (weißes Piktogramm) beginnt. Am **Schloss** vorbei geht es gleich mächtig bergauf, ehe wir nach Wienrode hinunter rollen können. Der R1 führt uns wieder in den Wald, über einen Bach und dahinter in entgegen gesetzter Fahrtrichtung erneut auf einen Berg. Mit über 7% Gefälle erreichen wir Thale.

In Thale steht die in altgermanischem Stil erbaute **Walpurgishalle,** in der die Sage des Göttervaters Vodan wiedergegeben wird. Im Wald lockt das **Harzer Bergtheater** zu Aufführungen mit **Aussicht**. Über dem engen Bode-Tal gelegen, waren **Rosstrappe** (403 m) und **Hexentanzplatz** (451 m, zu beiden führen Lifte) vorgeschichtliche Kultplätze. Heute wimmelt es im Wald von Hexen und Teufeln, die Gäste erschrecken, Goethe zitieren und Geschichten erzählen.

Weiter geht´s auf dem R1 durch Thale um den Bahnhof herum via Hubertusstr., Stecklenberger Allee und Waldrand zunächst abwärts, dann wieder hinauf nach

Weltkulturerbe Quedlinburg

Neinstedt. Hier radeln wir zum Bahnhof, überqueren dahinter die Gleise, um dann parallel zu den Schienen auf dem mit »HVR« gekennzeichneten Radweg nach Quedlinburg zu gelangen.

Tipp: Wer abkürzen mag, folgt dem R1 von Neinstedt über Bad Suderode und Gernrode (mit der ehemaligen **Stiftskirche St.Cyriakus** von 983) direkt nach Ballenstedt, spart rund 5 km, verpasst aber **Quedlinburg**.

In Quedlinburg scheint die Zeit stehengeblieben zu sein – im Umfeld des alten, mit Efeu bewachsenen **Rathauses** entdecken wir immer wieder herrliche **Fachwerk-Hausfassaden**. Kein Wunder, dass es hier ein **Fachwerk-Museum** gibt! Das von der **Stadtmauer** umschlossene Ensemble ist heute **Weltkulturerbe**. Gleich mehrere Kirchen laden ebenso wie das **Schlossmuseum** zum Staunen ein.

Weiter geht´s vom Bahnhof über Stresemannstr. und Johannishöfer Trift hinaus aus der Stadt. Der«HVR« führt uns an der Gersdorfer Burg vorbei mit einem Anstieg über die Schierberge hinunter nach Ballenstedt, in dessen **Gärten** wir uns von den Strapazen erholen können. Den Bahnhof erreichen wir, indem wir am Ortseingang links in die Quedlinburger Str. abbiegen.

Kartentipp:
ADFC-Regionalkarte »Harz« 1:75.000,
ISBN 978-3-87073-846-4, 8,95 €

Digital für Smartphones und Tablets: www.fahrrad-buecher-karten.de/rk-digital

44 Von Bischöfen und Ingenieuren

Von Magdeburg zum Wasserstraßenkreuz

In jedem Jahr gelangen viele Tourenradler über den beliebten Elbe-Radweg nach Magdeburg. Was allen sofort ins Auge fällt, ist der imposante Dom, der sich unweit des Flusses erhebt. Drumherum gibt es noch viele weitere Sehenswürdigkeiten, die wir mit einer kleinen Radtour erkunden möchten. Wer mag, kann auch eine Rad-Runde daraus machen.

111Touren Info:

18 km, Streckentour meist auf befestigten Radwegen bzw. Straßen/Wegen, keine Steigungen, regionale Wegweisung.

Start: Magdeburg

Ziel: Wasserstraßenkreuz

www.magdeburg-tourist.de

Voller Ehrfurcht blicken wir vom Elbufer hinauf auf den **Magdeburger Dom** – so stolz und würdevoll beschützt er die Metropole schon seit Jahrhunderten. Geweiht wurde das Gotteshaus im Jahre 1363. Trotz einiger Plünderungen präsentiert er uns kostbare Kunstschätze, wie die **Alabaster-Kanzel** oder die Skulpturen der klugen und törichten Jungfrauen.

Unweit des Doms blicken wir auf ein völlig anderes Kunstobjekt: Das Genie Friedensreich Hundertwasser schuf hier die **Grüne Zitadelle**. In dem kunterbunten Gebäude können wir sogar übernachten.

Los geht´s unterhalb des Magdeburger Doms am Elbufer, dem wir stromabwärts folgen. Ein gutes Stück hinter der Elbuferpromenade vollziehen wir einen kompletten Bogen, um mit den beiden Brücken auf die andere Uferseite der Elbe zu wechseln. Auf der anderen Seite radeln wir weiter flussabwärts und gelangen zum Herrenkrugpark.

Die **Elbuferpromenade** beginnt an derselben Stelle wie unsere Tour: Vom Domfelsen zieht sie sich über 4 km an der ehemaligen **Stadtmauer** entlang. Verschiedene Plastiken, Brunnen und Gärten haben sie zu einer begehrten Spaziermeile gemacht.

Der Magdeburger Dom dominiert das Elbeufer

Noch viel mehr Grün erwartet uns im **Elbauenpark**, in dessen Mitte sich der **Jahrtausendturm** erhebt. Der 60 m hohe Holzturm wurde 1999 zur Bundesgartenschau installiert und bietet im Innern ein Pendel, das die Rotation der Erde erlebbar macht.

Nur ein paar Pedalumdrehungen später rollen wir durch den **Herrenkrugpark**. Er gehört zum Netzwerk „Gartenträume Sachsen-Anhalt" und ist Magdeburgs älteste Parkanlage. Seit rund 200 Jahren genießen Besucher die üppige Natur und die Ruheoasen. Mutige wagen sich auf den **Herrenrkugsteg**, andere bewundern den gusseisernen Löwen, die Sonnenuhr, die Siegessäule oder die Sandsteinbank „FÜR FAULE".

Weiter geht´s vom Herrenkrugpark auf dem wunderbaren Radweg, der stets in der Nähe der Elbe bleibt. Nachdem wir die A2 gequert haben, rollen wir am Ort Hohenwarthe vorbei, vollziehen wieder einen Bogen und kommen zum Wasserstraßenkreuz, wo unsere Tour endet.

Zum Abschluss der Tour treffen wir auf das **Wasserstraßenkreuz**. Die Elbe, der Elbe-Havel-Kanal, der Mittellandkanal und der Rothenseer Verbindungskanal sind hier zu einem einzigartigen Knotenpunkt verwoben. Höhepunkt dieser Meisterleistung der Ingenieurskunst sind die Schleusen, das Schiffshebewerk und die **Trogbrücke**, die den Kanal über die Elbe führt.

Tipp: Wer aus der Radtour eine Runde machen möchte, radelt ab dem Wasserstraßenkreuz ein Stückchen am Mittellandkanal entlang zum **Barleber See**. Von hier können wir vorbei am Adam- und am **Neustädter See** zurück Richtung Innenstadt radeln. Unser Start-Ort, der Dom, ist bestens ausgeschildert.

Im Norden von Magdeburg entstand eine ganze Reihe von **Seen**, die inzwischen touristisch bestens erschlossen sind. An Barleber und Neustädter See finden die Städter die gesuchte Ruhe und Erholung.

Kartentipp:
ADFC-Regionalkarte »Magdeburg und Umgebung«
1:75.000, ISBN 978-3-87073-810-5, 8,95 €
Digital für Smartphones und Tablets: www.fahrrad-buecher-karten.de/rk-digital

45 Rund um die Wiege der Reformation

Von der Lutherstadt Wittenberg nach Coswig

Tagelang könnten wir uns in Wittenberg aufhalten, um all´ die Sehenswürdigkeiten zu genießen. Zwischendurch machen wir aber eine ganz entspannte Radtour, die uns auf dem Elbe-Radweg zuerst nach Coswig und dann zum berühmten Schloss Wörlitz führt. Auf der zweiten Streckenhälfte stört nichts die herrliche Radel-Idylle durch ruhige Natur.

Rathaus, die eindrucksvolle Schlossstraße mit dem Schloss, die Cranach-Höfe, das Haus des Reformators Philipp **Melanchthon** und natürlich das **Lutherhaus**. Beide Häuser gehören zum Weltkulturerbe. Wem dann der Sinn nach etwas Modernem steht, besucht das Luther-Melanchthon-Gymnasium welches nach Entwürfen des österreichischen Künstlers Friedensreich **Hundertwasser** gestaltet wurde.

111Touren Info:

44 km, Rundtour meist auf befestigten Radwegen bzw. Straßen/Wegen, keine größeren Steigungen, perfekte Wegweisung als Elbe-Radweg
Start und Ziel: Bahnhof Wittenberg
www.wittenberg.de

Tipp: Einer der wichtigsten Termine in Wittenberg ist das alljährliche **Reformationsfest** mit historischem Ambiente, Festgottesdiensten, Konzerten und vielem mehr. Selbstverständlich wird es am 31. Oktober gefeiert.

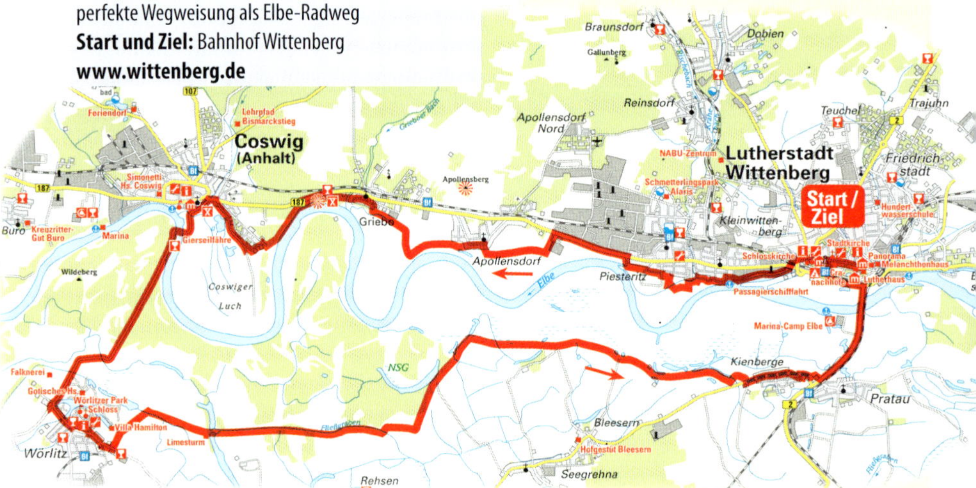

„Lutherstadt Wittenberg"! Welch´ ein klangvoller Name – der uns direkt an den 31. Oktober 1517 erinnert, an dem Martin Luther seine **95 Thesen** eigenhändig an die Tür der **Schlosskirche** in Wittenberg genagelt haben soll. Damit ist unser erstes Ziel bei der Stadttour schon gesetzt. Aber es gibt noch so viel anderes zu sehen, wie das imposante **Alte**

Los geht´s am Bahnhof von Wittenberg, wo wir auch schon direkt einsteigen können in den Elbe-Radweg, dem wir Richtung Coswig folgen. Nachdem wir die Vororte und die

Coswig, Ansicht über die Elbe auf die Stadt und das Schloss

Industrie hinter uns haben, gleiten wir ganz entspannt bis zur Stadt Coswig (Anhalt).

Die kleine Stadt **Coswig** empfängt uns mit einem repräsentativen **Schloss**, das sehr fotogen an der Elbe steht. Ein nicht minder schönes Motiv gibt das strahlend helle Rathaus ab. Um ans andere Elbufer zu gelangen, setzen wir mit der Gierseilfähre über. Sie nutzt geschickt die Strömung der Elbe aus – eine alte, aber effiziente Technik.

Weiter geht´s von Coswigs Innenstadt mit der Fähre über die Elbe. Entlang der Coswiger Alle gelangen wir ins Herz von Wörlitz. Ab hier folgen wir den Schildern des Elbe-Radwegs, der uns durch ruhige Natur nach Pratau bringt. Von hier sind es nur noch wenige Pedaltritte zurück zum Wittenberger Bahnhof.

Tipp: Haben Sie schon die Zeichen mit dem geschwungenen grünen „L" wahrgenommen? Natürlich hat das etwas mit Luther zu tun: Sie weisen uns auf den 550 km langen Lutherweg hin, der uns zu Orten und Plätzen bringt, die Bedeutung für die reformatorische Bewegung hatten.

Schloss Wörlitz

In **Wörlitz** treffen wir auf das nächste Weltkulturerbe – der **Park** wurde als solcher geschützt. Als englischer Landschaftspark angelegt, entführt er uns in eine zauberhafte, andere Welt. Mittendrin das wunderbare **Schloss Wörlitz**. Nehmen Sie sich Zeit für Schloss und Park, denn es gibt vieles zu entdecken, wie das gotische Haus, die Luisenklippe oder die Villa Hamilton auf der Felseninsel Stein.

Kartentipp:

ADFC Regionalkarte »Welterberegion Anhalt-Dessau-Wittenberg«
1:75.000, ISBN 978-3-87073-806-8, 8,95€

Digital für Smartphones und Tablets: www.fahrrad-buecher-karten.de/rk-digital

46 Drahtesel und Pferde

Von Everswinkel nach Warendorf

Für Pferdefreunde ist diese Ecke des Münsterlandes ein Begriff. Rund um Warendorf radeln wir auf Radwegen und ruhigen Nebenstraßen an berühmten Gestüten vorbei.

111Touren Info:

33 km, flache Rundtour auf Nebenstraßen und Radwegen.
Start / Ziel: Kirche Everswinkel
www.everswinkel.de
www.warendorf.de

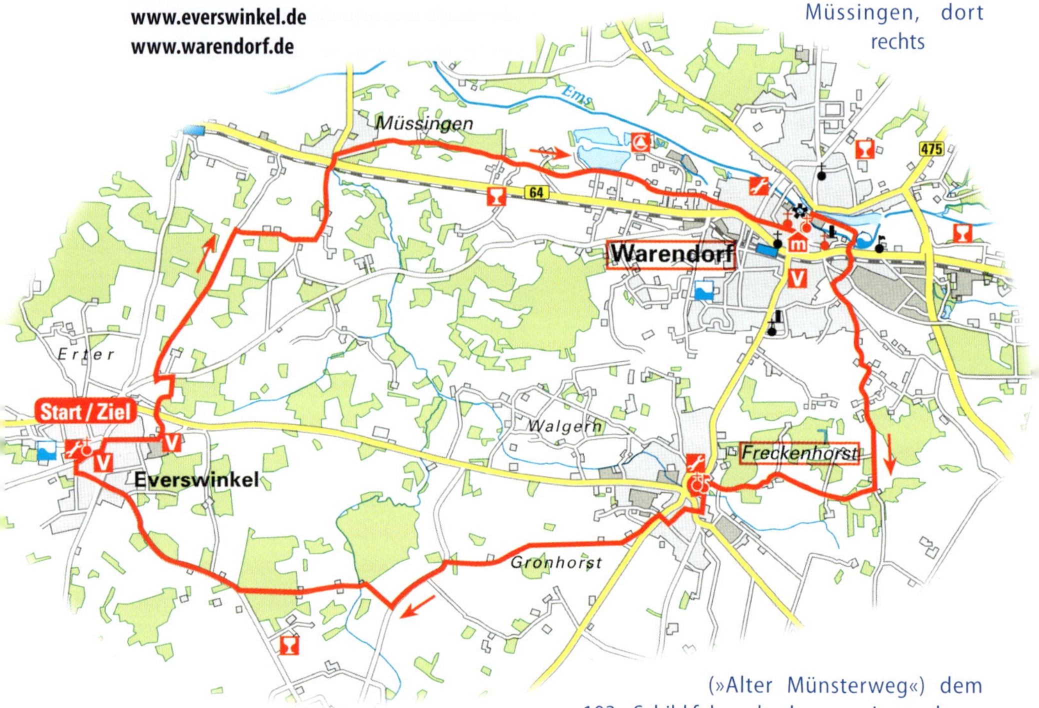

Die Kirche von Everswinkel besticht durch ihre farbenfrohen **Gewölbemalereien**. Nicht weit davon finden wir restaurierte **Spieker**, die früher als Getreidespeicher, aber auch als **Wehranlage** und **Wohnstatt** in Kriegszeiten dienten.

Los geht's an der Kirche von Everswinkel zur Post und links in die Vitusstr. Nach 100 m wieder links (»Am Magnusplatz«) und durch die Fußgängerpassage am Rathaus vorbei. Hier stoßen wir auf die Hovestr., wo wir rechts auf den Radelparkweg 102 abbiegen. Von der Freckenhorster Str. geht es links unter der Brücke her, um einige Kilometer in ruhiger Natur zu erleben. Über den Weg »R1« erreichen wir Müssingen, dort rechts (»Alter Münsterweg«) dem »103«-Schild folgend gelangen wir geradeaus auf den Heumarkt von Warendorf. Die Laurentiusstr. bringt uns zur gleichnamigen Kirche.

An der Stelle der heutigen **Laurentiuskirche** entstand um 800 im sächsischen Waratharpa eine der Urpfarreien des Münsterlandes. Im Inneren ist vor allem die Passion Christi am

Gehören zusammen: Pferde und Warendorf

Hochaltar zu bewundern. Unweit der Kirche finden wir rund um den **Marktplatz** alte **Bürgerhäuser**, die zum Verweilen auf dem Platz einladen.

Tipp: Für Pferdefreunde gibt es die Gelegenheit, von hier einen Abstecher zum nördlich der Ems gelegenen **NRW-Landesgestüt** zu unternehmen, wo sich auch der Sitz des **Deutschen Olympia-Komitees für Reiterei** befindet. Das Getümmel bei den alljährlichen **Hengstparaden** ist nicht nur für Pferdenarren ein Erlebnis.

Weiter geht's auf die Ems zu, deren Ufer wir nach rechts (»103«-Markierungen) folgen und Freckenhorst erreichen.

Das hübsche Örtchen mit seinen **Fachwerkhäusern** entstand aus einem Kloster. Dies wurde an der Stelle erbaut, wo ein Schweinehirt eine Erscheinung hatte. In der kreuzförmigen **Pfeilerbasilika** finden wir den schönsten **Taufstein** des Münsterlandes.

Weiter geht's von der Kirche über die Stiftsbleiche zur stark befahrenen Westkirchener Str., in die wir links einbiegen und über die Kleistr. wieder verlassen. Via Ahmerkamp, Berliner,- Hoetmarer Str. und Windmühlenweg erreichen wir den Radelparkweg 102, der uns zurück zu unserer Kirche in Everswinkel führt.

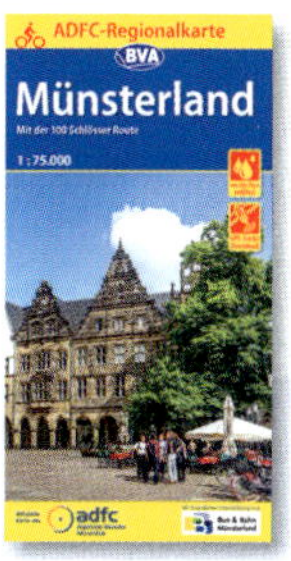

Kartentipp:

ADFC-Regionalkarte »Münsterland« 1:75.000,
ISBN 978-3-87073-906-5, 8,95 €

Digital für Smartphones und Tablets: www.fahrrad-buecher-karten.de/rk-digital

47 Im Radfahrer-Paradies

Von Havixbeck nach Münster

An den Wirkungsstätten der größten westfälischen Dichterin vorbei erreichen wir die Radel-Metropole Münster. Nach viel Natur außerhalb der Stadt gibt es hier viel zu sehen.

111Touren Info:

43 km, nahezu flache Rundtour auf Nebenstraßen und Radwegen.
Start / Ziel: Haus Havixbeck in Havixbeck
www.havixbeck.de
www.muensterland-tourismus.de

Haus Havixbeck ist ein stolzes Renaissance-Herrenhaus aus Sandstein. Seit über 400 Jahren wird es von der Familie von Twickel bewohnt, so dass uns nur die Außenansicht bleibt. Wer Sandstein aus der Nähe sehen mag, radelt ins Zentrum, denn rund um die **Kirche**, die mit ihren **Spiekern** (Speichern) eine Anlage bildet, gibt es viele Häuser aus diesem Material.

Los geht's von Haus Havixbeck auf der »100-Schlösser-Route«, die uns durch wundervolle Natur an einer alten hölzernen Scheune vorbei zur **Burg Hülshoff** geleitet.

Am 10.Januar 1797 wurde hier Annette von Droste zu Hülshoff geboren, wobei damals keiner ahnte, dass sie hier fast 30 Jahre wohnen und zur größten Dichterin Westfalens werden würde. Ein **Museum** vermittelt alles Wissenswerte darüber. Allein die prachtvolle **Wasserburg** und der **Park** lassen die Zeit im Nu verfliegen.

Weiter geht's auf »100-Schlösser-Route« bzw. dem Radelparkweg 99 zum **Haus Vögeding**.

Tipp: Der architektonisch ausgefallene Bau ist mit Führungen zu besichtigen. Auch in diesem von einer Gräfte umflossenen **Rüschhaus** lebte die Dichterin einige Jahre.

Münsterland - Burgen- und Radelland

Weiter geht's – Sie ahnen es – auf »100-Schlösser-Route« bzw. dem Radelparkweg 99 zum Grüngürtel der Promenade.

Der 4,5 km lange Ring um **Münsters Altstadt** entstand aus der mittelalterlichen **Befestigung**, von der heute nur noch wenig erhalten ist. Der **Turm** am Wegesrand ist ein »Wasserbär«, der den Wasserstand in den Gräben ausgleichen sollte. An **Zwinger**, **Erbdrostenhof** und **Lambertikirche** vorbei erreichen wir den **Prinzipalmarkt** mit seinem **Rathaus**. Dem gegenüber liegt am Ende des Michaelisplatzes der **Dom**. Als dieser und ein **Kloster** (Monasterium) gegründet wurde, war auch der Stadtname geboren. Auch das **bischöfliche Palais**, die **Überwasserkirche** und das **Schloss** sollten wir gesehen haben – allerdings reicht die Zeit wohl kaum aus, alle Schätze dieser wundervollen Stadt zu erkunden.

Weiter geht's vom Schloss über Hindenburgplatz, Wilhelm- und Einsteinstr. zum Radelparkweg 99. Diesem und den Schildern »100-Schlösser-Route« folgend gelangen wir wieder zurück zum Haus Havixbeck.

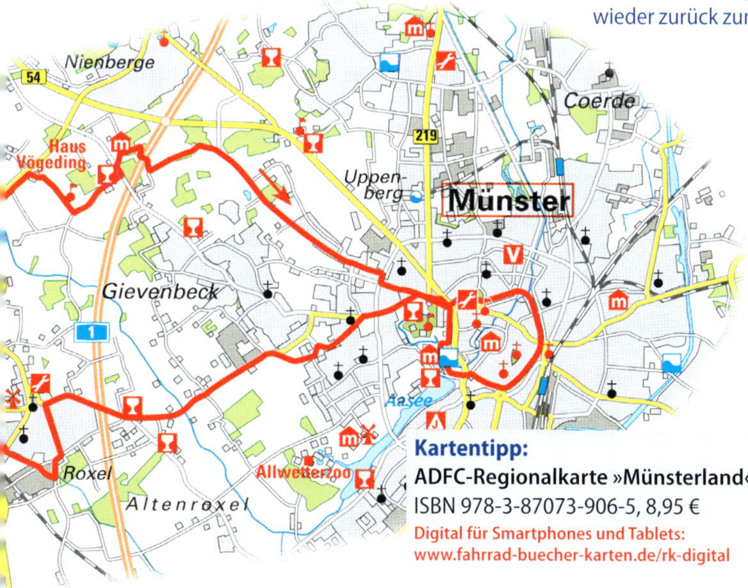

Kartentipp:

ADFC-Regionalkarte »Münsterland« 1:75.000,
ISBN 978-3-87073-906-5, 8,95 €

Digital für Smartphones und Tablets:
www.fahrrad-buecher-karten.de/rk-digital

48 Im Lipperland

Von Höxter nach Schieder-Schwalenberg

Die Tour führt uns durchs Grubetal, vorbei an der **Abtei Marienmünster**, zum lippischen Maler- und Trachtenstädtchen Schwalenberg, von dort in den Schwalenberger Wald und um den Köterberg herum zurück ins Wesertal.

111Touren Info:

56 km, Rundtour mit mehreren Steigungen auf Radwegen und asphaltierten Straßen, nur im Schwalenberger Forst Waldwege.
Start/Ziel: Bahnhof Höxter
www.hoexter.de

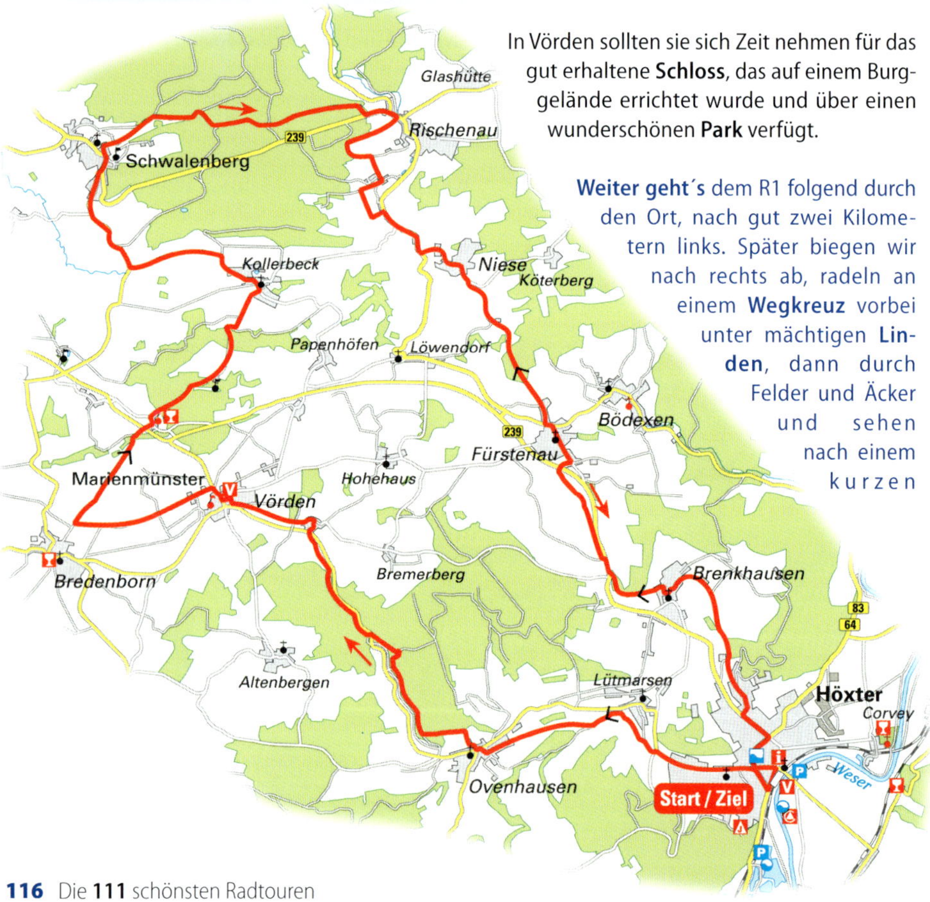

Höxter, eine der ältesten Städte Norddeutschlands, hat eine Menge Sehenswertes zu bieten. In der **Altstadt** finden wir das **historische Rathaus, die Dechanei, die Kilianikirche** und viele weitere Prachtbauten.

Los geht´s vom Bahnhof Höxter links unter der Bahnunterführung her und rechts über die Weserpromenade. Dem R1 folgend kommen wir via **Wallanlagen** und **Kriegerdenkmal** zum Bollerbach. Weiter auf dem R1 über Lütmarsen, Ovenhausen und Eilversen hinunter nach Vörden.

In Vörden sollten sie sich Zeit nehmen für das gut erhaltene **Schloss**, das auf einem Burggelände errichtet wurde und über einen wunderschönen **Park** verfügt.

Weiter geht´s dem R1 folgend durch den Ort, nach gut zwei Kilometern links. Später biegen wir nach rechts ab, radeln an einem **Wegkreuz** vorbei unter mächtigen **Linden**, dann durch Felder und Äcker und sehen nach einem kurzen

Die Weser ist Start und Ziel

Anstieg und einer Rechtskurve bereits die **Benediktinerabtei Marienmünster** vor uns.

Die **Abtei** wurde 1228 gegründet. Nach der teilweisen Zerstörung im Dreißigjährigen Krieg folgte der Wiederaufbau. Besonders sehenswert sind der **Barockaltar**, das **Chorgitter** sowie die **Orgel**.

Tipp: Unser weiterer Weg führt uns den Hinweisschildern »**Café Waldblick**« folgend zu einem Café, das mit seinem Standort mitten im Grünen auf dem **Klosterareal** förmlich nach einer verdienten Pause schreit.

Weiter geht´s vom Café aus links in den Forstweg. Wir treffen auf die Kreisstraße, der wir nach rechts folgen, und kommen an einem kleinen Teich vorbei, der immer wieder Reiherbrutstätte ist. Nach etwa 500 m erreichen wir den Weiler Oldenburg. Nach der folgenden rauschenden Abfahrt (10%) kommen wir nach Kollerbeck, durchradeln den Ort Richtung Schwalenberg, folgen der Niese und gelangen in den Kreis Lippe.

Schwalenberg reizt mit seiner **historischen Altstadt** und den **Fachwerkbauten**. Einer dieser Bauten ist das **Rathaus** von 1579. Hoch über dem Städtchen thront die **Höhenburg**.

Weiter geht´s über den Marktplatz via **Hotel Malkasten** in ein Tal, wo wir auf den Radweg 12 stoßen, dem wir nach rechts folgen. Hinter dem Forsthaus rechts und nach etwa 500 m Anstieg wieder rechts. Wir folgen dem Weg bis zur B239 und kommen via Rischenau, Biesterfeld, Niese, Fürstenau und Brenkhausen zum **Kloster Brenkhausen**.

Das ehemalige **Benediktinerinnenkloster** von 1246 steht komplett unter Denkmalschutz. Der **Altar** in der Klosterkirche ist ein besonders sehenswertes Werk der Barockkunst.

Weiter geht's dem Radweg HX 3 folgend zurück zum Bahnhof von Höxter.

Kartentipp:
ADFC-Regionalkarte »Ostwestfalen« 1:75.000,
ISBN 978-3-96990-020-8, 9,95 €

Digital für Smartphones und Tablets: www.fahrrad-buecher-karten.de/rk-digital

49 Kunst und Kultur am Niederrhein

Von Kleve nach Kalkar

Wir radeln durch die Heimat großer Künstler – kein Wunder, dass Burgen, Schlösser und großartige Landschaft unseren Weg säumen.

111Touren Info:

52 km, flache Rundtour mit einer leichten Steigung, meist über Wirtschaftswege und Nebenstraßen.
Start / Ziel: Schwanenburg Kleve
www.kleve.de

Vom **Schwanenturm** der gleichnamigen **Burg** bietet sich ein einzigartiger **Panoramablick** über Kleve und die Natur. In der Stadt locken **Museum Haus Koekoek** (Kunst und Heimat), **alte Villen** und das **Alte Kurhaus**. Dieser Prachtbau wird von herrlichen barocken **Gartenanlagen** und einem **Amphitheater** ergänzt.

Los geht´s vom Park der Niederrheinroute folgend vor dem Denkmal rechts in die Fußgängerzone (Schlossstr., rechts über Große- und links über Kavariner-, Minoritenstr. und Tiergartenstr. vorbei am Alten Kurhaus. Gegenüber des Parks links in die Wasserburgallee folgen wir dem Weg 1, an dessen Ende rechts, gleich wieder links in den Wald und weiter über die Straße nach Rindern mit seinem **barocken Herrenhaus** und der **Pfarrkirche**. Auf dem landschaftlich reizvollen **Drususdeich** am **Herrenhaus Gut Hogefeld** vorbei nach Düffelward. Via Wardhausen und Griethausen am Rheinufer entlang auf Weg 2.

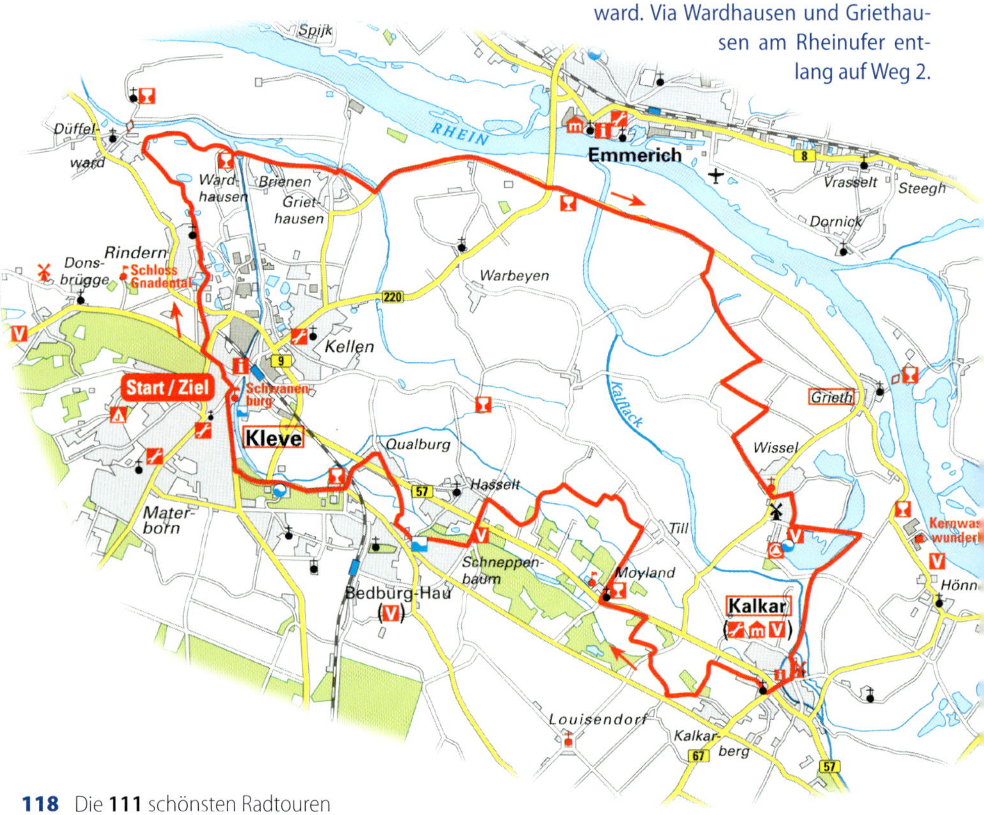

Ein Magnet: das Schloss Moyland

Nach 3 km rechts Richtung Emmericher Eyland, wieder 2,5 km später scharf nach rechts. Den Schildern folgend kommen wir vorbei an Wissel und seinen Dünen nach Kalkar.

Die **Doppelturmbasilika** von Wissel ist ebenso wenig zu übersehen wie die **8 m hohen Dünen**, die der Wind aus Flugsand aufgetürmt hat. In deren Nähe bietet der **Wisseler See** die Möglichkeit für ein erfrischendes Bad. Der **mittelalterliche Kern** Kalkars wird von einer Mauer bzw. einem Wall umgeben und vom Leybach umflossen. Die Mitte bildet der von **Treppengiebelhäusern** umstandene **Marktplatz** mit seinem **Rathaus**.

Tipp: Aus dem Schnellen Brüter machte ein niederländischer Unternehmer den Freizeitpark »**Kernwasser-Wunderland**«.

Weiter geht´s an der **Lohwindmühle** mit ihrem alten Backofen vorbei, dann rechts über Brücke und Grabenstr. auf den Kalkarer Marktplatz. Diesen verlassen wir über die Altkalkarer Str. Links in der Jan-Joest-Str. finden wir die **St.Nikolai-Kirche** mit ihren kostbaren **Schnitzaltären**. Am Ende der Altkalkarer Str. überqueren wir die B 57 und folgen der Niederrheinroute nach **Schloss Moyland**.

Von überall her kommen die Gäste, um das großartige **Schloss** mit seinen **Gartenanlagen** zu bestaunen – nehmen auch wir uns Zeit dafür und für die **Kunstsammlung** im Schloss.

Weiter geht´s entweder einfach parallel der B 57 zurück nach Kleve oder aber schöner über Püttmannskath, Adrianshof, Hasselt, Schneppenbaum, Qualburg und Haus Freudenberg.

Kartentipp:

ADFC-Regionalkarten »Niederrhein Nord« 1:75.000,
ISBN 978-3-96990-017-8, 9,95 €

Digital für Smartphones und Tablets: www.fahrrad-buecher-karten.de/rk-digital

50 Radpilgerfahrt

Von Geldern nach Kevelaer

Jene Stadt, die der niederländischen Region Gelderland den Namen gab, ist Start unserer »Pilgertour«: Feinschmecker pilgern zu den Spargelfeldern, Christen zum Marienwallfahrtsort Kevelaer.

111Touren Info:

50 km, flache Rundtour, meist über Wirtschaftswege und Nebenstraßen.
Start / Ziel: Marktplatz Geldern
www.geldern.de

Im Laufe der Jahre wechselten die Besitzer Gelderns häufiger als in anderen Städten der Region, so gehörte es lange Zeit zur niederländischen Provinz Gelderland. So überraschen nicht die **alten Gebäude** wie die **Pfarrkirche St.Maria-Magdalena**, die **Heilig-Geist-Kirche**, der **Mühlenturm** oder der **Drachenbrunnen** auf dem **Marktplatz**.

Los geht´s vom Marktplatz über die Südgasse durch einen Park. An der T-Kreuzung rechts auf den Hof einer Getränkefabrik. Vor

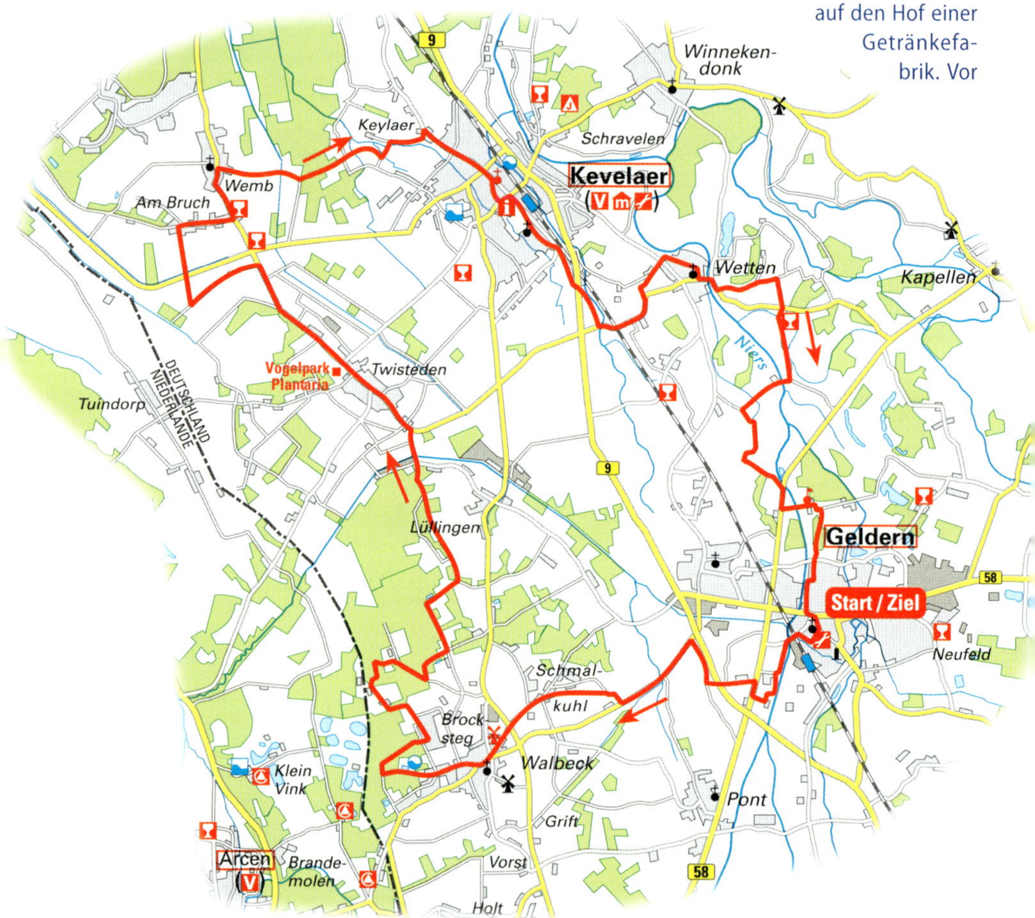

deren Betriebsgelände links auf die Niederrheinroute. Deren Schildern folgen wir durch den **Spargelort Walbeck** an der erhöht stehenden **Steprather Mühle** vorbei und weitere Kilometer durch ruhige Natur.

Tipp: Hinter Walbeck liegt etwas abseits ein **Gedenkstein** für Major Dr. Klein-Walbeck, der den Spargelbau hierher brachte. Ebenfalls in der Nähe liegen die niederländische Grenze, das quadratische **Schloss Walbeck** und eine **Freizeitanlage**.

Weiter geht´s über den Verbindungsweg 44 durch Felder an Haus Steprath mit seinem 4-eckigen **Wachturm** vorbei via Twisteden und Wemb in die beschilderte Ortsmitte von Kevelaer.

Sind wir schon in Holland?

Rund 800.000 Menschen pilgern seit 1642 jedes Jahr in diesen Marienwallfahrtsort, genauer gesagt zur **Gnadenkapelle**. Daneben wurden zwei weitere **Wallfahrtskirchen** erbaut, von denen eine einen besonders wertvollen **Altar** beherbergt. Eine Weiterfahrt ohne eine berühmte Kevelaer-Kerze geht fast gar nicht! Eher »Irdisches« sehen Sie im **Museum** für Volkskunde und den anderen Bereichen der **Innenstadt**.

Weiter geht´s auf der Niederrheinroute über Wetten mit seiner **Turmwindmühle** der Niers (Fluss) folgend zum Schloss Haag.

Das von Wassergräben umgebene **Schloss** ist eines der bedeutendsten Bauwerke des Niederrheins. Friedrich der Große, Napoleon I, Zar Nikolaus I und Kaiser Wilhelm I. waren prominente Gäste.

Weiter geht´s über die Niederrheinroute am Krankenhaus vorbei über ruhige Wohnstraßen ins Zentrum von Geldern.

Kartentipp:

ADFC-Regionalkarten »Niederrhein Nord« 1:75.000,
ISBN 978-3-96990-017-8, 9,95 €

Digital für Smartphones und Tablets: www.fahrrad-buecher-karten.de/rk-digital

51 Grüne Industriekultur

Von Essen-Katernberg zur Zeche Zollverein

Von «Schönste Zeche der Welt« bis »Eiffelturm des Ruhrgebiets« reichen die Umschreibungen des Weltkulturerbes Zeche Zollverein. Unsere Radeltour zeigt uns weitere Zechen und herrliche Ausblicke.

111Touren Info:

22 km, nahezu ebene Rundtour mit einer Steigung, meist über Radwege.
Start / Ziel: Bahnhof Essen-Katernberg
www.zeche-zollverein.de

Los geht´s vom Bahnhof-Treppenabgang die Schonnebeckhofe querend. Links-rechts über Bullmannaue, Haldenstr., Arendahls Wiese erreichen wir den Schildern folgend auf der »Route der Industriekultur« **das »Erfahrungsfeld der Sinne«** und die **Zeche Zollverein.**

Schon 1920 gehörte die **Zeche** mit **zehn Schächten** zu den größten Bergwerken der Region. Danach entstand das heutige Aussehen, das für die Zechenarchitektur richtungsweisend war. Das **Doppelkopfféordergerüst** ist heute eines der Markenzeichen des Ruhrgebiets. Zum **Weltkulturerbe** gehört auch die fast 1 km lange **Kokerei** mit **304 Koksöfen.** Um alles zu verstehen, nehmen wir am Besten an der 2-stündigen Führung teil, zu der eine Anmeldung erforderlich ist.

Tipp: In der ehemaligen **Maschinenhalle auf Schacht 3/7/10** zeigt uns der Parcours des **»Erfahrungsfelds der Sinne«**, wie die Naturgesetze auf unseren Körper wirken.

Weiter geht´s auf dem Emscher Park Radweg, der uns an weiteren Zechengeländen und parallel zu den Bahngleisen zum nächsten Höhepunkt führt.

An der **Halde Rheinelbe** können wir sehen, wir sich die Natur Industriefläche zurück erobert. Oben ragt die **»Himmelsleiter«** empor, eine 30 m hohe **Megalithskulptur.**

Gelungener Strukturwandel

Zeche Zollverein

Weiter geht´s am Fuße der Halde auf dem Emscher Park Radweg zur blauen Brücke. Hier geben wir Acht, dass wir den Abzweig über die Brücke nicht verpassen. Dahinter in spitzem Winkel links und auf dem Radweg zum **Wissenschaftspark Rheinelbe**. An der Hauptstr. links, der abknickenden Vorfahrt folgend und weiter auf der Leithestr. verlassen wir kurz vor dem Krankenhaus links die Straße und radeln weiter auf dem Emscher Park Radweg durch den **Rheinelbepark**. Die Schilder leiten uns ein Stück durch ruhige Natur. An einer Querstraße radeln wir links unter der Brücke her. Auf verwinkelten, teils holprigen Wegen erreichen wir den Revierpark Nienhausen.

Der 30 ha große **Park** markiert die Grenze zwischen Essen und Gelsenkirchen. Er gilt als eine der ältesten Grünanlagen des Reviers und hält einen gut ausgestatteten **Freizeit- und Erholungsbereich** für uns parat.

Weiter geht´s durch den Park und eine Straße querend zu den Bahnschienen. Nun radeln wir einfach parallel der Schienen weiter, erst rechts, dann links davon, queren eine andere (Ex-)Bahnlinie und biegen danach links rechts ab auf den Radweg nach Altenessen / Markt. Auf der ehemaligen Trasse einer Güterbahn radeln wir vorbei an **Zeche Carl** und dem **Malakowturm.** Dahinter gelangen wir wieder auf unseren Emscher Park Radweg, der uns zurück zur Zeche Zollverein bzw. zum Bahnhof Katernberg bringt.

Kartentipp:
ADFC-Regionalkarte »radrevier.ruhr West«
1:50.000, ISBN 978-3-96990-043-7, 9,95 €

Digital für Smartphones und Tablets: www.fahrrad-buecher-karten.de/rk-digital

52 Die Ratte vom Pott

Von Hattingen nach Herbede

Die Tour verbindet den Mythos des Ruhrgebiets von Kohle und Stahl mit der einer gemütlichen Fahrt entlang der Leinpfade. Das traditionsreichste Hüttenwerk der Region liegt direkt am Weg.

111Touren Info:

29 km, flache Rundtour meist über Nebenstraßen und Radwege.
Start / Ziel: Bahnhof Hattingen
www.verkehrsverein-hattingen.de

Los geht´s am Bahnhof Hattingen auf der Bahnhofstr. und links auf der Bochumer Str.. Hinter der Ruhrbrücke biegen wir rechts auf den Leinpfad entlang der Ruhr, auf dem früher die Pferde liefen, die die Lastkähne zogen. Bei 6,8 km biegen wir links in eine Allee (hier fehlen Schilder!), um weiter auf dem Leinpfad zum **Kemnader See** zu kommen.

Erst 1979 wurde dieser jüngste von vier Ruhr-Stauseen fertiggestellt. Heute ist er als Erholungsort für **Badende, Segler, Surfer** und **Ruderer** nicht mehr wegzudenken. Wer mag, fährt mit dem **Fahrgastschiff »MS Kemnade«.**

Weiter geht´s am Nordufer des Sees entlang. Hinter dem **Abenteuer-Schwimmbad** queren wir die Autobahn, um danach auch die Ruhr zu überqueren.

Tipp: Wer vor der Ruhrbrücke der »Route der Industriekultur« folgt, findet die **Zeche Nachtigall** mit einem Besucherstollen und einem Kohleschiff sowie das **Muttental**, in dem die Kohle früher an der Erdoberfläche abgebaut werden konnte (hin und retour ca. 8,5 km).

Weiter geht´s hinter dem Mühlengraben rechts und auf der Kaiserroute entlang des Südufers. Die schönen **Ausblicke** über den See finden in der **Wasserburg Haus Kemnade** mit ihrem Rittersaal den Höhepunkt: Rechts über die

Auf Leinpfaden beradeln wir die Ruhr

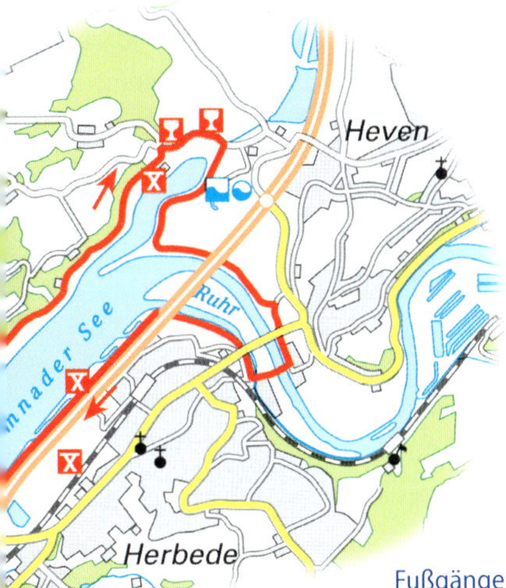

Fußgängerbrücke, nachher links auf den Rundkurs Ruhrgebiet. Später geradeaus auf der Brockhauser Str., ehe wir die Ruhr überqueren. Direkt hinter der Brücke links Richtung Heinrichshütte und zurück ans Ruhrufer, dessen Verlauf wir nun bis zum Campingplatz folgen. Nach Überquerung der Museumsbahn geht es auf der Werksstr. zum **Westfälischen Industriemuseum Heinrichshütte**.

Zur besten Zeit fanden hier über 10.000 Menschen Arbeit – 1987 war endgültig Schluss, so dass wir heute das Gelände in Form eines Museums betrachten. Kinder folgen der »Ratte« bis zum **Hochofen 3**, die Arbeit der Werker wird in **Bildern** eindrucksvoll wiedergegeben.

Weiter geht´s nach Unterquerung der Hüttenstr. rechts im spitzen Winkel auf dieselbe hinauf. Über August-Bebel-, Martin-Luther- und Bahnhofstr. gelangen wir zurück zu unserem Startpunkt.

Nicht entgehen lassen dürfen wir uns **den mittelalterlichen Stadtkern Hattingens** mit mehr als **150 restaurierten Fachwerkhäusern**, dem superschmalen **Bügeleisenhaus**, dem **Zollhaus** und dem **Rathaus**.

Kartentipp:
ADFC-Regionalkarte »radrevier.ruhr Ost«
1:50.000, ISBN 978-3-96990-044-4, 9,95 €
Digital für Smartphones und Tablets: www.fahrrad-buecher-karten.de/rk-digital

53 Schlösser und Ruhrauen

Von Mülheim nach Essen

Abwechslungsreicher könnte eine Radtour nicht sein: Immer in Nähe der Ruhr radeln wir vom Wassermuseum durch ruhige Natur, die sich mit imposanten Schlössern und Villen abwechselt.

111Touren Info:

30 km, flache Streckentour meist über Radwege.
Start: Bahnhof Mülheim-Styrum
Ziel: Bahnhof Essen-Kupferdreh
www.muelheim-ruhr.de
www.essen.de

Los geht´s vom Bahnhof Styrum über Hauskamp-, Limburg-, Eberhard- und Burgstr. zum Schloss Styrum.

Als **Hofgut** erbaut, wurde das Anwesen später zum **Schloss Styrum** ausgebaut. 1890 erwarb der Großindustrielle August Thyssen die Anlage, um sie den Familien seiner Generaldirektoren als Wohnung zur Verfügung zu stellen. 1960 ging das Schloss per Schenkung in Stadtbesitz über. Auch der nahe **Wasserturm** wurde von Thyssen zur Versorgung des Eisenwerks gebaut. Heute gibt es hier auf 14 Ebenen im **Aquarius Wassermuseum** alles Wissenswerte über das feuchte Nass zu entdecken.

Weiter geht´s auf dem Weg über die Ruhr und durch das ehemalige Gartenschau-Gelände zum **Schloss Broich**.

Das **Schloss** bildete einst das Zentrum der **Gartenschau** und beherbergt das **Heimatmuseum**. Im nahen **Wasserturm** können wir bei der **»Camera Obscura«** einen begehbaren Fotoapparat betreten und eine 360°-Aufahme der Region sehen.

Weiter geht´s am Europapavillon mittels Brücke über die Duisburger Str. und auf dem »Rundkurs Ruhrgebiet« hinunter ins Ruhrtal. Es folgen **idyllische Kilometer** bis Kettwig. Wir unterqueren die Brücke, biegen nach rechts und schieben das Rad die Treppe hinauf. Auf der Landsberger Str. geht es über die Ruhr, hinter der Brücke rechts auf den Promenadenweg und wieder hinunter an die Ruhr.

Die **alte Weberstadt Kettwig** mit ihren gut erhaltenen **Bürger- und Fachwerkhäusern** ist heute ein Stadtteil von Essen.

Weiter geht´s am Fluss entlang. Vor Werden verlassen wir den Radweg hinter der Unterquerung der Ruhrtalstr.

Industriekultur an der Ruhr

Wir radeln geradeaus, an der Ampel links und geradeaus auf dem Radweg Richtung Kupferdreh entlang des Baldeneysees. Der Bahnhof wird über die Fußgängerbrücke und rechts auf der Prinz-Friedrich-Str. erreicht.

Tipp: An der **Regattastrecke** beginnt der steile Abstecher zur **Villa Hügel**, die bis 1945 Residenz der Großindustriellenfamilie Krupp war. Der schlossartige Bau ist heute ebenso wie die **Parks** zugänglich und beherbergt neben **Wechselausstellungen** in der »**Historischen Sammlung Krupp**« viele Informationen zur Familien- und Firmengeschichte. Wer nach dem Auf- und Abstieg müde ist, kann sich im sauberen Wasser des »Lago di Baldolino« **(Baldeneysee)** erfrischen.

»Aquarius«

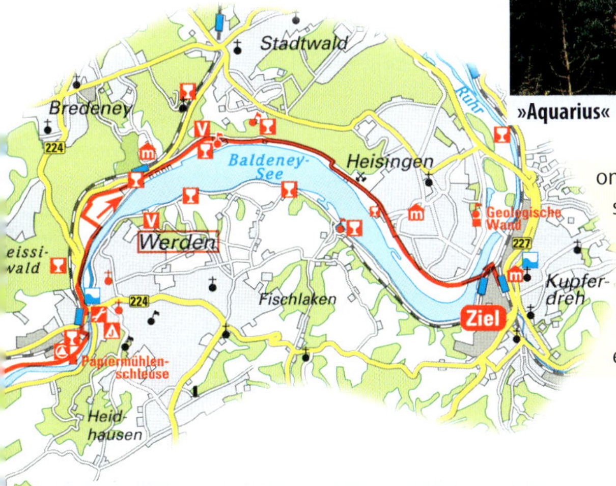

Kartentipp:
ADFC-Regionalkarte »radrevier.ruhr West«
1:50.000, ISBN 978-3-96990-043-7, 9,95 €

Digital für Smartphones und Tablets: www.fahrrad-buecher-karten.de/rk-digital

54 Sauerländer Tälerfahrt

Von Hohenlimburg nach Altena

Eine Schlösser- und Burgentour durch industriegeschichtliche Flusstäler verspricht diese Tour zu werden. »Sauerland« bedeutet aber auch »schweißtreibende Berge«.

111Touren Info:

33 km, bergige Rundtour meist über Nebenstraßen.
Start / Ziel: Bahnhof Hohenlimburg
www.hohenlimburg.net
www.altena.de

Los geht´s am Bahnhof Hohenlimburg auf der Bahnhofstr. über die Bahn. Geradeaus würden wir die imposante Befestigungsanlage **Schloss Hohenlimburg** erreichen. Über die Untere Isenbergstr. folgen wir den Schildern ins Nahmertal.

Wie an vielen anderen Stellen dieser Region, so siedelten sich ab dem 18.Jhd. kleine **Hammerschmieden** und später Großindustrie an, was an den heute leider verlassenen Bauten zu erkennen ist.

Weiter geht´s auf der wenig befahrenen Straße ständig leicht bergauf durch das Nahmerbachtal, ehe wir links zur **Brenscheider Mühle** abbiegen, die eines der schönsten **Mühlen-Ensembles** Westfalens darstellt. Nun geht es für 2 km in teils alpinen Kehren den Berg hinauf, ehe wir rechts auf die L 692 abbiegen. Mit tollen **Ausblicken** kommen wir bis Oevenscheid wieder zu Atem. Dann geht es zwar bergab, bei dem Gefälle ist das aber auch nicht so einfach!

Wiege der Jugendherberge in der Burg

...über Altena

Wir sind vor den Toren Altenas. Ein etwa 6 km langer Abstecher führt von hier über eine enge Straße und zum Schluss mit starkem Anstieg zur **Burg Altena**. Die Mühen lohnen sich, denn in dieser großartigen Anlage gibt es das **Museum der Grafschaft Mark** (Rüstungen, Waffen, etc.), das **Schmiedemuseum** und das **Museum Weltjugendherberge**. Letzteres zeugt davon, dass es hier einst die erste Jugendherberge der Welt gab.

Weiter geht´s durch das Lennetal, teils können wir einen Radweg oder kleine Straßen parallel zur Hauptstraße nutzen, oftmals geht es über die Straße via Einsal und Nachrodt. Nach der Lennebrücke unterqueren wir die B 236.

Tipp: Den Schildern über die Untergrüner Str. folgend erreichen wir nach kurzer Zeit (und mit wenig Steigung) die beschilderte **Dechenhöhle**, eine der schönsten und meistbesuchtesten Höhlen Deutschlands. Die **Tropfsteinhöhle** wurde entdeckt, als einem Bahnarbeiter der Hammer in einen Felsspalt fiel.

Weiter geht´s an der **Felsformation »Pater und Nonne«** entlang über Lennedamm und Oeger Str. an Letmathe mit einer hübschen **Ortsmitte** vorbei. In Oege radeln wir rechts auf die Oststr., in Verlängerung Feldstr. und wieder Oeger Str. An der Lennebrücke rechts abbiegend folgen wir den Schildern zurück zum Bahnhof.

Kartentipp:

ADFC-Regionalkarte »radrevier.ruhr Ost«
1:50.000, ISBN 978-3-96990-044-4, 9,95 €

Digital für Smartphones und Tablets: www.fahrrad-buecher-karten.de/rk-digital

55 Die donnernden Hämmer

Von Gevelsberg nach Hagen

In der Region um Hagen küssen sich das Bergische Land, das Sauerland und das Ruhrgebiet – wir bekommen dies mit der häufigen Präsenz von Industrie zu spüren. Aber genau die Industrie ist es, die uns im Freilichtmuseum soviel Freude bereiten wird. Hinter dem Museum wird es anstrengend, aber landschaftlich sehr beschaulich, ehe es an der heilenden Kluterthöhle vorbei zurück geht.

111Touren Info:

37 km, Rundtour, größtenteils auf bzw. neben Straßen, zwei teils anstrengende Steigungen.
Start / Ziel: Hauptbahnhof Gevelsberg
www.hagen.de

Los geht´s vom Bahnhof auf die B 8 (Hagener Straße) Richtung Hagen. Vor Haspe liegt weiter links die ehemalige **Wasser-Ritterburg Rocholz**. In Haspe bleiben Sie entweder neben der Bundesstraße, die den Ort umrundet, oder sie radeln durch das **hübsche Örtchen** geradeaus. Später hinter der zweiten Bahnunterführung rechts den Bergischen Ring hinauf. Am Ende der nachfolgenden Abfahrt kommen wir an den Kirchplatz.

Im Zentrum von 5 Tälern und durchflossen von Ennepe und Volme siedelte sich in **Hagen**

Bau, Kunst und historische Technik

die Tuch-, Papier- und Stahlindustrie an. In den letzten Jahren wandelte es sich von der »grauen Maus« zur **Einkaufsstadt**. Sehenswert sind die **Johanniskirche** und das **Osthaus-Museum**. Osthaus war um 1900 herum Mäzen vieler Künstler, was dem Museum erstaunliche Exponate einbrachte.

Weiter geht´s von der Kirche auf der Frankfurter Straße durch Oberhagen und auf der Eilper Straße durch Eilpe mit dem **Stadtmuseum**. Hinter der Eisenbahnbrücke links in die Selbecker Straße (»Halver«). Leicht bergan ist der »Knaller« der Tour schnell erreicht.

Das **Westfälische Freilichtmuseum** besteht aus mehr als 50 **historischen (Fachwerk-) Fabriken**, in vielen wird heute unter damaligen Bedingungen produziert. **Dampfhämmer** betäuben das Gehör, **Schmiede** schüren die Esse, **Bäcker** verbreiten Wohlgeruch... hier gibt es für jeden etwas zu sehen (und zu probieren).

Weiter geht´s auf der Selbecker Straße zunächst seicht, hinter Selbecke stark ansteigend. Nach kurzer Abfahrt und erneutem Anstieg entschädigt die Aussicht für die Mühen. Oben radeln wir rechts Richtung Ennepetal, das nach teils steiler Abfahrt erreicht wird.

In der **Kluterthöhle**, der längsten Naturhöhle Deutschlands, gibt es ein anerkanntes **Heilklima** gegen Asthma. Parallel zu unserer Hauptstraße stehen in der Voerder Straße **Fabrikantenvillen**.

Weiter geht's über die Neustraße und die Kölner Straße zurück nach Gevelsberg.

Kartentipp:
ADFC-Regionalkarte »radrevier.ruhr Ost«
1:50.000, ISBN 978-3-96990-044-4, 9,95 €
Digital für Smartphones und Tablets: www.fahrrad-buecher-karten.de/rk-digital

56 Durch die Heide zur Burg

Von Rösrath nach Troisdorf

Die uralten Landschaftstypen Königsforst und Wahner Heide sind mit den Flüssen Agger und Sülz der Garant für eine naturverbundene Radeltour, die uns mit den Burgen in Spich und Troisdorf versüßt wird.

111Touren Info:

48 km, weitgehend flache Rundtour mit einigen kleineren Steigungen meist über Radwege und Nebenstraßen.

Start / Ziel: Bahnhof Rösrath

www.roesrath.de

www.troisdorf.de

Historische Gebäude, ergänzt durch **moderne Architektur** – so könnte man den Charme Rösraths bezeichnen, das fernab vom Trubel des nahen Kölns an der Sülz liegt.

Los geht´s vom Bahnhof rechts in die Bensberger Str. und dann den Gerottener Weg hinauf. Oben rechts in den Wald abbiegen durch den es dann für lange Zeit geht. VOR der Schutzhütte rechts abbiegen, an der Schutzhütte vorbei und 200 m NACH der Schutzhütte links abbiegen
Kettners Weiher. Hinter dem Weiher über den Bach und weiter zur L358, hier links und 200 m später über die Straße zum Parkplatz.

Im 50 ha großen **Wildpark Brück** fühlen sich **Wildschweine, Dammwild** und über **40 Vogelarten** wohl. Wissenswertes über die Flora vermittelt der **Waldlehrpfad**.

Weiter geht´s am Parkplatz in den Wald bis zur Siedlung, dann links »Am Wildwechsel« und vorm Schlagbaum rechts hinunter zur L73, dort kurz links, dann rechts in den Kleinfeldchensweg. Am Ortsende von Brück radeln wir den Friedhof-Schildern folgend hinaus nach Rath. Dann rechts in die Lützerather Str. (in der Nähe liegt der **Park** von **Burg Rath**) über den Kreisverkehr in die Rösrather Str. (L284) und dann rechts in die Rather Schulstr., hinter der Autobahn links auf »Auf der Bitze«, an der Eiler Str. rechts, hinter dem Wendehammer links über die Autobahn. Über Heumarer-, Jägerstr., St.-Rochus-Str. und Hirschgraben erreichen wir **Gut Leidenhausen**.

Natur prägt diese Tour

Im »**Haus des Waldes**« finden wir Stücke und Bilder zum Lebensraum Wald, während in der benachbarten **Greifvogelstation** verletzte und junge Vögel aufgepäppelt werden.

Weiter geht´s an der Vogelstation und an der Rennbahn vorbei. Vor (!) der Bahnbrücke links bis auf den Mauspfad (Straße), dem wir unter der Autobahn her folgen. Wir bleiben stets auf der Hauptdurchfahrtsstraße, am 1. Kreisel geradeaus, am 2. Kreisel links, an der Ampel links und vor der Kaserne her hinaus aus dem Ort. Leicht ansteigend geradeaus durch den Kreisel und mittels Unterführung die Straßenseite wechselnd geht es nun deutlich bergauf in den Wald.

Tipp: Hinter dem Waldstadion führt ein Abstecher hinunter nach Spich, wo mit **Haus Broich** eine ehemalige Burg und an der Hauptstraße schöne **Fachwerkhäuser** zu sehen sind.

Kartentipp:
ADFC-Regionalkarte »Köln/Bonn« 1:75.000, ISBN 978-3-87073-879-2, 8,95 €

Digital für Smartphones und Tablets: www.fahrrad-buecher-karten.de/rk-digital

Weiter geht´s hügelig durch den Wald und den Schildern folgend hinunter nach **Troisdorf**.

Wir werden von **Burg Wissem** empfangen. Vom Wassergraben ist zwar nur noch ein Teich übrig, **Bilderbuchmuseum, Remise, Spielplatz** und **Wildpark** bieten aber auch viel Kurzweil. In der **Fußgängerzone** warten Gaststätten auf hungrige Radler.

Weiter geht´s von Burg Wissem zum Aggerstadion (beschildert) und von dort besonders schön an der Agger längs, bis wir links nach Altenrath hinauf radeln. Von dort geht es via Hasbach wieder hinunter nach Rösrath ins Sülztal.

57 Von der Domstadt zur Bundesstadt

Von Köln nach Bonn

Ein perfekt ausgebauter und gut beschilderter Radweg geleitet uns rheinaufwärts. Vom Touristen-Mekka Köln radeln wir vorbei an Hafen- und Chemieanlagen, vor allem aber durch grüne Natur zum Ex-Regierungssitz.

111Touren Info:

39 km, flache Streckentour meist auf Radwegen, perfekte Rad-Wegweisung.
Start: Bahnhof Köln
Ziel: Bahnhof Bonn
www.koeln.de
www.bonn.de

Köln ist DER Touristenmagnet NRWs. Die vielen Menschen können nicht irren: Allein im **Dom** bzw. den umliegenden **Museen** könnten wir uns Tage aufhalten, ohne alles gesehen zu haben. **Schildergasse, Breite Straße** und **Hohe Straße** laden zum Shoppen ein, die Gaststätten am **Alter Markt** zum Verweilen. Ein Bummel durch die **Altstadt**, aus der **Groß St. Martin** emporragt, ist ebenso Pflicht wie der Besuch einer **Kölsch-Kneipe** – aber besser erst nach dem Radeln!

Los geht´s vom Bahnhof hinunter zum Rheinufer. Dazu können wir rechts oder links neben der **Philharmonie** her radeln, wobei der linke Weg recht steil ist und geschoben werden sollte. Am Ufer folgen wir einfach dem Fluss stromaufwärts – der Radweg ist beschildert und führt uns zu Füßen der **Altstadt** vorbei an **Schokoladen-Museum, Olympia-Museum, Rheinauhafen** und **Malakoffturm** unter der **Severinsbrücke** her. Im nachfolgenden **Bayenturm** ist heute das **feministische Archiv** untergebracht. An den **Lagerhäusern** des **Aggrippina-Ufers** entlang unterqueren wir auch die **Eisenbahn**- und die **Rodenkirchener Brücke**.

Der **alte Fischerort Rodenkirchen** wird im Zentrum von **Backstein- und Fachwerkhäusern** geprägt, die sich um die **Kirche St. Maternus** postieren. Etwas abseits finden wir den **Forstbotanischen Garten** und das **Friedenswäldchen**.

An unserem Radweg liegt die **Kirche Alt St. Maternus**.

Kurzweil in der Kölner Altstadt

Weiter geht´s den Schildern folgend am Rhein entlang durch den Weißer Bogen, einen ausgedehnten **Auenwald**.

Tipp: Von Köln-Weiß aus bringt uns die **Fähre** in die **Zündorfer Groov**. Neben der spannenden Schiffsfahrt gibt es »drüben« **Spiel- und Sportstätten** und einladende **Gasthäuser**.

Weiter geht´s am Rhein entlang vorbei an Sürth bzw. der Sürther Aue, Godorf und Wesseling. Letztgenannte Orte sind industriell geprägt – immerhin radeln wir an der größten **Raffinerie** Deutschlands vorbei. Nicht nur landeinwärts ist die Petrochemie stark vertreten, was wir daran merken, dass wir den Rhein für einige Zeit verlassen müssen. Die Schilder weisen uns allerdings zuverlässig den Weg um die Hafenanlagen herum, so dass wir über Urfeld, Hersel und Graurheindorf die Bonner **Rheinpromenade** erreichen. Von hier ist es nicht mehr weit (am besten an Oper und Schloss vorbei) zum Bahnhof.

Auch wenn es nicht mehr BundesHAUPTstadt ist – Bonn ist immer noch einen Besuch wert. Die quirlige **Fußgängerzone** verbindet **Kurfürstliches Schloss** (heute Uni), historisches **Rathaus, Münster, Beethovenhaus** und **Bahnhof** miteinander. Weiter rheinabwärts finden wir die **Museumsmeile** und das Erholungsgebiet **Rheinaue**.

Kartentipp:
ADFC-Regionalkarte »Köln/Bonn« 1:75.000,
ISBN 978-3-87073-879-2, 8,95 €

Digital für Smartphones und Tablets: www.fahrrad-buecher-karten.de/rk-digital

58 Wo einst Karl der Große gekrönt wurde

Von Aachen nach Jülich

111Touren Info:

29 km, Streckentour meist auf befestigten Radwegen bzw. Straßen/Wegen, zu Beginn leicht hügeliger Verlauf, keine großen Steigungen, regionale Wegweisung
Start: Aachen
Ziel: Jülich
Info: www.aachen-tourismus.de

Direkt im Dreiländereck gelegen, zieht Aachen viele Besucher an. Die staunen über den Dom, die Pfalzkapelle, den Domschatz und das Rathaus. Sie kehren in Cafés ein, essen Printen und widmen sich dem Pferdesport. Nachdem auch wir festgestellt haben, was die Anziehungskraft Aachens ausmacht, schwingen wir uns auf die Räder und stellen fest: Auch das Umland hat eine Menge zu bieten!

Aachen kann auf eine lange Geschichte zurückblicken und liegt heute „im Herzen der EU" – genau am **Dreiländereck** von Deutschland, Belgien und den Niederlanden. Dementsprechend besonders ist auch die Mentalität der Aachener, die sich das vermeidlich Beste der Kulturen zu Eigen machten. Dabei blicken sie auf eine lange Historie zurück, die untrennbar mit Karl dem Großen verbunden ist. Er wurde 800 in Rom zum römischen Kaiser und damit zum mächtigsten Herrscher seiner Zeit gekrönt. Zu seiner Lieblingspfalz erkor er Aachen. Die damalige **Königspfalz** lag dort, wo heute der Dom steht. Klar, dass das auch unser erstes Ziel ist: Der Dom umfasst bauliche Highlights aus mehreren Jahrhunderten und beeindruckt uns mit der **Pfalzkapelle**, dem Königsthron, mehreren Altären und natürlich dem **Karlsschrein**.

Beim Bummel durch die weitgehend autofreie Innenstadt kehren wir in eines der Cafés ein und erhaschen Blicke auf viele historische Bauten, deren Höhepunkt das **Rathaus** ist. Hier wird im würdigen Ambiente alljährlich der internationale **Karlspreis** für europäische Verdienste verliehen.

Tipp: Auch für andere Dinge ist Aachen weithin bekannt: Frühstückszutaten von Zentis. Schokosünden von Lindt und Sprüngli,

Im Aachener Rathaus werden Personen ausgezeichnet, die sich um Europa verdient gemacht haben

Knabbereien von Bahlsen, edle Kosmetik von Barbor, Printen von Lambertz oder Nobis: Im jeweiligen **Werksverkauf** kann nach Herzenslust geshoppt werden.

Eher weniger bekannt ist, dass Aachen wegen seiner Thermalquellen ein staatlich anerkanntes **Heilbad** ist – nach der Tour können wir hier also bestens regenerieren.

Los geht´s am Aachener Marktplatz, den wir über Büchel, links Kleinköln-, rechts Großköln-, links Sandkaul-, geradeaus Roland- und dann Krefelder Straße verlassen. Nachdem wir die Autobahn gequert haben, erreichen wir Würselen.

Wir radeln vorbei am berühmten Stadion namens „Tivoli", dahinter liegt das **Hauptstadion des CHIO**, dem vermutlich wichtigsten Reitturnier der Welt.

In Würselen lohnt sich ein Stopp bei der schmucken **Pfarrkirche St. Sebastian**.

Weiter geht´s von Würselen via Euchen, Linden-Neusen, Begau, Blumenrath, Hoengen und Schleiden nach Aldenhoven.

Der „**Alte Turm**" zeigt uns, dass auch Aldenhoven auf eine bewegte Geschichte zurückblicken kann. Interessant sind die doppeltürmige **Kirche St. Martin** und die Gnadenkapelle „Zuflucht der Sünder". Bei der ehemaligen Steinkohlenzeche können wir uns im **Bergbaumuseum** weiterbilden.

Weiter geht´s von Aldenhoven vorbei an Bourheim und Neubourheim ins Herz von Jülich.

Die Kleinstadt Jülich ist eine herrliche Symbiose aus alt und neu: Das Zentrum wird eher von modernen Gebäuden geprägt, unter die sich historische Bauten wie der **Hexenturm** oder das Aachener Tor mischen. Der napoleonische **Brückenkopf** ist eine alte Festungsanlage, die geschickt in die komplette Festung Jülich einbezogen wurde. Dazu gehört auch die riesige **Zitadelle**, die schon von außen sehr beeindruckt. 1545 wurde sie als Teil der „idealen Renaissance-Stadt" erbaut. Allein die bis zu 30 m dicken Mauern umfassen eine Länge von 1,2 km. Innerhalb der vierzackigen Anlage stehen vier Bastionen und ein herzogliches **Residenzschloss**.

Kartentipp:
ADFC-Regionalkarte „Aachen / Dreiländereck"
1:75.000, ISBN 978-3-87073-966-9, 9,95 €
Digital für Smartphones und Tablets: www.fahrrad-buecher-karten.de/rk-digital

59 An der Diemel entlang

Von Liebenau nach Bad Karlshafen

Der Diemel-Radweg ist überregional nur wenig bekannt. Schade eigentlich, denn auf seinen rund 110 km Gesamtlänge bietet er alles, was wir brauchen: perfekte Radwege mit Beschilderung und sehenswerte Orte. Grund genug, sich ein Stück des Radwegs genauer anzusehen.

111Touren Info:

30 km, Streckentour auf meist befestigten Radwegen bzw. Straßen/Wegen, keine nennenswerten Steigungen, perfekte Wegweisung als Diemel-Radweg.
Start: Bahnhof Liebenau
Ziel: Bahnhof Bad Karlshafen
www.stadt-liebenau.de
www.bad-karlshafen.de

Wir folgen auf unserer kurzen Tour einfach den Schildern des Diemel-Radwegs, der, wie es sich gehört, an der Quelle, im Hochsauerland bei Willingen-Usseln beginnt. Liebenau hat eine lange Geschichte, die durch **Hügelgräber** belegt wird. Eine Runde durch die Stadt führt an **Fachwerkhäusern**, Resten der **Stadtmauer** und der **Kirche** mit ihrem interessanten Turm und sehenswerten Wandmalereien vorbei. Hintergrundinformationen dazu gibt´s im Heimatmuseum.

Tipp: Wer mehr über den Hintergrund des Radweg-Logos erfahren möchte, begibt sich auf den **»Eco Pfad Muschelkalk im Diemeltal«**. Auf der etwa

Trendelburg

10 km langen Wanderung wird die Entstehung der Region aus einem subtropischen Muschelkalk-Meer anhand zahlreicher Tafeln erklärt. Schmetterlinge begleiten unseren Weg – sie stehen hier unter Schutz.

Los geht´s am Bahnhof von Liebenau, den wir rechts über die Bahnhofstraße verlassen. Der Alte Steinweg bringt uns nach links und über die Diemel, am anderen Ufer folgen wir dem Diemel-Radweg nach rechts. So kommen wir über Lamerden und Hofschütz nach Trendelburg.

Trendelburg wird von seiner gleichnamigen **Burg** bewacht, die würdevoll auf einem Sandsteinfelsen thront. Wunderbare Gassen führen uns im Ort vorbei am **Historischen Rathaus** und an gut erhaltenen **Fachwerkfassaden**. Im Stadtteil Friedrichsfeld lockt ein Ausflug zum **Naturdenkmal »Wolkenbruch«** und ein Stück weiter in Gottsbüren lädt eine **Wallfahrtskirche** zur inneren Einkehr.

Weiter geht´s von Trendelburg den Radweg-Schildern folgend an Wülmersen und Helmarshausen vorbei zu unserem Ziel in Bad Karlshafen. Der Bahnhof liegt auf der anderen Weser-Seite.

Die Diemelquelle

Tipp: Direkt an unseren Radweg grenzt der rund 200 qkm große **Reinhardswald**. Kaum ein anderes Mittelgebirge kann mit so vielen Legenden, Sagen und Märchen aufwarten. Hier spielen auch teilweise die Märchen der Gebrüder Grimm. Das **»Dornröschenschloss« Sababurg** ist dabei immer von besonderer Bedeutung.

Das **Rittergut Schloss Wülmersen** ist immer für ein Fotomotiv gut. Schließlich ist es ein echtes Wasserschloss.
Bad Karlshafen entstand um 1700 an der Mündung der Diemel in die Weser. Heute empfängt uns die Kurstadt mit herrlichen Barockfassaden. Ansehen müssen wir uns **Rathaus**, **Zollhaus**, **Freihaus** und **Invalidenhaus**.

Kartentipp:
ADFC-Regionalkarte »Kassel/Nordhessen« 1:75.000,
ISBN 978-3-87073-888-4, 8,95 €
Digital für Smartphones und Tablets: www.fahrrad-buecher-karten.de/rk-digital

60 Hessische Fachwerkträume

Von Rotenburg nach Melsungen

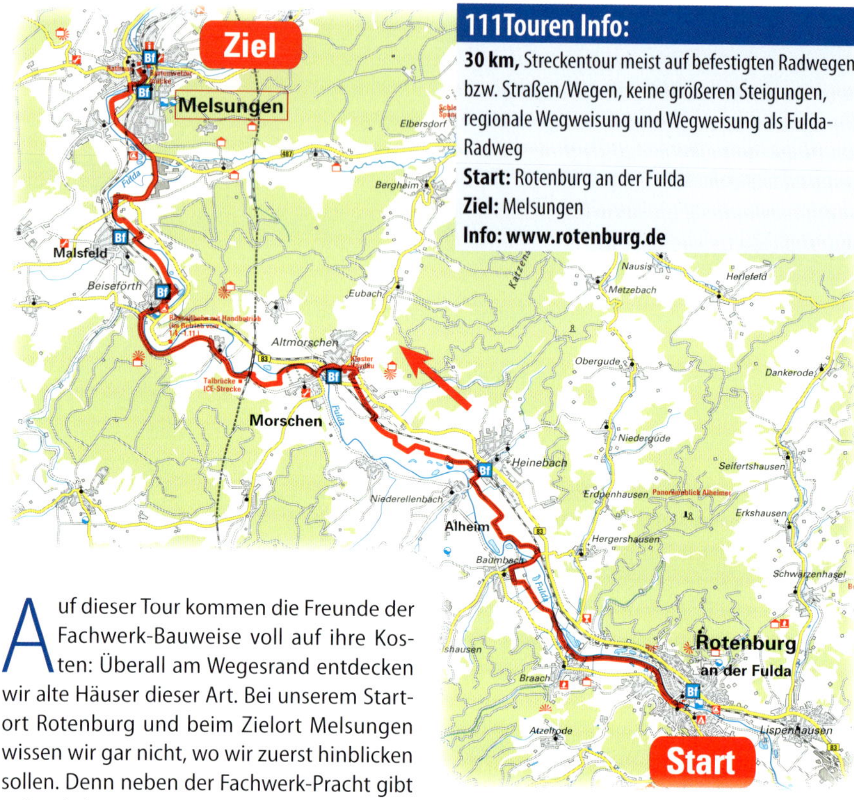

111Touren Info:

30 km, Streckentour meist auf befestigten Radwegen bzw. Straßen/Wegen, keine größeren Steigungen, regionale Wegweisung und Wegweisung als Fulda-Radweg

Start: Rotenburg an der Fulda

Ziel: Melsungen

Info: www.rotenburg.de

Auf dieser Tour kommen die Freunde der Fachwerk-Bauweise voll auf ihre Kosten: Überall am Wegesrand entdecken wir alte Häuser dieser Art. Bei unserem Startort Rotenburg und beim Zielort Melsungen wissen wir gar nicht, wo wir zuerst hinblicken sollen. Denn neben der Fachwerk-Pracht gibt es herrliche Fotomotive am Ufer der Fulda.

Die Sehenswürdigkeiten von Rotenburg liegen auf beiden Ufern der Fulda, so dass wir vor Beginn der Tour eine ausführliche Sightseeing-Tour einplanen müssen: Mitten in einem alten Park liegt das **Landgrafenschloss**, während wir in der Innenstadt ein perfekt erhaltenes Ensemble von historischen **Fachwerkhäusern** bestaunen können. Das Häusermeer wird noch heute beschützt von Teilen der alten Stadtmauer mit ihren Wehrtürmen. Aus den Dächern heraus erheben sich die Jakobi- und die Stiftskirche. Wer sich weiterbilden möchte, besucht das **Heimatmuseum**.

Tipp: Kindheitserinnerungen werden wach, wenn wir das **Puppen- und Spielzeugmuseum** von Rotenburg besuchen. Wer Kinder dabei hat, wird über die Reaktionen des Nachwuchses staunen, denn für viele ist heute undenkbar, dass Spielen einmal ohne elektronische Medien möglich war.

Los geht´s am Bahnhof von Rotenburg, den wir über die Fulda hinweg verlassen, um hinter der Brücke Anschluss an den Fulda-Radweg zu finden. Der geleitet uns zuverlässig und meist autofrei vorbei an Braach, Baumbach, Alt-/Neumorschen und Binsförth nach Beiseförth

In Melsungen kehren wir am Ende der Tour ein und genießen den Blick auf´s Rathaus

Der Anblick ist schon toll: Nachdem wir das **Naturschutzgebiet** Weidenkeil durchradelt haben, erblicken wir das prachtvolle **Kloster Haydau**, in dem heute ein Kultur- und Tagungszentrum untergebracht ist.

In Binsförth liegt ein ehemaliges **Rittergut** direkt am Wegesrand, in dem sich ein ökologischer Landwirtschaftsbetrieb befindet.

In Beiseförth lohnt sich der Besuch des **Korbmacher-Museums**. Familien mit Kindern können die **Märchenmühle** ansteuern, in denen die Geschichten der Gebrüder Grimm dargestellt werden.

Wer ohne Kinder radelt, widmet sich eventuell der **Hessischen Löwenbier-Brauerei** von Malsfeld – aber bitte fahrtüchtig bleiben!

Weiter geht's von Beiseförth durch Malsfeld zu unserem Tourziel in Melsungen.

Auch in Melsungen können wir ein prachtvolles **Landgrafenschloss** bestaunen. Noch deutlich imposanter ist aber das mit herrlichem Fachwerk gestaltete **Rathaus**. Der Eulenturm erzählt uns aus jener Zeit, in der die Stadt stark bewehrt war. Einen Besuch wert ist auch die gotische **Stadtkirche**, die sogar den großen Stadtbrand im Jahre 1554 überstand. Auf der **Bartenwetzer-Brücke** überqueren wir würdevoll die strudelnde Fulda. Wer genau hinsieht, erkennt Einkerbungen an der Brücke und damit den Hintergrund des Namens: Einst wetzten die Melsunger Bürger ihre Äxte im weichen Sandstein der Brücke. Die vielen Biergärten und Cafés der **Altstadt** sind ideal dafür geeignet, die Tour ausklingen zu lassen.

Kartentipp:

ADFC-Regionalkarte »Kassel / Nordhessen«

1:75.000, ISBN 978-3-87073-888-4, 8,95

Digital für Smartphones und Tablets: www.fahrrad-buecher-karten.de/rk-digital

61 Spannendes Lahntal

Von Wetzlar nach Weilburg

Der 245 km lange Lahntalradweg ist schön längst kein Geheimtipp mehr. Verglichen mit einigen anderen Flussradwegen ist er aber noch gering frequentiert, was uns ungetrübten Radelspaß garantiert. Wir haben uns hier einen der schönsten Streckenabschnitte herausgesucht, der nicht nur beste Wegstrecke und -kennzeichnung, sondern auch viel Sehenswertes zu bieten hat.

111Touren Info:

27 km, Streckentour meist auf befestigten Radwegen bzw. Straßen/Wegen, zwei kurze Steigungen, sonst weitgehend flach, perfekte Wegweisung als Lahntalradweg
Start: Lahnbrücke in der Wetzlarer Altstadt
Ziel: Altstadt Weilburg
www.wetzlar.de

Wetzlar ist einfach toll: Schon das Panorama über das **Lahn-Wehr** hinweg auf den ökumenisch genutzten **Dom** lässt uns mit der Zunge schnalzen. Daher ist es hier auch der erste Tipp, sich am Ufer oder im Biergarten niederzulassen, und den Blick zu genießen. Die Wasservögel bieten dabei ebenso viel Abwechslung, wie die Wasserwanderer, die hier ihre Boote umsetzen müssen.
Rund um den Kornmarkt erstreckt sich eine herrliche **Altstadt** mit vielen bestens erhaltenen Fachwerkhäusern. Von der ehemaligen Stadtmauer ist der **Säuturm** der eindrucksvollste noch erhaltene Teil. Die **Steinerne Brücke** über die Lahn, an der unsere Tour beginnt, wurde schon 1288 erwähnt.

Tipp: Rund um die alte Lahnbrücke wird regelmäßig das **Brückenfest** gefeiert. Wer dann gerade nicht hier ist, besucht eventuell das **Gallusfest** im Oktober oder das dreijährig stattfindende Ochsenfest, das das größte Fest Mittelhessens ist.

Los geht´s an der Lahnbrücke vor der Wetzlarer Altstadt. Auch der Bahnhof ist nicht weit. Wir steigen direkt

Weilburg, Schloss und Lahnbrücke

Der Kornmarkt in Wetzlar

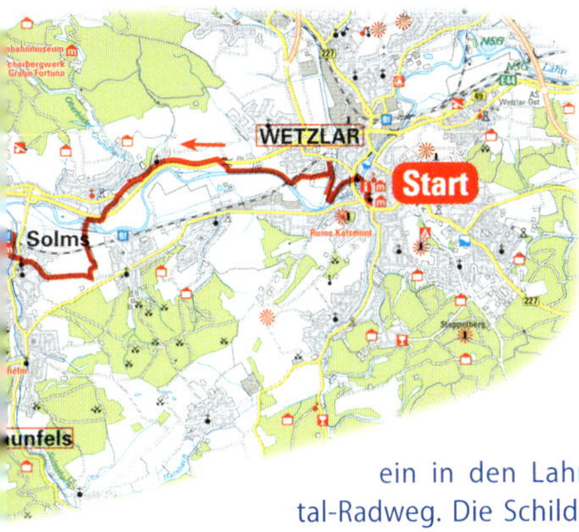

ein in den Lahntal-Radweg. Die Schilder weisen uns präzise den Weg vorbei an Altenberg und Oberbiel nach Solms.

Bei Oberbiel lockt das 1983 stillgelegte **Eisenerzbergwerk Grube Fortuna** zu einem Besuch, während wir uns in Solms das **Industrie- und Heimatmuseum** ansehen können.

Weiter geht´s von Solms den Radwegschildern folgend via Leun nach Tiefenbach. Nun kommen die beiden Bergwertungen, die aber auch ungeübte Fahrer nicht vor unüberwindbare Hindernisse stellen. Über Löhnberg-Selters und Ahausen gelangen wir zu unserem Tourziel in Weilburg.

Bei Leun lohnt sich ein Abstecher über die Lahn hinweg, um sich die **Fachwerkhäuser** an der Limburger Straße anzusehen, wo auch das berühmte **Erkerhaus** steht.

Nachdem wir uns auch in Tiefenbach, hier in der Mittelstraße, schöne **Fachwerkbauten** angesehen haben, kommen wir nach zwei Anstiegen ins Herz von Weilburg, das sich um eine Lahnschleife herum schmiegt. Oben vom Berg grüßt die stattliche barocke **Schlossanlage**, die auch Schauplatz von Konzerten ist. Absolut einmalig ist das Tunnelensemble für Straße, Schiene und Boote. Vor allem den **Bootstunnel** müssen wir uns unbedingt ansehen!

Tipp: Am Ende der Tour können wir uns entscheiden: entweder zurück nach Wetzlar per Rad oder Bahn, oder weiter nach Limburg mit seiner tollen **Altstadt** (ca. 35 km).

Kartentipp:

ADFC Regionalkarte »Lahntal« 1:75.000, ISBN 978-3-96990-027-7, 9,95 €

Digital für Smartphones und Tablets: www.fahrrad-buecher-karten.de/rk-digital

62 Zu Füßen des Vogelsbergs

Von Laubach nach Schotten

Mitten in Hessen, und damit auch ziemlich mittig in Deutschland liegt eine Region, die von Radurlaubern nur selten beachtet wird. Warum eigentlich? Rund um den vulkanischen Vogelsberg liegt eine sanft gewellte Mittelgebirgslandschaft mit tollen alten Städten. Zwei davon wollen wir hier erkunden.

111Touren Info:

35 km, Rundtour meist auf befestigten Radwegen bzw. Straßen/Wegen, einige deutliche Steigungen, gute regionale Wegweisung
Start und Ziel: Laubach, Parkplatz am **Bürgelweg**
www.laubach.de

seiner Vergangenheit als Burg. Von der ehemaligen Stadtbefestigung sind noch einige Reste wie der Klipsteinturm übrig. Unweit unseres Startortes liegt ein Mekka für Motorradfans: Das **Münch-Museum** zeigt das Wirken des Konstrukteurs Friedel Münch, der mit dem Bau der bombastischen Münch Mammut Motorradgeschichte schrieb.

Tipp: Mit äußerst unterhaltsamen **Führungen** lässt sich Laubach erkunden und verstehen. Ob Nachwächter-, Kräuterweiber- oder Hofrat Crespel-Führung. Langweilig wird es hier nie!

Los geht´s vom Parkplatz am Bürgelweg Richtung Innenstadt, durch den kleinen Park, rechts in die Kaiserstraße und auf der Hauptrichtung durch den Ort. Stets den Schildern der Mühlenroute folgend durch den Ort und auf der Straße „Kurze Hohl" heraus. Auf welliger Straße nach Freienseen. Dann entspannt am Bachlauf entlang, später rechts auf den R 4

Das 750 erstmals erwähnte Stadt Laubach ist einfach toll - in der City finden wir viele gut erhaltene **Fachwerkhäuser** und Kopfsteinpflaster. Der wahre Schatz liegt aber eingebettet in einem weitläufigen englischen Garten: Hier ragt das imposante **Schloss** empor. Die wehrhaften Rundtürme erzählen uns von

Burg Ulrichstein im Vogelsberg

Das Eppsteiner Schloss in Schotten

und mit teils starker Steigung nach Betzenrod (und ggf. weiter nach Schotten).

Tipp: Wer mit dem E-Bike unterwegs ist, oder eine „Bergwertung" einstreuen möchte, folgt den Schildern nach Ulrichstein (im Nordosten). Nach vielen Kurven und Steigungen empfängt uns ein sehenswerter Ort, der von einer **Burgruine** gekrönt wird. Und die liegt auf mehr als 600 m Höhe!

Die **Alte Kirche** von Betzenrod kommt in schönem Fachwerk daher. Ein kleiner Abstecher führt ins Herz des Luftkurortes Schotten, der eine tolle **Altstadt** besitzt. Rank und schlank präsentiert sich das idyllische **Schloss Eppstein**. Weniger Idylle, dafür mehr PS gibt es bei den Rennen auf dem Schottenring, der rund um den Ort führt.

Wer länger in der Gegend ist, folgt ab Schotten dem Radweg entlang der Nidda und kommt nach wenigen Minuten zum **Nidda-Stausee**, der touristisch bestens erschlossen ist. Nach der Abkühlung können wir noch etwas weiter radeln in den Ortskern von Nidda, der auch einige **Fachwerkhäuser** bereithält. Oberhalb am Berg liegt der Kurort Bad Salzhausen, das neben Abgeschiedenheit mit **Bäderarchitektur** gefällt.

Weiter geht´s von Betzenrod die Altenhainer Straße entlang, wieder bergauf und hügelig via Einhartshausen nach Gonterskirchen. Mit einer weiteren starken Steigung am Steinbacher Kopf vorbei zurück nach Laubach.

Kartentipp:

ADFC Regionalkarte »Vogelsberg« 1:75.000,
ISBN 978-3-96990-012-3, 9,95€

Digital für Smartphones und Tablets: www.fahrrad-buecher-karten.de/rk-digital

63 Zwischen Rhein und Wein

Von Mainz nach Oppenheim

Diese Tour eröffnet uns alle Facetten eines Rad-Wochenendes: Gut Trainierte radeln die Strecke an einem Tag, gemütlichere Naturen übernachten in Gernsheim bzw. Oppenheim oder fahren mit der Bahn von dort retour.

111Touren Info:

84 km, im ersten Teil flache, dann etwas hügelige Rundtour meist auf Waldwegen, Kürzung möglich.
Start / Ziel: Bahnhof Mainz-Gustavsburg
www.mainz.de
www.oppenheim.de

Los geht´s vom Bahnhof Mainz-Gustavsburg nach rechts über die Bahnschienen und nochmals rechts in die Landdammstr. Ab hier folgen wir dem Radweg auf dem Rheindamm. Der Radweg führt uns in entspannter Fahrt stets in Rheinnähe über Ginsheim, Langenau, Hessenaue und Nierstein nach Erfelden.

Vor Erfelden radeln wir durch das **Naturschutzgebiet Kühkopf-Knoblochsaue**, das auch einen Arm des Altrheins einbezieht. Familie Knobloch soll dieses Gebiet einmal gehört haben. Der Name kann aber auch vom **Bärlauch** her kommen, von dem hier reichlich gedeiht. Eventuell vertreibt er ja die Heerscharen an Mücken, denn die »Rheinschnaken« sind kein Vergnügen - darum: Mückenschutz nicht vergessen! In einer Lichtung weist ein Schild zur **Schwedensäule**, die an Gustav Adolph erinnert. Der Schwedenkönig nächtigte in Erfelden, ehe er mit seinen 20.000 Mannen den Rhein überschritt. Die Bauern mussten ihre Scheunentore dabei als »Brücken« opfern.

Tipp:
Wir können die Tour verkürzen, indem wir quer durch das NSG zum Rhein fahren und dort mit der Fähre übersetzen. Alternativ ist es möglich, ab Stockstadt oder Gernsheim den Zug zurück nach Mainz zu nehmen.

»Rosa mystica«

Waldidylle

Weiter geht's via Stockstadt und Biebesheim nach Gernsheim, wo wir mit der Fähre ans andere Rheinufer wechseln. Wir radeln zunächst auf der Straße Richtung Eich, ehe wir wieder nach rechts auf den Rhein-Radweg abbiegen können, der uns nach Oppenheim geleitet.

Oppenheim präsentiert sich ganz im Zeichen des **Weines.** Nicht zufällig also finden wir hier auch das **Deutsche Weinmuseum**. Nicht nur die Reben, auch die Schauseite der prachtvollen **Katharinenkirche** ist zur sonnigen Weinebene hin ausgerichtet. Berühmt ist sie weniger durch das **Beinhaus** als durch die **Oppenheimer Rose**: Zwei Fenster bestehen in ihrem Zentrum aus einer Rosette – als »rosa mystica« Symbol Mariens. Rechts die Rose, links die Lilie. Das Werk kommt im Innern vor allem in der **Vormittagssonne** zur Geltung. Ein kurzer Aufstieg führt hinauf zur Ruine der **Festung Landeskrone**, von wo aus wir einen tollen Blick über die **Rheinebene** genießen dürfen.

Weiter geht´s zunächst auf unserem Radweg am Rhein entlang, dann auf hügeligen Straßen und Wegen über Niersteiner Warte, Lörzweiler, Gau-Bischofsheim nach Mainz-Laubenheim. Über die Weisenauer Brücke radeln wir dann wieder zurück zum Bahnhof Mainz-Gustavsburg, um diese lange Tour zu beenden.

Kartentipp:
ADFC-Regionalkarte »Rheinhessen« 1:50.000,
ISBN 978-3-96990-014-7, 9,95 €

Digital für Smartphones und Tablets: www.fahrrad-buecher-karten.de/rk-digital

64 Suche nach Vorfahren

Von Sachsenhausen nach Kelsterbach

Bei der Tour durch die grüne Lunge Frankfurts treffen wir auf Zeugen der Vergangenheit: Im eiszeitlichen Mainbett gibt es bronzezeitliche und römische Spuren.

111Touren Info:

27 km, flache Rundtour meist auf Radwegen.
Start / Ziel: Eiserner Steg
(Mainufer Frankfurt-Sachsenhausen)
www.frankfurt-tourismus.de

Los geht´s am Mainufer des Eisernen Stegs stromabwärts. Stets in Ufernähe überqueren wir die Mainuferstr. auf dem Radweg der Autobahnbrücke. Am Ende der Brücke links hinunter in die **Goldsteinsiedlung**, links in die Morgenzeile, vor der Bushaltestelle rechts in den Anlagestreifen.

Aus dem 1932 aufgelegten Projekt »Zur Milderung der Arbeitslosigkeit durch Errichtung von Kleinsiedlerstellen« stammen die typischen **Goldstein-Häuser** mit einseitigem Schrägdach.

Weiter geht's auf der Straße nach links und weiter geradeaus »Zur Waldau«. An dessen Ende rechts in den Wald, den Schienen rechts folgend hinter dem Friedhof links in die Unterschweinsteigschneise. Am Wegekreuz links, an der folgenden Gabelung rechts und auf dem Hauptweg durch die Kurve (Spessarteichenweg) hinauf auf die eiszeitliche Mainuferböschung. Oben rechts in die Grenzschneise.

Hier auf der »**Hölle über dem Wartberg**« liegt die größte **Hügelgräbergruppe** des Stadtwaldes. Insgesamt sind 370 eisenzeitliche Gräber nachweisbar.

Weiter geht´s für 4 km auf der Grenzschneise und der Unterschweinsteigschneise auf der Dammkrone am »Steilhang« (Aushub für den Hauptbahnhof) vorbei. Nach einem Schlenker folgen wir der Grenzschneise und queren die **ehemalige Bahntrasse** nach Schwanheim. Am Wegestern geradeaus, an der Schwedenschanze rechts hinunter ins **eiszeitliche Mainbett**. Unten links auf der Straße an der **Riedwiese** vorbei, die vor vielen tausend Jahren entstand. Durch ein Gatter kommen wir wieder in den **Stadtwald**. In einer Linkskurve liegen etwas abseits ein seltenes **römisches Brunnengrab** und die Reste eines **römischen**

Viel mehr als nur Wolkenkratzer bietet die Frankfurter City

Landgutes. Über die Schwanheimer Wiesen kommen wir zur Schwanheimer Bahnstr., der wir nach rechts folgen.

Tipp: Ein kleiner Abstecher führt nach Schwanheim mit **Stadtwerke-Museum** (z.B. zur Waldbahn), **Heimatmuseum** und berühmten **Äppelwoikneipen**.

Weiter geht´s am Wald/Wiesenrand und der Kobelt-Ruhe **(Walderholungsstätte)** vorbei. Auf einem mit Eichen bestandenen Weg kommen wir zum Ortsrand von Schwanheim, wo wir vor den Schienen rechts in den Wald einbiegen. Nach einem Rechtsbogen radeln wir durch eine gerade Schneise an weiteren **Hügelgräbern** vorbei. Wir sind hier in den **»Schwanheimer Dünen«**, auch eine Hinterlassenschaft der Eiszeit. Vom Friedhof radeln wir entweder den Hinweg retour oder unter der Autobahn hindurch, an Golfplatz und **Schäfersteinen** vorbei durch die Stadt zurück zum Ufer.

Kartentipp:
ADFC-Regionalkarte »Frankfurt/Wiesbaden/Darmstadt« 1:50.000,
ISBN 978-3-87073-889-1, 8,95 €
Digital für Smartphones und Tablets: www.fahrrad-buecher-karten.de/rk-digital

65 Geschichte zum Anfassen

Von Gerstungen nach Eisenach

Unsere Tour führt uns durch das Werratal zu einem der bedeutendsten Orte Deutscher Geschichte. Vor dem Besuch von Luthers Heimstatt steht eine sportliche Herausforderung – oder ein Ritt mit dem Esel.

111Touren Info:

27 km, weitgehend flache Streckentour meist auf Radwegen mit einigen kleineren Steigungen, perfekte Rad-Wegweisung.
Start: Bahnhof Gerstungen
Ziel: Bahnhof Eisenach
www.gerstungen.de
www.eisenach.de

Hauptziel in Gerstungen ist das **Schloss**, in dem sich heute das **Heimatmuseum** befindet. Der alte **Stadtkern** rund um den **Markt** mit seinem **Storchenbrunnen** besteht teils aus **Fachwerkhäusern.** Ein Stück werraaufwärts steht im Ortsteil Untersuhl eine seltene **Rundkirche**.

Los geht´s vom Bahnhof in die Hauptstraße und rechts abbiegend zum **Schloss**. In der Nähe nutzen wir die Werrabrücke und biegen dahinter direkt links ab. Den Radwegschildern folgend kommen wir immer in Flussnähe via Sallmannshausen nach Lauchröden.

Direkt an unserem Weg durch Sallmannshausen ragt die **Pfarrkirche** empor, die einen **spätgotischen Schnitzaltar** beherbergt. Auf der anderen Uferseite liegt Neustädt, auf dessen Dorfplatz wir einen **Ziehbrunnen** finden.

Tipp: In Lauchröden biegt der Werra-Radweg links über den Fluss nach Herleshausen mit **Schloss Augustenau** und der **Burgkirche** ab. Wer abkürzen mag, radelt in Lauchröden geradeaus via Göringen direkt nach Wartha, wo der Werra-Radweg wieder auf dieses Ufer wechselt.

Weiter geht's am Ufer entlang oder über die Straße. Im schnell erreichten Hörschel

Sanfte Hügel begleiten die Werra

wechseln wir durch rechts abbiegen auf den ausgeschilderten »Radweg Thüringer Städtekette«.

Immer parallel der Bahnlinie kommen wir am **Opel-Werk** vorbei zum Bahnhof, die Innenstadt Eisenachs liegt geradeaus weiter der Katharinenstr. folgend.

Um Eisenach rankt sich eine Vielzahl von Sagen und Legenden – die Stadt ist ein wichtiger Teil deutscher Geschichte. So ist es nicht verwunderlich, dass wir im Ort **Industriemuseum, Automuseum, Burschenschaftsdenkmal, Bachhaus** (Bach wurde hier geboren), **Lutherhaus, Reuter-Wagner-Villa**, mehrere sehenswerte **Kirchen** und weitere herausragende Ziele finden. Das Highlight ist aber ohne Frage die **Wartburg**, die wir mit dem Rad und jeder Menge Schweiß oder auf dem Rücken eines Esels erreichen können. Die Strapazen lohnen sich: An der herrlichen **Architektur** kann man sich ebenso wenig satt sehen, wie an der **Aussicht** über die Region. Gut vorstellbar, wie Luther hier das Neue Testament übersetzte.

Kartentipp:
ADFC-Regionalkarte »Kassel Nordhessen«, 1:75.000,
ISBN 978-3-87073-888-4, 8,95 €
Digital für Smartphones und Tablets: www.fahrrad-buecher-karten.de/rk-digital

66 Drei »gleiche« Burgen – ein Radweg

Von Gotha nach Erfurt

Die bedeutendsten Metropolen Thüringens werden mit dem spektakulären Radweg »Thüringer Städtekette« bestens erschlossen. Wir nehmen uns die Etappe zwischen Gotha und Erfurt heraus und stellen fest: Es gibt noch viel mehr zu erleben, außer einer guten Rad-Trasse.

111Touren Info:

40 km, Streckentour auf meist befestigten Radwegen bzw. Straßen/Wegen, keine nennenswerten Steigungen, perfekte Wegweisung als Radweg »Thüringer Städtekette«
Start: Bahnhof Gotha
Ziel: Bahnhof Erfurt
www.gotha.de
www.erfurt.de

Die prunkvolle Vergangenheit Gothas wird uns überall vor Augen geführt: Sei es beim frühbarocken **Schloss Friedenstein**, den barocken **Bürgerhäusern** oder anderen Gebäuden, die eher aus der Zeit der Renaissance stammen. Wie auch das **Historische Rathaus** am Hauptmarkt. Von hier ist es nur ein Katzensprung bis in den herrlichen **Schlosspark**.

Tipp: In Gotha ist das ganze Jahr über hinweg etwas los. Highlights sind u.a. das **Gothardusfest** (Musiker, Gaukler und ein umfangreiches Kulturprogramm) im Mai, die **Familientage mit Orangenblütenfest** im Juni und das Barockfest im August.

Los geht´s am Bahnhof von Gotha, den wir geradeaus zur Neubauerstrßae verlassen. Hier biegen wir rechts und gleich wieder rechts ab in die Mozartstraße. Nach Querung der Südstraße links zur Florschütz- dann rechts auf der Florschützstraße, später Töpfleber Weg. Schon sind wir auf dem Radweg Thüringer Städtekette mit seinem auffälligen Logo. Er bringt uns hinaus aus der Stadt und via Töpfleben, Günthersleben und Wechmar nach Mühlberg.

In Wechmar locken Aufenthalte an der **Veit-Bach-Mühle** und am Bach-Stammhaus, während wir in Mühlberg die **Mühlburg** ansteuern sollten. Nur wenige Kilometer neben unserem Radweg

liegt Holzhausen mit der **Wachsenburg**. Wissenswertes wird uns im Thüringer Geopark **Drei Gleichen** vermittelt. Zur **Burg Gleichen** gelangen wir direkt hin-

Dom und Severikirche in Erfurt

ter Mühlberg. Der Legende nach soll 1231 ein Kugelblitz alle drei Burgen gleichzeitig in Brand gesetzt haben. Der Feuerschein soll weithin sichtbar gewesen sein.

Weiter geht´s von Mühlberg den Schildern der Thüringer Städtekette folgend über Wandersleben, Apfelstedt , und Neudietendorf nach Ingersleben. Es folgt eine Steigung nach Möbisburg ehe wir über Bischleben und Hochheim ins Herz von Erfurt gelangen. Unser Radweg führt uns direkt zum Hauptbahnhof von Erfurt.

In Wandersleben können wir uns einen mittelalterlichen **Wohnturm**, in Ingersleben das **Freisassenhaus** (ein Bauernhaus) und nach der Unterquerung der Autobahn die **Marienthalbrücke** ansehen.

Tipp: Ein Erfurt-Besuch ist nicht komplett ohne eine Visite in der Natur: Sei es im **Zoopark**, im **ege-park** (Freizeit- und Erholungspark) oder an der **Citadelle Petersberg** mit einem weit verzweigten Minenlabyrinth.

Erfurt ist mehr als nur die Landeshauptstadt: Es ist ein Traum, durch die Gassen zu schlendern und sich die vielen historischen Gebäude anzusehen. Allein das Ensemble von **Mariendom** und **Severikirche** – getrennt von der raumgreifenden Freitreppe – ist ein Gedicht! Highlight ist selbstverständlich die 120 m lange **Krämerbrücke**: Die einzige vollständig bebaute und bewohnte Brücke Europas.

Kartentipp:
ADFC Regionalkarte »Erfurt und Umgebung« 1:75.000,
ISBN 978-3-87073-839-6, 8,95 €

Digital für Smartphones und Tablets: www.fahrrad-buecher-karten.de/rk-digital

67 Seen und sehenswerte Industrie

Von Leipzig nach Markkleeberg

Dass Leipzig eine eigene Reise wert ist, dürfte sich herumgesprochen haben – die Innenstadt quillt über an Sehenswertem. Wenn wir durch den Süden Leipzigs radeln, zeigt sich ein ganz anderes Bild: Nach idyllischen Kilometern durch das Naturschutzgebiet Auwald erkunden wir mehrere Seen, die zum Baden einladen. Der Begriff „Park" wird entlang der Tour gleich mehrfach genutzt: Beim Kanupark, beim Modellbaupark und beim Bergbau-Technik-Park.

Hätten Sie´s erahnt? Leipzig war in den letzten Jahren die am stärksten wachsende Großstadt Deutschlands. Inzwischen sind es deutlich über eine halbe Millionen Einwohner, die sich vom Flair bezaubern lassen. Mit dem **Neuen Rathaus**, der Thomaskirche und zahlreichen anderen alten Gebäuden wird die Vergangenheit gelebt. Mindestens genauso wichtig sind aber Gegenwart und Zukunft, denn die Kreativszene hat Leipzig auch schon lange entdeckt. Und wer es richtig modern mag, besucht die **Kundenzentren** des Porsche- oder BMW-Werks. Aber auch das Flanieren durch Fußgängerzonen und **Parks** gehört unbedingt zur Freizeitgestaltung in der Stadt.

111Touren Info:

43 km, Rundtour meist auf befestigten Radwegen bzw. Straßen/Wegen, keine größeren Steigungen, gute regionale Wegweisung
Start und Ziel: Hauptbahnhof Leipzig
www.leipzig.de

Tipp: Mehr als eine Viertelmillion Besucher pilgern jedes Jahr im Frühsommer in die Leipziger Innenstadt, wenn das **Stadtfest** steigt. Von den Bühnen schallt Musik für wirklich jeden Geschmack, für Kinderbelustigung und für das leibliche Wohl wird auch bestens gesorgt.

Neues Rathaus in Leipzig

Nicht skuril genug? Dann besuchen Sie zu Pfingsten das **Wave-Gotik-Treffen**. Es ist inzwischen das weltgrößte Treffen der »schwarzen Szene«.

Los geht´s am Leipziger Hauptbahnhof. Diesen im Rücken folgen wir der B 87 nach rechts bis zum Waldplatz, bei der Krankenkasse über die breiten Straßen und via Aachener Straße zum Ufer der Elster, dem wir nach links folgen. Auf dem Elsterradweg bis zum Ufer des Cospudener Sees, den wir gegen den Uhrzeigersinn umrunden. Am Ortseingang Zöbigker rechts nach Markkleeberg.

Wir erreichen den **Cospudener See**, der als einer von 19 Gewässern zur Leipziger **Seenlandschaft** gehört. Dies ist eine neue Landschaft, die aus der Renaturierung des ehemaligen Tagebaus entsteht. Eine Wasserfläche von ca. 70 qkm wird hier einmal Wasserfans begeistern.

Tipp: Spaß für Jeden und jedes Alter garantiert das **See- und Hafenfest Cospuden**. Schiffsrundfahrten, Händler und Schausteller sorgen hier für Kurzweil.

Weiter geht´s in Markkleeberg über die Bahn und parallel der B 2 links Richtung Zentrum. Rechts über Seenallee zum Markkleeberger See und am Ufer weiter bis zum Modellbaupark und zum Schloss Güldengossa. Von dort geradeaus nach Liebertwolkwitz. Ab hier neben der Prager Straße her zurück ins Zentrum von Leipzig und zum Hauptbahnhof.

Schon viele Funktionen übernahm das **Torhaus** von Markkleeberg – heute ist es ein Museum. Auch das **Rathaus** und das Westphalsche Haus sollten wir uns genauer ansehen. Für Abkühlung sorgt der nahe gelegene See, in dem es auch einen **Kanupark** gibt. Ursprünglich Für Olympia 2012 geplant, bietet er heute Spitzensportlern eine einzigartige Trainingsstätte. Auch als Gäste können wir uns durchwirbeln lassen. Eine Welt in 1:8 erwartet uns im **Modellbaupark Auenhain**. Genau die entgegen gesetzte Dimension lässt unsere Augen im **Bergbau-Technik-Park** überlaufen: Hautnah erleben wir hier die Tagebau-Großmaschinen. Wer´s lieber feiner mag, besucht das am Wegesrand liegende schmucke **Schloss Güldengossa**. Auf unserem Rückweg kommen wir direkt am **Völkerschlachtdenkmal** vorbei. Mit seinen imposanten 91 m Höhe ist es eines der größten Denkmäler Europas. Es war 1813, als hier die sogenannte Völkerschlacht stattfand, die ein Baustein zur Niederlage Napoleons war. Die Einweihung des „Völki" war übrigens genau 100 Jahre später.

Kartentipp:
ADFC Regionalkarte »Leipzig und Umgebung« 1:75.000,
ISBN 978-3-87073-833-4, 8,95 €
Digital für Smartphones und Tablets: www.fahrrad-buecher-karten.de/rk-digital

68 Wein und Porzellan

Von Dresden nach Meißen

Der Elberadweg führt uns hinaus aus dem Touristen-Trubel Dresdens. Vorbei an rebenbestandenen Elbhängen radeln wir in die »Hauptstadt des Weißen Goldes« und genießen die herrlichen Momente auf dem guten Radweg.

111Touren Info:

25 km, flache Streckentour über Radwege und Nebenstraßen, gute Rad-Wegweisung.
Start: Bahnhof Dresden-Neustadt
Ziel: Bahnhof Meißen
www.dresden.de
www.stadt-meißen.de

Los geht´s vom Bahnhof Dresden-Neustadt unter den Gleisen her, links in die Eisenbahnstr. und weiter geradeaus auf die Uferstraße. Ab hier folgen wir dem gut ausgebauten und beschilderten Radweg nach rechts. Nach kurzer Zeit verlassen wir das Elbeufer schon wieder, denn der Radweg folgt nicht dem Flussbogen, sondern verläuft geradlinig über Moritzburger-, Leipziger-, Kötzschenbrodaer- und Lomatzscher Str. unter der Autobahn her zum Riegelplatz. Dort biegen wir links in die Grimm -Str. ein und erreichen bald wieder die Elbe, die hier an Kaditz vorbei fließt.

Der Dresdner Ortsteil Kaditz konnte sich rund um die alte **Emmauskirche** seinen **dörflichen Charakter** bewahren.

Weiter geht´s auf dem Elberadweg vorbei an den Ufern von Radebeul und Kötzschenbroda.

Radebeul und Kötzschenbroda haben sich mit einigen Nachbargemeinden zusammengeschlossen. Im **Pfarrhaus** neben der Radebeuler **Kirche** unterschrieben Sachsen und Schweden nach dem 30-jährigen Krieg den Friedensvertrag. Westernfans wird es in die Karl-May-Straße Nr. 5 ziehen, denn hier gibt es ein interessantes **Karl-May-Museum**.

Tipp: Von Radebeul nach Radeburg können wir mit der historischen **Schmalspurbahn** dampfen.

Weiter geht´s: Der Elberadweg führt uns stets in Ufernähe durch das Spaargebirge und durch das sächsische **Weinanbaugebiet**. Die Räder rollen in dieser schönen Umgebung fast von allein bis ins Zentrum von Meißen.

Auf dem Elberadweg

Unterwegs zum »Weißen Gold«

Johann Friedrich Böttger gelang 1709 die Herstellung des ersten weißen Porzellans – schon ein Jahr später entstand die erste **Porzellanmanufaktur**, deren Produkte mit den gekreuzten blauen Schwertern immer noch Weltruhm ernten – Grund genug, die etwas außerhalb liegende Fabrik anzusteuern. Wir erreichen sie ab dem Markt über Webergasse, Görnische Gasse und Am Steinberg. Aber auch die **Altstadt** dürfen wir nicht einfach »links liegen lassen« – das Ensemble aus **Burg, Dom, Bischofsschloss**, **Burgkeller** und **Frauenkirche** ist ein sehr lohnenswertes Ziel. Einige Jahrhunderte lang saßen hier die drei Gewalten Markgraf, Bischof und kaiserlicher Burggraf eng beieinander.

Kartentipp:

ADFC-Regionalkarte »Dresden und Umgebung« 1:75.000,

ISBN 978-3-87073-750-4, 8,95 €

Digital für Smartphones und Tablets: www.fahrrad-buecher-karten.de/rk-digital

69 Bizarre Felsen

Von Dresden nach Bad Schandau

Nach dem Kulturgenuss im Überfluss in Dresden radeln wir die Elbe hinauf. Vorbei am »Blauen Wunder« erreichen wir die eindrucksvolle Felsenlandschaft der sächsischen Schweiz.

111Touren Info:

47 km, weitgehend flache Streckentour über Radwege mit einer Steigung, perfekte Wegweisung.
Start: Bahnhof Dresden-Neustadt
Ziel: Bahnhof Bad Schandau
www.dresden.de
www.bad-schandau.de

Seit jeher ist Dresden eine der schönsten deutschen Städte – die Touristenmassen können hier nicht irren. Die **Altstadt**, die sich malerisch am **Elbufer** erhebt, bietet soviel Sehenswertes, dass man hier Tage verbringen könnte. **Semperoper, Zwinger, Kathedrale St.Trinitatis, Albertinum, Hofkirche** und natürlich die wieder aufgebaute **Frauenkirche** lassen nur noch Zeit zum Staunen.

Los geht´s vom Bahnhof Neustadt rechts unter der Unterführung her entlang der Eisenbahnstr. Richtung Elbe, dann links auf den Uferweg. Nach Unterquerung von Eisenbahn- und Marienbrücke verlassen wir kurz hinter der Augustusbrücke (dies ist die älteste und wohl auch schönste Brücke) den Uferweg, um via Brücke auf die andere Uferseite zu radeln. Wieder am Fluss angekommen, fahren wir unterhalb der Brühlschen Terrassen und unter der Carolabrücke her auf den Elbuferweg, dem wir nun einfach stets folgen.

An den Hängen des anderen Ufers erspähen wir die drei **Loschwitzer Schlösser**, ehe wir das »**Blaue Wunder**« passieren.

Die 1893 erbaute technische Meisterleistung bekam den Namen durch den hellblauen Anstrich. Auf unserem weiteren Weg an der Elbe entlang kommen wir an der **Schifferkirche »Maria am Wasser«** mit einem markanten **Zwiebeltürmchen** vorbei.

Tipp: Die Benutzung der Pillnitzer Fähre gehört zum Pflichtprogramm, denn zum sehenswerten **Schloss Pillnitz** gehören gleich **fünf Parks**. Bei Botanikern bekannt ist die **japanische Kamelie** auf dem Weg zur **Orangerie**.

Weiter geht´s auf dem rechten Uferradweg (also vis-a-vis des Schlosses), wo wir auf den nächsten Kilometern die Beschilderung gut beachten müssen, um zielsicher Pirna zu erreichen.

Das »Tor zur sächsischen Schweiz« verfügt rund um die **Stadtkirche St.Marien** über eine sehenswerte **Altstadt** mit dem **Canalotto-Haus** und der **Postdistanzsäule.**

Die Elbe erradeln...

Weiter geht´s am Ufer entlang, wobei sich beiderseits des Flusses das imposante Elbsandsteingebirge empor reckt. Diese Idylle begleitet uns durch Obervogelsang, Wehlen (mit Wehranlage auf dem Bergsporn) und Rathen nach Königstein.

Im Ort selbst sind von ehemals 1.000 kursächsischen **Postmeilensäulen** noch 176 erhalten. 240 m über der Elbe bauten mehrere Baumeister an **der Festung Königstein**, die mit **22 Gebäuden** eine Stadt für sich ist. Interessant sind auch das **Militärhistorische Museum** und der 152 m tiefe **Brunnen**.

Weiter geht´s mit der Fähre ans andere Elbufer, dem wir via Prossen und Rathmannsdorf nach Bad Schandau folgen.

Der **Kurort** gefällt mit seinem **Heimatmuseum** und der **St.Johanniskirche**.

Kartentipp:

ADFC-Regionalkarte »Dresden und Umgebung« 1:75.000, ISBN 978-3-87073-750-4, 8,95 €

Digital für Smartphones und Tablets: www.fahrrad-buecher-karten.de/rk-digital

70 Steile Reben und Menschenmassen

Von Bullay nach Cochem

Die »Königsetappe« an der Mosel strotzt vor Superlativen: Dem steilsten Rebenhang Europas in Bremm folgt ein historischer Weinort nach dem anderen, gekrönt von Beilstein, dem Inbegriff der Moselromatik. Ziel ist der Touristenmagnet Cochem, dessen Altstadt von der Reichsburg bewacht wird. Die Mosel von oben sehen wir vom Aussichtspunkt Pinnerkreuz.

111Touren Info:

32 km, ebene Streckentour überwiegend auf Radwegen, perfekte Rad-Wegweisung.
Start: Moselbrücke Bullay
Ziel: Touristen-Info Cochem
www.cochem.de

Los geht´s an der Moselbrücke von Bullay am linken Moselufer vorbei an Alf mit seinem Gewölbeweinkeller und St. Aldegund, wo sich alte Wohnhäuser um die Bruchsteinkirche scharen. Ab St. Adelgund verläuft der Radweg stets links der Mosel zwischen Ufer und Straße. »Verfransen« können wir uns bis Cochem eigentlich nicht. Wir radeln vorbei an Neef und Bremm von einem **Weinort** zum nächsten.

Tipp: Auf der anderen Uferseite liegt Neef, dessen **Ofen- und Puppenmuseum** schon allein durch die Kombination beste Unterhaltung verspricht. Auch die **Pfarrkirche** und das **Burghaus** verdienen der genaueren Betrachtung.

In Bremm liegt neben uns mit dem **Calmont** der steilste Weinberg Europas. Auf dem **Klettersteig** können wir die beschwerliche Arbeit der Winzer am Besten nachvollziehen. In Ediger-Eller können wir im **Gasthof Christoffel** außergewöhnlich speisen. In eine Toga gewandet, werden wir von »**echten Römern**« bedient.

»Dornröschen der Mosel«

Weiter geht´s an den herrlichen Winzer- und Fachwerkhäusern von Ediger-Eller vorbei nach Beilstein, das auf der anderen Moselseite liegt. Den Abstecher mittels Fähre sollten wir uns nicht entgehen lassen!

Die engen **Pflastergassen** im »Dornröschen der Mosel« (**Beilstein**) sind schnell überfüllt mit Gästen. Ein Spaziergang durch die Weinberge führt zur **Burgruine**, zu deren Füßen **Fachwerk- und Bruchsteinfassaden** ein einzigartiges Ensemble bilden. In der **Kirche** ist die »wunderbare schwarze Muttergottes von Beilstein« zu finden.

Weiter geht´s zurück am linken Ufer an den Winzerorten Ellenz-Poltersdorf und Ernst vorbei ins quirlige Cochem.

Dicht gedrängt stehen die **Fachwerkbauten** in der **Altstadt**, wo auch Wein und Gesang angesagt sind. Von barocker Natur ist das alte **Rathaus**, das ebenso wie die **Kirche St. Martin** am Markt steht. Der Weg hinauf zur **Reichsburg** ist Pflicht, nicht nur für die Aussicht oder das Rittermahl. Richtig »scharfe Sachen« gibt es in der **historischen Senfmühle** im Ortsteil Cond. Wer mag, kann sogar selbst zum Kochlöffel greifen.

Kartentipp:

ADFC-Radreiseführer »Mosel-Radweg«
1:50.000, ISBN 978-3-87073-690-3, 14,95 €
ADFC-Regionalkarte »Eifel/Mosel«,
1:75.000, ISBN 978-3-87073-919-5, 8,95 €

Digital für Smartphones und Tablets: www.fahrrad-buecher-karten.de/rk-digital

71 Typisch Mosel!

Von Trier nach Leiwen

Kaum eine Stadt könnte eine würdevollere Ouvertüre des Moselradweges abgeben als Trier, die älteste Stadt Deutschlands. Nach einer Tour durch 2000 Jahre Geschichte ragen neben uns die ersten Weinberge empor, die Mosel vollzieht die ersten Schleifen, und die Römer haben uns aussichtsreiche Villen hinterlassen.

111Touren Info:

37 km, ebene Streckentour überwiegend auf separaten Radwegen, perfekte Rad-Wegweisung.
Start: Römerbrücke Trier
Ziel: Ortsmitte Leiwen
www.schweich.de

Ein Rundgang kann in Trier nur an der **Porta Nigra**, der höchsten römischen Erhebung nördlich der Alpen, beginnen.

Am **Hauptplatz**, wo ein herrliches Gebäude das andere überstrahlt, betrachten wir das bunte Gemisch aus Touristen, Einheimischen und Marktleuten. Gleich in der Nähe finden wir das **Spielzeugmuseum**, die **älteste Apotheke Deutschlands** und das »**Rote Haus**«. Vom Platz geht es zur **Doppelkirche**, die vom **Dom St. Peter** und der **Liebfrauenkirche** gebildet wird. Unweit liegt das **Landesmuseum** mit einem »**Weinschiff**«. Vorbei an der **Palastaula** radeln wir zum **Amphitheater** und hinaus zu den **Kaiserthermen**.

Tipp: Im **Amphitheater** erzählt **Gladiator Valerius** von »seinem« tödlichen Zweikampf und lässt die Ruinen lebendig werden. Ähnliches können Sie auch in den **Kaiserthermen** erleben.

Los geht´s an der Römerbrücke von Trier am linken Moselufer hinaus nach Pfalzel, wo das älteste Steinhaus Deutschlands am Weg steht. Überhaupt lädt der Ort mit den historischen Gebäuden inmitten der gut erhaltenen Stadtmauer zum Verweilen ein. In Pfalzel müssen wir die Radwegeschilder gut beachten, denn es geht »zackig« durch den Ort und ein Industriegebiet. Vorbei an Ehrang und Quint kommen wir nach Schweich.

Direkt am Radweg liegt der alte **Fährturm**, in der Ortsmitte die **Kirche** und das **Amtshaus**. In Schweich wohnte auch »der Knabe am Brunnen«, der bekannte Schriftsteller Stefan Andres, an den es im Ort viele Erinnerungen gibt.

2.000 Jahre in Stein

Weiter geht´s ab Schweich auf der anderen Moselseite nach Longuich-Kirsch.

Longuich ist der »erste« typische Moselort mit vielen **historischen Häusern**. Der Hit liegt aber außerhalb am Berg – die **Römervilla Villa Urbana** wurde weitgehend restauriert und versetzt uns mit Infotafeln zurück in jene Zeit, als römische Gutsherren diesen schönen Ausblick genossen.

Weiter geht´s via Riol nach Mehring.

Der Ortskern Mehrings liegt am anderen Ufer, doch auf unserer Seite ist mit wenig Kletterarbeit die ebenfalls gut restaurierte **römische Villa** zu erreichen.

Weiter geht´s via Detzem, Thörnich und Köwerich nach Leiwen.

Die Kaisergattin Livia war Namensgeberin für den Ort – für Sie wurde hier eine Sommerresidenz errichtet. Das Gasthaus **»Römisches Weindorf«** steht auf römischen Mauern und bietet ein gutes Weinlokal mit angeschlossener **Vinothek**. Mit viel Schweiß können wir zum Freibad hinauf radeln und vom **Zummet** mit den Füßen im Wasser eine herrliche Sicht genießen.

Kartentipp:
ADFC-Radreiseführer »Mosel-Radweg« 1:50.000, ISBN 978-3-87073-690-3, 14,95 €

72 Im »Rebenmeer«

Von Landau nach Edenkoben

Nirgends ist die Weinanbaufläche größer und liegen die typischen Pfälzer Winzerdörfer enger zusammen als hier. Grund genug, durch diese beschauliche Landschaft zu radeln!

111Touren Info:

32 km, Rundtour meist über Radwege mit einigen kurzen, teils kräftigen Anstiegen.
Start / Ziel: Bahnhof Landau
www.landau.de
www.edenkoben.de

Auf den ehemaligen **Festungsanlagen** wurden einige **Parks** angelegt, was Landau den Beinamen »**Gartenstadt**« einbrachte. Die zeitweilige französische Enklave auf deutschem Gebiet hat sich zu einem Zentrum der Südpfalz gemausert.

Los geht´s vom Bahnhof Landau über die Ostbahnstr. zum Ostpark. Über Ostring und links in den Nordring geht es am **Deutschen Tor** und am **Messplatz** vorbei. In der Kurve radeln wir geradeaus in den Hirschweg, der uns nach Goldramstein bringt. Im Ort radeln wir über »In den Obstgärten«, links auf der Hauptstr., rechts in der Kellereigasse zwischen den **Kirchen** her und auf der Böchinger Str. nach Frankweiler. Bei diesem Ort tangieren wir nur die Randbebauung, um via Gleisweiler nach Burrweiler zu radeln.

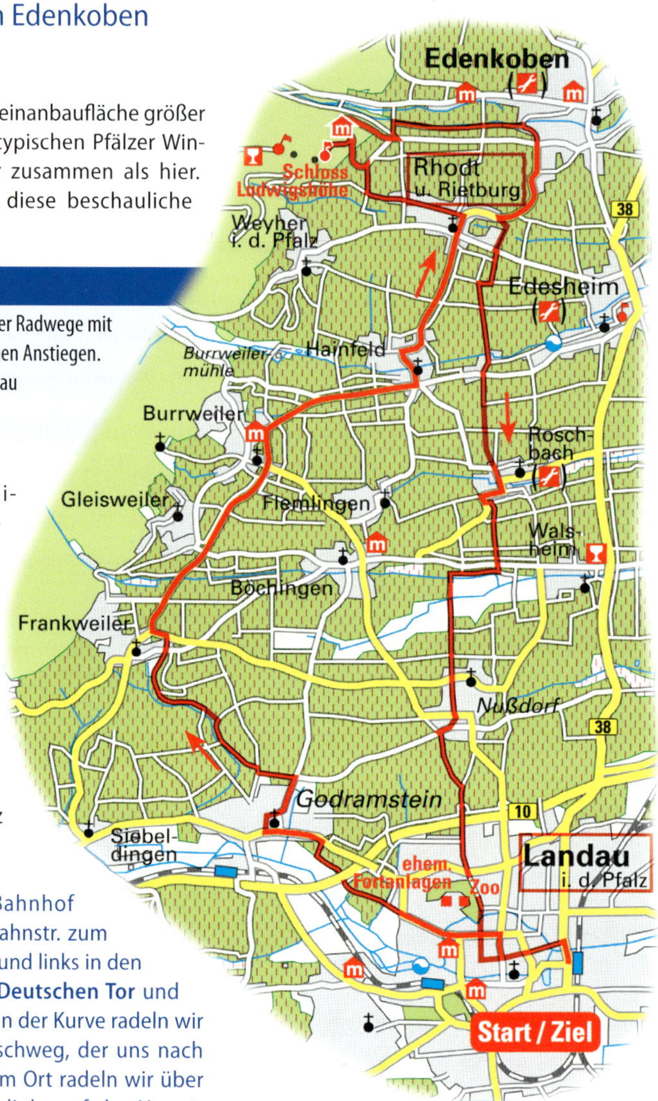

Ein Abstecher in den malerischen Ort lohnt sich, denn die alten **Häuserzeilen**, der **Doppeltorbogen** und das **Amtshaus** werden überragt von der **Pfarrkirche St. Mariä Heimsuchung.**

Wein soweit das Auge reicht (bis Edenkoben)

Weiter geht´s über kleine Straßen via Hainfeld und Rhodt nach Edenkoben.

Tipp: In Rhodt bietet sich ein Umweg an, denn so radeln wir durch das **denkmalgeschützte »Schatzkästlein der Weinstraße«** (Rhodt) zuerst zum **Schloss Villa Ludwigshöhe**, das Ludwig I. »in des Königreiches mildesten Theil« errichten ließ. Wer die Wandmalereien genossen hat, fährt mit dem **Sessellift** hinauf zur Ruine der **Rietburg**. Der Blick schweift von hier über die Rheinebene bis zu Odenwald und Schwarzwald.

Rebenumrankte **Winzerhäuser** und alte **Torbögen**, dazu ein **Weingut** im ehemaligen **Kloster** und der größte deutsche **Holzweinfass-Keller** – der **Luftkurort** Edenkoben ist zu Recht ein beliebtes Ausflugsziel. Kennen Sie Johann Adam Hartmann aus Edenkoben? Der Auswanderer diente J. F. Cooper als Vorbild für seinen Roman »Lederstrumpf«. Gewürdigt wird dies mit dem **Brunnen** im Ort.

Weiter geht´s von Edenkoben zunächst zurück nach Rhodt, am Ortseingang von Rhodt jedoch links in den Weg, der uns via Eckel, Roschbach und Nussdorf wieder retour nach Landau bringt.

Ebenso wie Landau war Nussdorf lange Zeit französisch. In der hübschen **Ortsmitte** warten die **Kirche** und das **»Bauernhaus«.** Von diesem **Fachwerkbau** ging 1525 der pfälzische Bauernaufstand aus.

Kartentipp:
ADFC-Regionalkarte »Rhein/Neckar« 1:75.000,
ISBN 978-3-96990-011-6, 9,95 €
Digital für Smartphones und Tablets: www.fahrrad-buecher-karten.de/rk-digital

73 An der »Blauen Adria«

Von Ludwigshafen nach Speyer

Wir radeln aus dem quirligen Ludwigshafen an der »Blauen Adria«, einem großen Bade- und Erholungsgebiet, vorbei in die Dom- und Kaiserstadt Speyer. Die guten Radwege der Rheinauen versprechen Entspannung pur.

111Touren Info:

46 km, flache Rundtour meist über Radwege, Verkürzung möglich.
Start / Ziel: Bahnhof Ludwigshafen
www.ludwigshafen.de
www.speyer.de

Überraschend: Die größte Stadt der Pfalz ist auch eine der jüngsten. Erst als es als **Winterhafen** für Mannheim genutzt wurde, entwickelte sich das »Tor zur Pfalz«. Die Großindustrie, vor allem die **Chemieindustrie,** fand Gefallen an der jungen Stadt, was den Finanzen nur nutzen konnte. So wurde 1969 der damals modernste **Bahnhof** Europas mit vier Ebenen eröffnet. Der überspannende **Pylon** wurde zum Wahrzeichen der Stadt.

Los geht´s vom Bahnhof Ludwigshafen unter demselben her zum »Ostausgang« und über den Parkplatz auf der Richard-Demel-Str. Parallel der Straßenbahnschienen erreichen wir die Saarlandstr., in die wir rechts abbiegen und immer geradeaus radeln. Die Wälle des benachbarten **Südwest-Stadions** wurden aus dem Kriegsschutt der Innenstadt aufgeschüttet. Durch Mundenheim gelangen wir nach Rheingönheim. Hier biegen wir links in die Kornackerstr., rechts in den Brückweg und fahren von nun an auf dem »R1«. Der »R1« führt uns nun für die nächsten Kilometer ständig in der Nähe des Rheins bzw. dessen Altarmen entlang vorbei an Altrip (entstanden aus einem römischen Kastell) und Otterstadt nach Speyer.

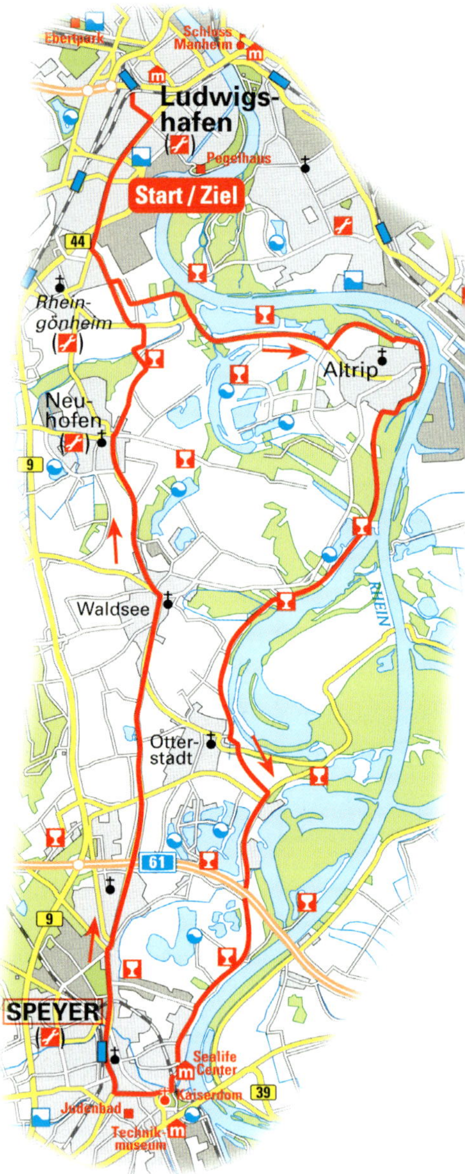

Weinstädte und Rheinstädte

Dom von Speyer

Tipp: Wir radeln direkt durch das **Bade- und Erholungsgebiet »Blaue Adria«,** das viel Gelegenheit zur Abkühlung bietet. Durch den mäandrierenden Rhein und zahlreiche Kiesgruben entstand eine **»Seenplatte«,** die im Sommer viele Besucher anzieht.

Unübersehbar ist der **Dom** von Speyer, der als größter Sakralbau nördlich der Alpen gilt. Den Grundstein legte der erste Salierkaiser Konrad II. im Jahre 1030 – seine **Grabkrone** hängt im Langhaus. Sehenswert ist auch das **Historische Museum** der Pfalz nahe beim Dom, der Funde aus den **Kaisergräbern** zeigt und so die Geschichte dieser 2000 Jahre alten Stadt lebendig werden lässt. Wem das zu »trocken« ist, informiert sich im **Weinmuseum** über die geselligere Historie oder genießt den Rummel in der **Fußgängerzone** bei einem Gasthausbesuch. Den besten Blick auf die Region haben wir vom **Altpörtel,** der am Ende der Maximilianstr. zu finden ist.

Weiter geht´s: Für den Rückweg bieten sich gleich drei Varianten an: Vom Bahnhof mit dem Zug, den selben Weg am Rhein entlang, den wir herkamen, oder ab dem Bahnhof Speyers folgende Strecke: Über Bahnhof- und Waldseer Str. aus der Stadt hinaus Richtung Otterstadt/Waldsee, unter der A 61 hindurch und weiter nach Waldsee. Von dort erreichen wir den Schildern folgend Neuhofen und später Rheingönheim, wo wir nun auf dem Hinweg zurückfahren.

Kartentipp:
ADFC-Regionalkarte »Rhein/Neckar« 1:75.000,
ISBN 978-3-96990-011-6, 9,95 €
Digital für Smartphones und Tablets: www.fahrrad-buecher-karten.de/rk-digital

74 Europas Wiege

Von Konz nach Schengen

111Touren Info:

42 km, Streckentour meist auf befestigten Radwegen bzw. Straßen/Wegen, keine größeren Steigungen, perfekte Wegweisung als Mosel-Radweg

Start: Bahnhof Konz

Ziel: Gedenkstätte Schengen

Info: www.saarland.de

Die Europäische Union ist eine der wichtigsten Errungenschaften der Geschichte: Noch nie war Europa so lange verschont von kriegerischen Auseinandersetzungen, noch nie waren die Grenzen so durchlässig, noch nie gab es ein einheitliches Zahlungsmittel und noch nie rückten die Menschen so eng zusammen. All´ dies geht zurück auf das Abkommen von Schengen. Grund genug, sich diesen historischen Ort als Ziel einer entspannten Mosel-Radtour näher anzusehen.

Unser Start-Ort Konz liegt direkt an der **Mündung** der Saar in die Mosel. Schon die keltischen Treverer siedelten hier auf einer Anhöhe, später gab es unter den Römern hier eine erste Brücke und der römische Kaiser Valerius hatte hier eine Sommerresidenz. Heute ist das bedeutendste Bauwerk die ehemalige **Karthause**, von der noch der Südflügel erhalten ist. Mit etwas „Kletterarbeit" erreichen wir den **Roscheider Hof** mit dem Volkskunde- und Freilichtmuseum.

Los geht´s am Bahnhof von Konz, den wir über die Saar hinweg zum Moselufer verlassen. Hier haben wir Anschluss an den Mosel-Radweg. Der ist bestens ausgebaut und beschildert, so dass wir problemlos durch Oberbillig und Temmels nach Grevenmacher radeln können.

Wir erblicken immer wieder grüne Weinberge und kommen auf dieser Tour durch viele attraktive Weinorte. Schon rasch erreichen wir den kleinen Ort Oberbillig mit seinem „Haus der Fischerei".

Tipp: Die kleine Fähre bringt uns hinüber nach Wasserbillig. Mit 130 m Seehöhe ist es der tiefste Ort von Luxemburg. An der Mündung zur Sauer finden wir eine schöne **Promenade**. Hier beginnt auch ein spannender **Radweg** entlang der Sauer nach Echternach.

Die Rochuskapelle in Nittel ist ein kleines Juwel mitten in den Weinbergen

Die **Pfarrkirche St. Peter** in Temmels überrascht uns mit einem imposanten Altar. Die Wände sind geschmückt mit Bildern, die das Leiden Christi darstellen.

Auf der anderen Uferseite liegt Grevenmacher. Entlang der Gassen entdecken wir einige historische Gebäude. Überragt werden sie von der Kirche. Deren Turm war einst Teil einer **Wehranlage** und diente als Wach- und Zufluchtsturm.

Weiter geht's von Grevenmacher auf deutscher Seite über Nittel, Wehr und Palzem nach Perl bzw. Schengen.

Der hübsche Weinort Nittel hat mit der **Rochus-Kapelle** ein kleines Juwel in den Weinbergen versteckt. Im Zentrum lohnt die **Pfarrkirche St. Martin** einer genaueren Betrachtung. In diesem Abschnitt der Mosel wurde 1957 ein echter „Römerschatz" mit rund 100 Goldmünzen gefunden.

Bei Palzem soll es schon 120 v.Chr. eine Brücke gegeben haben, worüber eine Infotafel am Ufer berichtet. In Palzem beginnt der **Wanderweg „Via Caliga"**, dessen Name auf dem Schuhwerk der römischen Soldaten „fußt". Er verläuft entlang der ehemaligen Römerstraße und ist mit Hinweisschildern ausgestattet.

In Nennig müssen wir unbedingt die ausgeschilderte Römische Villa besuchen. Zwar sind von der Villa nur die Mauern übrig, in einem neu errichteten Gebäude aber wird uns ein 160 qm großer **Mosaikfußboden** präsentiert, der als größtes erhaltenes römisches Mosaik nördlich der Alpen gilt. Sehenswert im Ort sind auch die Pfarrkirche St. Martin und das **Schloss Berg** aus dem 12. Jh.

Die Hauptattraktion von Perl liegt weit oberhalb des Ortes: Die ehemalige **Römervilla Borg** umfasste einst die erstaunlichen Ausmaße von 7,5 ha.

Per Brücke erreichen wir den Ort Schengen. Wenn wir direkt hinter der Brücke zweimal rechts abbiegen, kommen wir zum Museum bzw. zum **Denkmal** für die EU. Am 14.6.1985 unterzeichneten Politiker aus Frankreich, Deutschland und den Benelux-Ländern auf dem Ausflugsschiff „Princesse Marie Astrid" das Schengener Abkommen. Damit war der freie Personen- und Handelsverkehr zwischen den EU-Mitgliedsländern beschlossene Sache.

Kartentipp:
ADFC-Regionalkarte »Trier und Umgebung«
1:50.000, ISBN 978-3-87073-865-5, 8,95 €
Digital für Smartphones und Tablets: www.fahrrad-buecher-karten.de/rk-digital

75 Durch Klein-Venedig

Von Trier nach Merzig

Die Saar begleitet uns auf unserer Tour vom historischen Trier vorbei an der modernen Keramik in Mettlach. Beim Spaziergang durch das herrliche Saarburg oder beim Blick auf die Saarschleife sammeln wir tolle Eindrücke.

111Touren Info:

58 km, flache Streckentour meist über Radwege, perfekte Rad-Wegweisung.
Start: Römerbrücke Trier
Ziel: Bahnhof Merzig
www.saarburg.de
www.merzig.de

Los geht´s unter der Römerbrücke von Trier auf der Altstadtseite der Mosel. Immer an der Mosel lang radeln wir bis Konz mit seiner **Kartause**. Schon vor der Saarmündung trennen sich Mosel- und Saarradweg, wobei wir die Saar zunächst nicht überqueren, sondern am Ufer bis zur letzten Straßenbrücke radeln, um mit dieser den Fluss zu überqueren. Am Ende der Brücke kehren wir ans Ufer zurück, dem wir nun mehrere Kilometer folgen. Von Könen und Ayl-Bibelhausen sehen wir nur wenig – genau wie vom Straßenverkehr, den wir erst wieder bei unserer Einfahrt nach Saarburg etwas spüren.

Hinter der Brücke schräg links der kleinen Gasse folgend erreichen wir bergauf die Ortsmitte, wobei mit **Wasserfall, Wasserrad** und **Mühlenmuseum** schon drei Hauptziele direkt ins Auge fallen. Wer die Blicke losreißen kann, steigt weiter hinauf an der **Pfarrkirche St. Laurentius** und dem »**Amüseum**« vorbei zum **Leukbach**. Beiderseits des Ufers laden besonders idyllische Gaststätten zur Rast.

Tipp: Saarburg ist nicht nur sehens- sondern auch »schleckens-wert«! Machen Sie den Selbstversuch in einem der vielen Eiscafés in der **Altstadt**!

Weiter geht´s von Konz kommend noch vor der Brücke rechts auf die Straße, oben links über die Brücke, dahinter ein paar 100 m geradeaus, dann zweimal rechts, um dem Ufer nach links zu folgen. So geht es vorbei an Serrig mit dem Widderthäuschen, einer alten Grabstätte, zur gleichnamigen Staustufe. Ab hier wechselt der Weg neben die Straße, oft leider nur wenig von dieser getrennt. Auf diese Weise wird Mettlach erreicht.

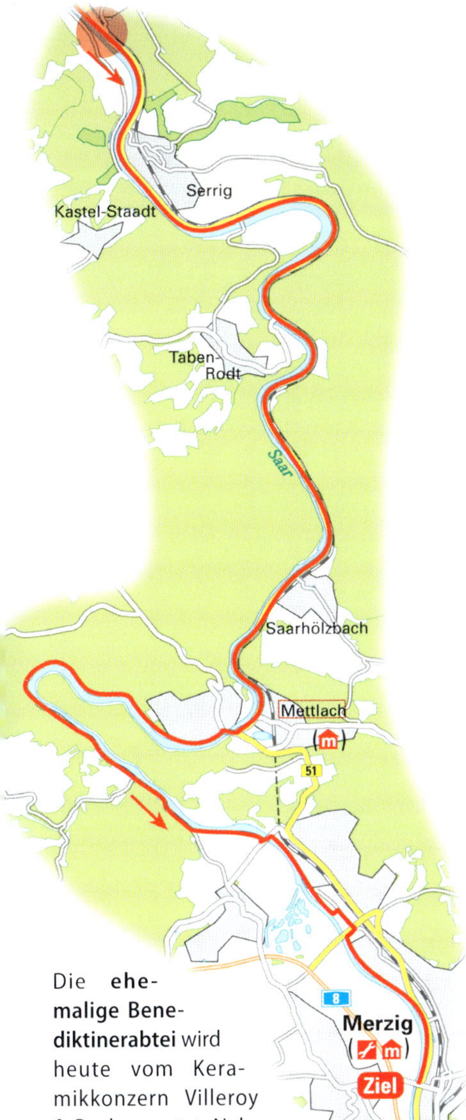

Darf in keinem Fotoalbum fehlen – Saarburgs Wasserfall

Die **ehemalige Benediktinerabtei** wird heute vom Keramikkonzern Villeroy & Boch genutzt. Neben einem **Museum** gibt es auch einen **Werksverkauf**. Im Garten steht der 14 m hohe »**Erdgeist**«, ein Rest der Expo 2000.

Weiter geht´s mit der Straße ans andere Ufer, hinter der Brücke links. Ab der Schleuse trübt nur der rote Staub die perfekte Radel-Idylle der nächsten Kilometer durch die Saarschleife. Ein (beschilderter) Aufstieg zum Cloef ist anstrengend, aber Pflicht, denn nur von diesem Aussichtspunkt ist die Naturpracht der Saarschleife zu erkennen. Nachdem wir für kurze Zeit eine Nebenstraße genutzt haben, geht es mit Uferwechseln zielsicher nach Merzig – der Bahnhof ist ausgeschildert.

Neben der in der Fußgängerzone gelegenen **Pfarrkirche St. Peter** stehen das **alte Rathaus** und einige **alte Bürgerhäuser.** Etwas außerhalb liegt ein **Gehege**, in dem Wölfe naturnah gehalten werden.

Kartentipp:
ADFC-Regionalkarte »Trier und Umgebung« 1:50.000,
ISBN 978-3-87073-865-5, 8,95 €
Digital für Smartphones und Tablets: www.fahrrad-buecher-karten.de/rk-digital

76 Mit Siegfried nach Lorsch

Von Worms nach Bensheim

Ausgehend von Worms folgt die Tour der Nibelungenstraße an den Odenwald. In die Geschichte passt ein Besuch der Abtei Lorsch.

111Touren Info:

60 km, flache Rundtour auf Rad- und Feldwegen.
Start / Ziel: Bahnhof Worms
www.worms.de
www.bensheim.de

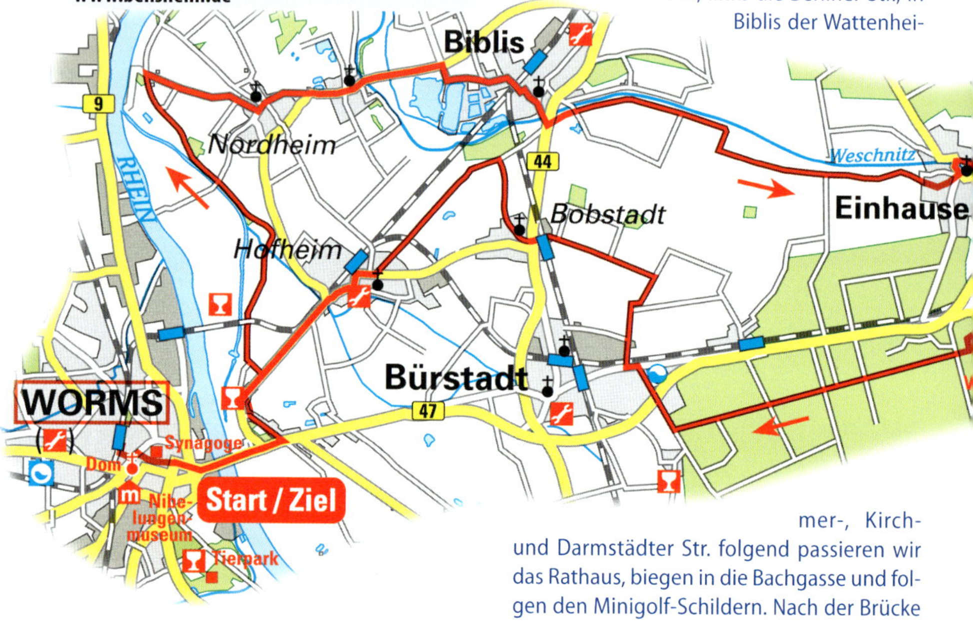

Die Hauptstraßen Worms folgen der römischen »**Civitas Vagionum**«. Auf einem Hügel thronend wacht **Dom St.Peter** über die **Altstadt**, die noch Reste der **Stadtmauer** zeigt. An »unserer« Rheinbrücke erhebt sich das **Nibelungentor**.

Los geht´s vom Bahnhof durch die Wormser Innenstadt (teils Fußgängerzone) zum Rheinufer (ab Post über die Hauptstr.). Über die aussichtsreiche **Nibelungenbrücke**, links in die Rheingoldstr., dann auf dem Radweg rechts zur **Siedlung Wehrzollhaus**. An der Hofheimer Str. wenden wir uns rechts, 300m später links und kommen zum **Rheindamm**, dem wir bis zum Luisenhof folgen. Vor dem Hof rechts nach Nordheim auf Schlehgasse und Wattenheimer Str. Auf der Rheinstr. durch Wattenheim, links die Berliner Str., in Biblis der Wattenheimer-, Kirch- und Darmstädter Str. folgend passieren wir das Rathaus, biegen in die Bachgasse und folgen den Minigolf-Schildern. Nach der Brücke links, es folgt eine idyllische Strecke entlang der Weschnitz bis Einhausen. Heinrich-Fey-, Peter-, Rhein-, Ludwig- und Bensheimer Str. bringen uns zur Wattenheimer Brücke. Dahinter folgen wir dem Wirtschaftsweg nach Bensheim, dessen City wir über die Schwanheimer Str. erreichen.

Dem Bensheimer Stadtpatron, dem Heiligen Georg, ist die **Pfarrkirche** geweiht. Auf dem Marktplatz davor sehen wir sein **Standbild**. Umrahmt wird die Kulisse von herrlichen **Fachwerkbauten**, die ihre Wurzeln in ehemaligen Adelshöfen haben.

Tipp: Am **Rinnentor** finden wir Reste der Stadtmauer, die einst den Weinort umgab.

Weiter geht´s über die Heidelberger- und Weinheimer Straße über die B3, unter der Bahn her und dann parallel der Bahngleise nach Lorsch.

Auf den Spuren der Nibelungen

Das Kloster Lorsch war einst eines der mächtigsten mittelalterlichen Klöster, von dem Teile des Kirchenschiffs und die Königshalle übrig sind. Das Kloster wird im Nibelungenlied als Ruhestätte Siegfrieds und als Begräbnisstätte der Burgunderkönige genannt. Und: Als Dichter des Heldenepos wird Sighard, im 12. Jhd. Abt von Lorsch, vermutet.

Weiter geht´s vom Marktplatz über die Nibelungenstraße, hinter der Autobahn links-rechts, nach dem gewundenen Weg auf der Krummschneise, dann über die Tiergartenschneise Richtung Bürstadt. Am Ende der Schneise rechts in die Wasserwerkstr., weiter via Lampertheimer- und Forsthausstr. durch den Ort. Weiter nach Bobstadt, das wir auf Viehweg, Berg-, Waldstr. und Pfaffenaue durchradeln. Vom Bibliser Weg in Hofheim rechts in die Backhausstr., am Rathaus rechts in die Lindenstr. Ab hier den Hinweg wieder retour.

Kartentipp:
ADFC-Regionalkarte »Rhein/Neckar« 1:75.000,
ISBN 978-3-96990-011-6, 9,95 €
Digital für Smartphones und Tablets: www.fahrrad-buecher-karten.de/rk-digital

77 Am Neckar entlang

Von Mannheim nach Heidelberg

Die Tour entlang des Neckars verbindet die beiden kurpfälzischen Residenzstädte Mannheim und Heidelberg und schlägt gleichzeitig die Brücke zwischen zwei imposanten Schlössern.

111Touren Info:

48 km, flache Rundtour auf Radwegen.
Start / Ziel: Kurpfalzbrücke Mannheim
www.mannheim.de
www.cvb-heidelberg.de

Weiter geht´s über die Neckarbrücke und in großem Bogen nach Ivesheim, das wir über Brücken-, Schloss- und Ladenburger Straße am Schloss vorbei durchqueren. Am Ufer entlang erreichen wir Ladenburg auf der Bahnhofstraße.

Tipp: Es lohnt sich, den Schildern in die **Altstadt** zu folgen, die von **Fachwerkhäusern** geprägt wird, aus denen die **St. Galluskirche** empor ragt. **Hexenturm** und **Martinstor** sind Reste der Stadtbefestigung.

Weiter geht´s vom Rathausplatz über die Neckarstraße zum Radweg am Ufer.

Die Innenstadt Mannheims wurde um die 1606 erbaute **Festung** herum in exakten Quadraten angelegt. Die Fassade des größten **Barockschlosses** Süddeutschlands misst satte 450 m. Um den Marktplatz gesellen sich das **alte Rathaus** und die **Untere Pfarrkirche**.

Los geht´s an der Mannheimer Kurpfalzbrücke. Stets am Südufer des Neckar entlang geht es unter mehreren Brücken her nach Seckenheim.

Nach wechselhafter Geschichte drohte das **Seckenheimer Schloss** zu verfallen, ehe es in den 1960er Jahren restauriert wurde.

Mit kleinen Schlenkern hinter Schwabenheim und am Schwimmbad bleiben wir meist am Ufer und kommen am **Zoo** vorbei. Die Schilder bringen uns zielsicher in die Heidelberger Altstadt.

Die vielen Touristen können nicht irren – Heidelberg ist eine Reise wert!

Pracht im Überfluss

Ein tolles Motiv bietet schon die »**Alte Brücke**« mit **Altstadt** und Schloss im Hintergrund. Nach dem Altstadt-Bummel geht es am besten per pedes hinauf zum **Schloss**, das seit 1683 Ruine ist. Das **Apothekermuseum** bestätigt wieder den Ruf der »Ärztestadt«, während wir vom Schloss aus die herrliche Aussicht genießen.

Tipp: Sie haben sich in der Altstadt zu lange den Schwärmereien hingegeben? Kein Problem – Sie können auch einfach mit der Bahn nach Mannheim zurück fahren.

Weiter geht´s zurück am Neckar – der Abwechslung halber auf der Altstadtseite flussabwärts und immer in Ufernähe. Auf dem Neckardamm erreichen wir hinter Edingen Neckarhausen mit einem weiteren **kurpfälzischen Schloss**. Auf der Haupt- und Seckenheimer Straße radeln wir nach Seckenheim und von dort unseren Hinweg retour.

Kartentipp:
ADFC-Regionalkarte »Rhein/Neckar«
1:75.000, ISBN 978-3-96990-011-6,
9,95 €

Digital für Smartphones und Tablets: www.fahrrad-buecher-karten.de/rk-digital

78 Vom Schloss zur Residenz

Von Bad Mergentheim nach Weikersheim

Das breite, sonnige Taubertal wird hier »Taubergrund« genannt. Auch wir gehen der Sache auf den Grund und radeln gleich durch verschiedene liebliche Täler zum Stammsitz des Hauses Hohenlohe.

111Touren Info:

35 km, Rundtour meist über Radwege und Nebenstraßen, eine längere Steigung, Straßen- und Radwegweisung.
Start / Ziel: Bahnhof Bad Mergentheim
www.bad-mergentheim.de

Los geht´s vom Bahnhof links in die Poststr., über die Bahn, am Kreisel geradeaus und bei der Tauberbrücke rechts auf den Radweg »Liebliches Taubertal« Richtung Weikersburg. Am nachfolgenden Weg liegen die Sport- und Kuranlagen sowie der Kurpark. Via Igersheim durchradeln wir zuerst den alten Weinort Markelsheim (mit einem Weinlehrpfad) und dann parallel zur Bahn nach Elpersheim. Durch das Naturschutzgebiet Mutzenhorn gelangen wir nach Weikersheim.

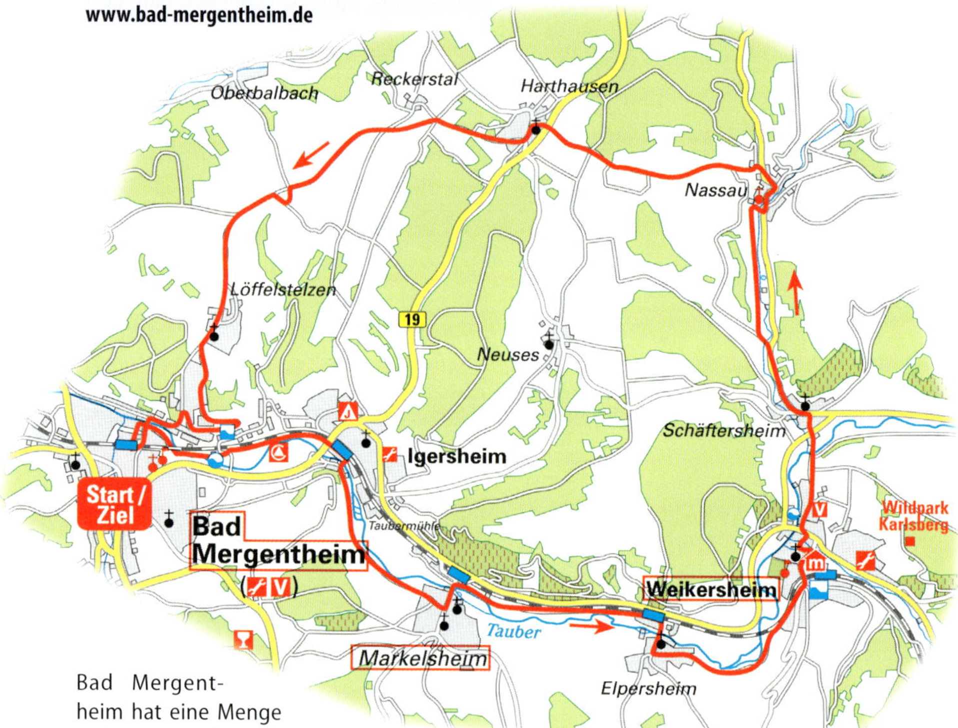

Bad Mergentheim hat eine Menge zu bieten – neben dem **Kurviertel** mit seinen **Solequellen** gilt es vor allem, das **Schloss** mit seiner **Kirche** anzusteuern. Wir haben beides dem 600 Jahre hier ansässigen Deutschen Orden zu verdanken.

Auf unserer Fahrt konnten wir neben uns an den Hängen die typische Landschaft mit **Steinriegeln, Hecken, Trockenwiesen** und

„Stilvoll" – das Schloss Weikersheim

Blüten bewundern. Die Steine wurden von Bauern und Winzern zusammengetragen, um als »Heizungen« für Pflanzen und Tiere zu dienen. Hauptziel in Weikersheim ist das **Renaissanceschloss**, das uns mit dem **Barockgarten, Alchemie-Museum** und den **prachtvollen Innenräumen** verzaubert. Jedes Jahr gibt es hier mit der »jeuness musicales« eine Akademie für junge Musiker. Aber auch den Ortskern mit **Dorfmuseum, Pfarrkirche** und **Marktplatz** sollten wir uns nicht entgehen lassen.

Tipp: An dieser Stelle können wir die Tour zur »Hohenloher Residenzen-Tour« ausweiten, indem wir durch das Vorbachtal über Schrozburg nach **Langenburg** radeln. Von hier aus ist auch eine weitere Exkursion bis **Rothenburg o.d.T.** möglich.

Weiter geht´s durch das Taubertal nach Schäftersheim, wo wir kurz die Straße nutzen, ehe wir links ins Tal des Nassauer Bachs abbiegen. Wir radeln durch Nassau mit seiner Kirche und deren frühgotischen Fresken und weiter Richtung Bernsfelden. Am Ortsende links hinauf an den Lichthöfen entlang nach Harthausen. Hier radeln wir links, dann rechts auf der Straße und gelangen zum Wegkreuz mit den Vierzehn Heiligen. Weiter schräg links, quer über die Straße Richtung Igersheim, bleiben wir auf dem Berg, umrunden eine Militäranlage und erreichen Löffelstelzen.

Der **Turm** der **Kirche** von Löffelstelzen dient zugleich als **Wasserturm** für den hoch gelegenen Ort.

Weiter geht´s in entspannter Fahrt durch das Kur- und Klinikviertel von Bad Mergentheim und von der Ortsmitte aus retour zum Bahnhof.

Kartentipp:

ADFC-Regionalkarte »Würzburg/Fränkisches Weinland« 1:75.000, ISBN 978-3-87073-742-9, 8,95 €

Digital für Smartphones und Tablets: www.fahrrad-buecher-karten.de/rk-digital

79 Das Enztal – naturbelassen und renaturiert

Von Pforzheim nach Vaihingen

Alte und neue Räder treffen Fachwerk

Im Laufe der Jahrmillionen hat sich die Enz ein malerisches Tal in den Muschelkalkfelsen gegraben. Grund genug, zu Füßen der Weinberge eine entspannte Radeltour zu unternehmen.

111Touren Info:

34 km, Streckentour ohne größere Steigungen meist auf Radwegen.
Start: Bahnhof Pforzheim
Ziel: Bahnhof Vaihingen
www.stadt-pforzheim.de

Rund um die **Schloß- und Stiftskirche St. Michael** ragen in Pforzheim viele schöne Gebäude empor. In der Goldschmiedestadt darf auch ein Schmuckmuseum nicht fehlen.

Los geht´s am Bahnhof Pforzheim durch die Unterführung zur Schlosskirche, den Schlossberg hinunter, 1. Ampel rechts in die Fußgängerzone (!). An den Rathäusern vorbei, links unter Hauptstr. her zur Enz. Wir folgen der

Enz flussabwärts bzw. den Radschildern nach Vaihingen.

Die am Weg liegende **Altstädter Kirche St.Martin** ist das älteste Gebetshaus der Stadt, die nahe liegende **Faith Moschee** das jüngste. Der schöne Park ist Überbleibsel der Landesgartenschau.

Weiter geht´s durch Eutingen, die Radschilder lassen uns das Ufer zweimal wechseln, die Enz bleibt aber stets in der Nähe, bis Mühlacker erreicht ist.

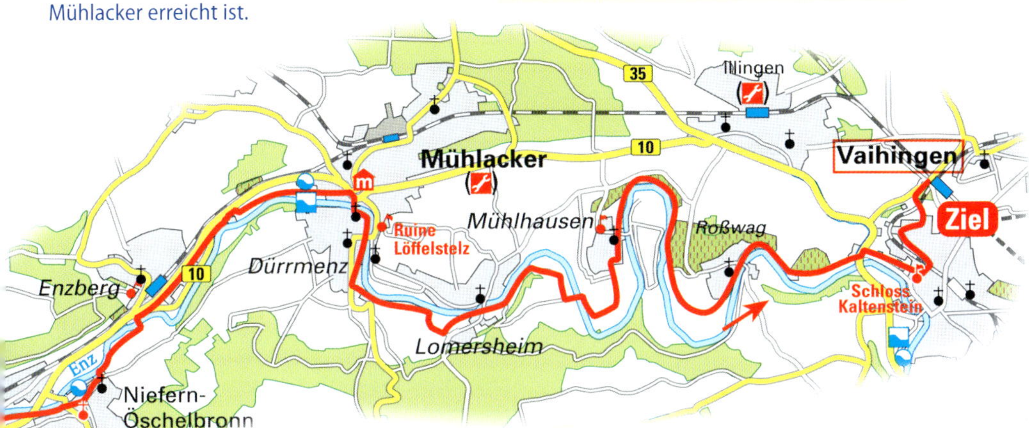

Die Ortsmitte markiert die **Mönchskelter**, das moderne **Rathaus** und das **Heimatmuseum**, in dem wir alles Wissenswerte zur Region erfahren.

Weiter geht´s durch den schönen **Fachwerkort** Dürrmenz entlang der Enz. Auf dem anderen Berg wacht die Ruine **Löffelstelz** über uns. Nach weiterer Flussquerung radeln wir bei Mühlhausen durch einen sehr schönen Abschnitt. Über Roßwag ist Vaihingen, teils auf Straßen, teils auf Nebenwegen, schnell erreicht. Hinter der Enzbrücke die Landstraße nach schräg links verlassen. Über den Alten Postweg und die Schlossbergstrasse geht es hinauf zum **Schloss Kaltenstein**.

Das **Schloss** thront würdevoll über der **Altstadt**, die am besten zu Fuß erreicht wird. Das reich verzierte **Rathaus** beherrscht den **Marktplatz**.

Tipp: Abkühlung für die Kinder bringt das Planschen am Bürgerbrunnen in der Stuttgarter Straße.

Weiter geht´s von der Schlossbergstraße über die Nebenbahn. Nach der Brücke links in die Marienburger Straße, an deren Ende rechts, später links über drei Gleise (!) und nochmals links Am Fuchsloch. Nach steiler Abfahrt passieren wir die Hauptstraße, nach einem kurzen Anstieg hinter dem **KZ-Friedhof** haben wir den Bahnhof erreicht.

Kartentipp:
ADFC-Regionalkarte »Stuttgart E-Bike-Region« 1:75.000,
ISBN 978-3-87073-971-3, 9,95 €
Digital für Smartphones und Tablets: www.fahrrad-buecher-karten.de/rk-digital

80 Rekordverdächtig

Von Stuttgart nach Bad Cannstatt

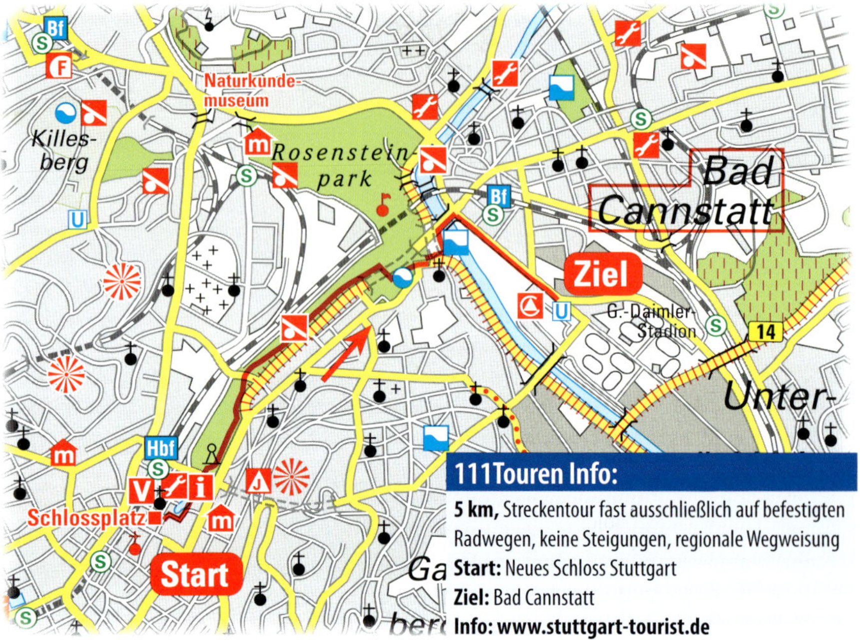

111Touren Info:

5 km, Streckentour fast ausschließlich auf befestigten Radwegen, keine Steigungen, regionale Wegweisung

Start: Neues Schloss Stuttgart

Ziel: Bad Cannstatt

Info: www.stuttgart-tourist.de

Wie - nur 5 Kilometer? Ja, aber wirklich besondere 5 km! Wir radeln mitten in der Neckar-Metropole abseits des Straßenverkehrs auf perfekten Wegen, tangieren Schlösser, eine Sternwarte, erleben Einkehrmöglichkeiten im satten Grün und können am Ende kuren oder Autogeschichte erleben.

Stuttgart ist nicht „nur" die Landeshauptstadt von Baden-Württemberg: Nein, Stuttgart ist auch ungemein abwechslungsreich. Das bekommen wir schon direkt an unserem Tourstart zu spüren und zu sehen: Der **Schlossplatz** erfreut sich bei Einheimischen und Touristen stets großer Beliebtheit. Es ist aber auch einfach schön hier: Auf dem weitläufigen Platz haben alle mehr als genug „Auslauf", die beiden großen **Springbrunnen** und der Pavillon bieten tolle Fotomotive, rundherum locken Biergärten und Cafés zur Einkehr. Historische Gebäude gibt es, wohin man sieht. Sie bieten Kurzweil und Kultur satt, unter ihnen das **Neue Schloss**, das Landesmuseum Württemberg, die **Alte Kanzlei**, das Kunstmuseum und der **Württembergische Kunstverein**. Nur ein paar Schritte am Landesmuseum vorbei erhebt sich die **Stiftskirche**, direkt daneben liegt das spannende Musikinstrumenten-Museum.

Los geht´s auf dem Schlosspark von Stuttgart, den wir durch den Oberen Schlossgarten verlassen. Mit der Brücke queren wir die breite Straße und radeln rechts am Hauptbahnhof vorbei. Hinter dem Planetarium erreichen wir den Mittleren Schlossgarten, wo wir den rechten der Wege wählen.

Entspannung pur mitten in der Großstadt: Im Stuttgarter Schlosspark ist das möglich

Im **Oberen Schlossgarten** sehen wir uns einige **Wasserspiele** an, während sich im Hintergrund die Staatsoper erhebt. Den Stuttgarter Hauptbahnhof, der beim unterirdischen Umbau unter dem Arbeitstitel „Stuttgart 21" für Schlagzeilen sorgte, lassen wir links liegen und kommen am **Planetarium** vorbei.

Als nächstes durchradeln wir den **Mittleren Schlossgarten** mit einigen Statuen und einem großen Teich.

Weiter geht´s vom Mittleren in den Unteren Schlossgarten, wobei wir zwei Wege zur Auswahl haben, die beide leicht abfallend sind. Bei der U-Bahnhaltestelle „Mineralbäder" queren wir die Gleise und bleiben direkt rechts daneben. So gelangen wir am „Leuze" vorbei auf die Brücke. Auf der anderen Uferseite folgen wir dem Radweg neben der vierspurigen Straße und kommen zum Haltepunkt Cannstatter Wasen, wo die Tour endet.

Im **Unteren Schlossgarten** können wir einkehren und die Kinder haben Gelegenheit, sich auf dem Spielplatz auszutoben. Wir rollen durch üppiges Grün und immer an Wasserläufen oder Teichen vorbei. Die Idylle lässt uns vergessen, dass wir immer noch mitten in einer Großstadt radeln. Das **Mineralbad Leuze** gibt es an dieser Stelle schon seit 1842. Das Wasser stammt aus den Stuttgarter Mineralquellen, die jeden Tag 43 Millionen Liter Wasser liefern.

Wenn gerade keine Veranstaltung ist, werden die Dimensionen des Festplatzes „**Cannstatter Wasen**" erst so richtig deutlich. In der Mitte des Platzes gibt es natürlich auch das Wahrzeichen dazu.

Tipp: Am Ende der Neckarbrücke lohnt sich ein kurzer, beschilderter Abstecher ins Herz von Bad Cannstatt. Wir merken, dass wir im ältesten Stadtteil Stuttgarts und zugleich in einem Kurort sind: Zu Füßen der Stadtkirche finden wir den alten **Kursaal**, historische Villen, Schlösser und das „**Klösterle**". Dieses putzige Fachwerkhaus wurde schon 1463 errichtet.

Am Ende des Festplatzes liegen das Fußballstadion, weitere große Sportanlagen und in deren Mitte ein guter Biergarten. Nur wenige Kurbelumdrehungen weiter erreichen wir das **Mercedes-Benz-Museum**, das nicht nur Autofans begeistert: In dem futuristischen Bau folgen wir der Geschichte des Automobils vom ersten Motor bis zu den modernen Luxuskarossen.

Kartentipp:

ADFC-Regionalkarte »Stuttgart E-Bike-Region« 1:75.000,
ISBN 978-3-87073-971-3, 9,95 €

Digital für Smartphones und Tablets: www.fahrrad-buecher-karten.de/rk-digital

81 Studenten, Bischöfe und ganz viel Grün

Von Tübingen nach Rottenburg

Die berühmte Uni-Stadt Tübingen ist Ausgangspunkt für unsere Tour durch ruhige Natur. Damit es nicht langweilig wird, garnieren wir unseren Ausflug mit einem Besuch der Bischofsstadt Rottenburg.

111Touren Info:

44 km, Rundtour meist über Rad- und Wirtschaftswege, ein Teilstück auf Landstraße, eine längere Steigung, Straßenwegweisung.
Start/Ziel: Bahnhof Tübingen
www.tuebingen.de

Tübingen hat durchaus mehr zu bieten als »nur« Studenten. Aus dem **mittelalterlichen Stadtbild** ragen am **Marktplatz** der **Neptunbrunnen** und das **Rathaus** heraus. Vom **Hölderlinturm**, einem Rest der **Stadtmauer,** schweift der Blick über das **Schloss**, in dem heute Teile der Uni und ein **Museum** untergebracht sind. Ein Treffpunkt nicht nur für frisch Verliebte ist das **Seufzerwäldchen.** Wer über den Dingen stehen mag, besteigt den 56 m hohen **Turm** der **Stiftskirche**.

Los geht´s vom Bahnhof Richtung Innenstadt, links um den Anlagensee und weiter den Wegweisern »Unterjesingen-Hagelloch« folgend. Vor dem Tunnel biegen wir links in die Neckarhalde ein, um über einen Wirtschaftsweg die Straße nach Hirschau zu erreichen.

In Hirschau radeln wir auf der Hauptstr. und weiter in ein Industriegebiet, wo wir in einer Rechtskurve links abbiegen. Der nachfolgende Weg bringt uns nach Rottenburg.

Über 2000 Jahre alt sind die verwinkelten **Gassen** dieses **mittelalterlichen Städtchens**. Wahrzeichen ist der **Turm** des **Doms St. Martin**, doch auch das **Diözesanmuseum** und das **Römische Museum** sollten wir uns nicht entgehen lassen.

Tipp: Bei unserer Tour können wir einen Blick auf ein weiteres Ausflugsziel erhaschen: Über dem Ort liegt die **Wurmlinger Kapelle** mit einer **romanischen Krypta,** allerdings ist sie mit einem schweißtreibenden Aufstieg auf 475 m Höhe verbunden.

Weiter geht´s über den Neckar mittels Radel- und Fußgängerbrücke und dahinter rechts zur Hauptstr. Nach Wechseln der

Menschen und Trauben lieben die warmen Hügel am Neckar

Straßenseite über die Obere Brücke zur abknickenden Vorfahrt, dort radeln wir links in die Neckarhalde und am rechten Ufer stadtauswärts. Nach 500 m folgen wir links dem Schild »Zur Bronnmühle« und gelangen zu einer idyllischen Strecke am Neckarufer. Via Obernau und Bierlingen rollen wir zurück zum Rottenburger Marktplatz.

Hinter diesem fahren wir geradeaus über die Kreuzung und weiter auf der Sülchenstr. Richtung Wurmlingen.

Am Friedhof finden wir die **Sülchenkirche**, in der die Bischöfe von Rottenburg bestattet wurden. Die Kirche selbst geht bis in das 6. Jhd. zurück, der heutige Bau stammt zu meisten Teilen aus dem 16. Jhd.

Weiter geht´s auf dem Radweg neben der Landstraße nach Wurmlingen, wo wir an der Ampel die Straße nach Tübingen queren, ein Stück geradeaus, rechts und gleich wieder links abbiegen, um durch ein Wohngebiet bergauf zu schnaufen. Oben biegen wir rechts ab, genießen die Aussicht und die Talfahrt ins Ammertal. Unten erreichen wir den Radweg nach Tübingen, dessen Schilder uns zielsicher zurück ins Ortszentrum bzw. zum Bahnhof geleiten.

Kartentipp:

ADFC-Regionalkarte »Tübingen/Reutlingen/Stuttgart Süd« 1:75.000,
ISBN 978-3-87073-964-5, 9,95 €

Digital für Smartphones und Tablets: www.fahrrad-buecher-karten.de/rk-digital

82 In die Schwarzwald-Idylle des Elztales

Von Freiburg nach Elzach

Mitten im Schwarzwald hat sich die Elz eine tiefe Furche gegraben. Die idyllische Strecke steigt stetig leicht an und bietet viel Raum für Naturerlebnisse. Wer es leichter mag, fährt mit der Bahn nach Elzach und rollt die Tour in anderer Richtung wie beschrieben bergab.

111Touren Info:

32 km, Streckentour, auf der gesamten Strecke um rund 150 m steigend, meist auf Wirtschaftswegen oder Nebenstraßen.
Start: Hauptbahnhof Freiburg
Ziel: Bahnhof Elzach
www.freiburg.de

Los geht´s ab Bahnhof Freiburg über Bismarckallee, Stefan-Maier-Str., geradeaus auf die Händelstr., Burgdorfer Weg, Wildtalstr., Pochgasse, Höheweg, Zähringer Weg, Wolfsgrubenweg und zwischen Schienen und Feldern zum Bahnhof Gundelfingen. Via Glotterpfad, Waldstr., durch Denzlingen auf Mühlengasse und Rosenstr., dann Schwarzwald-, Hindenburg-, Bahnhofstr. zum Elztalradweg. Ab hier folgen wir diesen Schildern bis Buchholz.

In der Häuserzeile der Alten Dorfstraße steht das nach Art schweizer Landhäuser erbaute **Schloss**. Wer zur rechten Zeit hier ist, wird genießen, dass Buchholz für seine **Erdbeerfelder** bekannt ist.

Weiter geht´s durch Buchholz auf der Schwarzwald-, Alte Dorf- und Fohrenbühlstr. zum Rebberg. An Schützenhaus und Spielplatz vorbei nach Batzenhäusle und weiter nach Waldkirch.

Zu Füßen des 1242 m hohen Kandel liegt der **Kneippkurort** Waldkirch mit seinem **mittelalterlichen Marktplatz**. Barocke Träume bietet die **Stiftskirche St. Margaretha**, nebenan informiert das **Elztalmuseum**. In den **Kuranlagen** können wir unsere müden Radlerbeine pflegen.

Natur und Kultur verbindet die Elz

Tipp: Kinder werden die Streicheltiere im **Schwarzwaldzoo** lieben, die Eltern werden merken, dass es hier mehr Eulen gibt als in den meisten anderen Zoos Europas.

Weiter geht´s den Radschildern folgend parallel zur Elz an der **Carolus-Kirche** vorbei und nach einem Schlenker unterhalb der **Kastelburg** wieder zurück ans Ufer bis Kollnau.

Der **Sailerjörgenhof** ist ein gut erhaltener Bauernhof im alten Schwarzwälder Stil.

Weiter geht´s vom Ufer weg - die Schilder geleiten uns später mit einer **Gusseisenbrücke** über die Wilde Gutach in den gleichnamigen Ort, der von den Gebäuden der Seidenspinnerei geprägt wird. Hinter Bleibach geht es etwas bergauf, bevor Oberwinden erreicht wird. Nach einem Stück Landstraße wird rasch Elzach erreicht. Am Bahnhof endet unsere Tour.

Elzach wird geprägt von hübschen **Schwarzwaldhöfen** und seiner **St.Nikolaus-Kirche**. Der Luftkurort bietet Gelegenheit, nach der Tour gut durchzuatmen.

Kartentipp:
ADFC-Regionalkarte »Freiburg und Umgebung« 1:75.000,
ISBN 978-3-87073-914-0, 8,95 €

Digital für Smartphones und Tablets: www.fahrrad-buecher-karten.de/rk-digital

83 Villen, Alleen und Aussichten

Freiburg-Rundfahrt

Nach dem Sightseeing in der Innenstadt radeln wir abseits der Touristenpfade in aussichtsreicher Lage zur Zähringer Burg. Villen und Parks geleiten uns wieder herab ins quirlige Freiburg.

111Touren Info:

19 km, Rundtour auf meist befestigten Straßen/Wegen, eine leichte und eine lange Steigung beim Abstecher.

Start / Ziel: Münsterplatz Freiburg

www.freiburg.de

Dicht gedrängt liegen in Freiburg hochkarätige Sehenswürdigkeiten wie das **Colombischlössle**, das Ensemble um den **Rathausplatz** oder das **Münster** zusammen.

Los geht´s vom Münsterplatz zur Herrenstraße. Auf den Zinnen weiter über Leopoldring und Jakob-Burckhardt-Straße in die **Allee** namens Hochmeisterstraße.

Rund um die barocke **Michaelskapelle** stehen auf dem **Alten Friedhof** viele künstlerisch gestaltete Grabmale berühmter Persönlichkeiten.

Weiter geht´s vorbei an alten Villen via Immental- und Winterer Straße zum Uni-Wald. Nun den Schildern »Radrundweg« am Hang entlang folgen und die herrlichen **Ausblicke** genießen. Über Eichhalde, Rötebuckweg, Harbuckweg und einem Waldweg zur Pochgasse.

Tipp: Den Schildern folgend können wir hier einen Abstecher bergauf zur **Zähringer Burg** machen. Vom zinnengekrönten **Bergfried** schweift der Blick weit über das Land.

Weiter geht´s die Pochgasse herab und über Wildtalstraße, Burgdorfer Weg, Hinterkirch-, Händel-, Richard-Wagner-, Brahms-, Ocken- und Lerchenstraße zum **botanischen Garten**. Via Weiherhof-, Wölflin-, Habsburger-, Tennebacher-, Stefan-Maier-Straße zum Tennenbacher Platz. Weiter über Lortzing-, Heiliggeist-, Hohenzollernstraße, ab hier den Schildern Richtung Stadtmitte/Stühlinger folgen.

Die Kirchtürme des **Stühlinger Doms** sind umstanden von schmucken Häusern aus der **Gründerzeit**.

Weiter geht´s über Eschholz-, Wanner-, Stühlinger-, Wentzinger Straße und Blaue Brücke zum Konrad-Adenauer-Platz. Via Wilhelm- und Belfordstraße, Werderring, Rempart-, Kaiser-Josephstraße und Gerberau zum Augustinerplatz und weiter in die Salzstraße.

An den Resten der **Stadtmauer** liegt das **Augustinerkloster**, dessen Räume teils als Museum genutzt werden. Die **Eiche** am Oberlindenbrunnen wurde vor mehr als 250 Jahren gepflanzt.

Weiter geht´s von der Salzstraße über die Herrenstraße vorbei zurück zum Münster.

Buntes Markttreiben in Freiburg

Kartentipp:

ADFC-Regionalkarte »Freiburg und Umgebung« 1:75.000,
ISBN 978-3-87073-914-0, 8,95 €

Digital für Smartphones und Tablets: www.fahrrad-buecher-karten.de/rk-digital

84 Zu den ungleichen Zwillingen

Von Neustadt nach Freiburg

Die Höllentalbahn bringt uns von Freiburg nach Neustadt. Per Rad schnaufen wir den Thurner hinauf, ehe es mit herrlichen Ausblicken wieder zu Tal geht.
Neustadt markiert das geschäftige **Zentrum des Hochschwarzwaldes**. Die Türme des **Münsters St. Jakobus** sind unübersehbar.

Entspannung im Biergarten

111Touren Info:

48 km, Streckentour auf Landstraßen, Nebenstrecken und Radwegen, im ersten Drittel längere, teils starke Steigung.
Start: Bahnhof Neustadt
Ziel: Bahnhof Freiburg
www.freiburg.de

Los geht´s ab Bahnhof Titisee-Neustadt über Bahnhof-, Gutach-, Freiburger- und Jostalstr. auf der ansteigenden Straße.

An der **Thurner-Kapelle** vorbei geht es hinunter über die Straße nach St. Märgen.

Am Josenhof/Bushalt Eckbach links in den Eckbachweg. Richtung Breitnau-Bruckbach über den Bach, an einsamen Gehöften vorbei zum Dominikhof. Dahinter rechts hinauf Richtung Thurner. Am Holzhof ist der **höchste Punkt der Tour (1.032 m)** erreicht. Ausblicke und Ruhe entschädigen die fehlende Puste.

Weit sichtbar sind die beiden Zwiebeltürme des ehemaligen **Klosters**, das im Innern wertvolle Kirchenschätze beherbergt. Abseits des Ortes führen 14 Kreuzwegstationen zur **Judas-Thaddäus-Kapelle**.

St. Märgen – Schwarzwald zum Anfassen

Weiter geht´s aus der Ortsmitte heraus über die Glottertalstr. Die Schwarzwald-Panorama-Straße macht ihrem Namen alle Ehre und bringt uns in teils steiler Abfahrt nach St. Peter.

Auch St. Peter wird von seiner **doppeltürmigen Barockkirche** dominiert, ohne aber seinen **ländlichen Charakter** zu verlieren.

Tipp: Wer mag, kann durch das berühmte **Glottertal** zurück nach Freiburg radeln. Wegen der steilen Abfahrt und des großen Verkehrsaufkommens sollte dies aber gut überlegt sein.

Weiter geht´s von der Bushaltestelle in St. Peter rechts (Roter Weg) dem Schild Lindenberg folgend hinauf. Die Eichwaldstr. geradeaus, denn steile (!) Serpentinen-Abfahrt durch den Wald nach Ibental. Am Ibenbach entlang, ab Hofacker auf dem Radweg, geht es nach Burg, ab wo wir den Schildern des Dreisamtal-Radweges folgen können. An der Dreisam entlang, später am Stadion vorbei via Horchweg, Hindenburgstr., Kronenbrücke, Schreiberstr., Werderring, Belfort- und Wilhelmstr. zum Bahnhof in Freiburg.

Kartentipp:

ADFC-Regionalkarte »Freiburg und Umgebung« 1:75.000,
ISBN 978-3-87073-914-0, 8,95 €

Digital für Smartphones und Tablets: www.fahrrad-buecher-karten.de/rk-digital

85 Ganz schön blau, der Blautopf

Von Ehingen nach Ulm

Unsere Tour gilt als Geheimtipp, um die »ausgefahrene« Haupt-Donauroute zu umfahren. Mit wenig Anstrengungen radeln wir nördlich der Donau durch Blaubeuren und sehen uns nicht nur eine schöne Altstadt, sondern auch eine geologische Rarität an.

111Touren Info:

40 km, hügelige Streckentour über Radwege und Nebenstraßen.
Start: Marktplatz Ehingen
Ziel: Innenstadt Ulm
www.ulm.de

In Ehingen finden wir einen sehr gut erhaltenen **Stadtkern**, der im Rathaus und dem **Ritterhaus** seine Höhepunkte findet. Vergessen Sie nicht, sich in der **Herz-Jesu-Kirche** den **Altar** anzusehen.

Los geht´s vom Marktplatz in Ehingen auf der Bahnhofstr., vor dem Bahnhof rechts, unter den Schienen sowie der Bundesstraße her in weitem Bogen nach Allmendingen. Dort treffen wir wieder auf die Gleise und folgen diesen mit einem Schlenker via Schmiechen nach Schelklingen (mit **Altstadt** und **Heimatmuseum** im **Rathaus**). Hier unterqueren wir erneut die Bahn und radeln über Weiler (mit der **Ausgrabungsstätte Geißenklösterle**) nach Blaubeuren.

Schon bei der Einfahrt nach Blaubeuren können wir uns die »**Küssende Sau**«, ein bizarres Felsenlabyrinth, ansehen. In der nahe liegenden **Brillenhöhle** wurden vorzeitliche Werkzeuge gefunden. Die Ortsmitte markiert der **Marktplatz** mit dem **Fachwerk-Rathaus** und einem **Brunnen**. Von hier ist es nicht weit zum **Kloster,** in dessen **Kirche** ein imposanter **Hochaltar** zu sehen ist. Weit zurück gehen die Funde, die im **urgeschichtlichen Museum** gezeigt werden.

Tipp: Highlight des Ortes ist aber ohne Frage der **Blautopf**: Er ist 21 m tief und ist eine der größten Karstquellen Europas. Immer noch nicht ganz erforscht ist das **Höhlensystem** unterhalb der Quelle. Sehenswert ist auch die in der Nähe stehende **Hammermühle** im Gebäude des ehemaligen **Wasserwerks**.

Weiter geht´s vom Blautopf über die Blaubergstr. am **Freibad** vorbei, über die Blau-Brücke, an der Schule vorbei und stets in der Nähe der Blau durch Arnegg nach Blaustein.

Besonders eindrucksvoll ist der Blautopf in Blaubeuren

Von der Donau her sind die Ausmaße des **Münsters** am Besten zu erkennen – mit 161,60 m sehen wir den höchsten **Kirchturm** der Erde – symptomatisch für den damaligen Größenwahn, denn die Kirche war für 29.000 Menschen geplant, obwohl die Stadt damals nur 12.000 Einwohner zählte. Ebenfalls einzigartig auf der Welt ist das **Brotmuseum**. Die wichtigsten Ziele liegen in der Nähe des **Rathauses** mit seiner **astronomischen Uhr** und dem imposanten **Treppenhaus**: Das **Stadtmuseum**, der **Metzgerturm** oder das alte **Fischerviertel**, das auch Blauviertel genannt wird, lassen die Zeit im Nu verfliegen.

Auch Blaustein lockt mit hübschen **alten Häusern** zu einer Rast. Das **Schloss** im Ortsteil Klingenstein ist in Privatbesitz, so dass uns nur eine Außenansicht bleibt.

Weiter geht´s durch Klingenstein auf den Radweg an der Bundesstraße, die uns die nächsten 8 km nach Ulm begleitet. Das Verkehrschaos am Blaubeurer Tor umfahren wir den Schildern »Stadtmitte« folgend und erreichen so das Ziel dieser Tour.

Kartentipp:
ADFC-Regionalkarte »Ulm und Umgebung« 1:75.000,
ISBN 978-3-96990-074-1, 9,95 €

Digital für Smartphones und Tablets: www.fahrrad-buecher-karten.de/rk-digital

86 Ein Höhepunkt jagt den nächsten

Von Ludwigshafen nach Langenargen

Mit herrlicher Sicht über den Überlinger See geht es ins »Nizza am See«. Wenig später lockt die Birnau Gläubige, Barockliebhaber und Brautpaare, ehe wir ins quirlige Friedrichshafen eintauchen.

111Touren Info:

52 km, nahezu flache Streckentour meist über Radwege, perfekte Rad-Wegweisung.
Start: Zollhaus Ludwigshafen
Ziel: Schloss Langenargen
www.langenargen.de

Los geht´s vom **alten Zollhaus** über die **Uferpromenade**, unter der Bahn her und parallel zur Straße in den **Fachwerkort Sipplingen** mit seinem **Reptilienhaus** und einem **Weitblick** vom Café. Der B 31 folgen wir nach Überlingen. An der **Therme** vorbei wird die Ortsmitte erreicht.

Weiter geht´s über die Uferpromenade am Hafenbecken vorbei bis hinter Nussdorf. Auf dem weiteren Weg nach Uhldingen liegt etwas abseits die Birnau.

Tipp: Die »Kletterarbeit« lohnt sich, denn die **Birnau** ist einer der prächtigsten **Barockbauten** dieser Region. Ein weiterer Abstecher über den **Prälatenweg** führt ins berühmte **Schloss Salem** mit der weithin bekannten Internatsschule. Das **Pfahlbautenmuseum** von Unteruhldingen ist ohne größere Mühen zu erreichen – ein Besuch in der Stein- und Bronzezeit wird besonders den Kindern gefallen. **Und noch ein Tipp:** Ein Ausflug per Schiff in das **Blumenparadies Mainau**, wo sich niemand wundern würde, wenn Bäche aus Milch und Honig fließen würden.

Weiter geht´s neben der Landstraße her geradewegs in die **Altstadt** von **Meersburg**, dessen **Schloss** der Legende nach die älteste Burg Deutschlands sein soll. Dichterin Annette von Droste-Hülshoff verbrachte hier ihre letzten Jahre. Stets in Ufernähe radeln wir durch Hagnau bis an dessen Ortsende, dort in die Strandbadstraße, durch die Campingplätze, links steil hinauf zu einer Landstraße,

Die **Seepromenade** von Überlingen vermittelt südländische Lebendigkeit. Etwas landeinwärts ragen das 5-schiffige **Münster St. Nikolaus** sowie das **Heimatmuseum** empor. Spannend ist auch das **mittelalterliche Befestigungssystem**.

Die Birnau am Überlinger See

der wir bis zur B 31 folgen, welche uns via Immenstaad nach Friedrichshafen bringt. Über Schwanenweg, Schmid- und Friedrichstraße kommen wir in die Ortsmitte.

Das Pfahlbautenmuseum

Wichtigstes Ziel ist das **Zeppelin Museum**, das wichtige Fragen der Luftfahrt beantwortet. Eine lange **Uferpromenade** erschließt Gaststätten und Parkanlagen, alles mit herrlichem Seeblick, der vom **Aussichtsturm** im Hafen noch besser ist.

Weiter geht´s am Ende der Fußgängerzone Richtung Lindau die Radwegschilder genau beachtend nach Eriskirch. Durch die Orte Gmünd und Moos erreichen wir Langenargen, wo auf einer Halbinsel das **Schloss Montfort** emporragt.

Kartentipp:

ADFC-Regionalkarte »Bodensee« 1:50.000,

ISBN 978-3-87073-977-5, 9,95 €

Digital für Smartphones und Tablets: www.fahrrad-buecher-karten.de/rk-digital

87 Zum malerischen Ende des Untersees

Von Konstanz nach Stein am Rhein

Ist es der Bodensee oder doch schon der Rhein, an dem wir entlang radeln? Eigentlich egal, denn es ist einfach ein Genuss, die Etappe zwischen Konstanz und Stein am Rhein zu erkunden. Die Insel Reichenau und schmucke Fischerdörfer locken ebenso, wie eine Tourverlängerung zum donnernden Rheinfall.

111Touren Info:

30 km, überwiegend flache Streckentour auf Radwegen oder kleinen Sträßchen, eine starke Steigung bei Mammern.
Start: Rheinufer / Radlerbrücke Konstanz
Ziel: Untersee-Brücke Stein am Rhein, Rückfahrt mit Bahn
www.konstanz.de

Gruß der Kurtisane

Die **Kurtisane Imperia** begrüßt die seeseitig anreisenden Besucher von Konstanz. Auch auf dem Festland geht es modern zu – trotz der zahllosen historischen Gebäude wie **Rathaus, Zeughaus, Münster** oder das mächtige **Schnetztor**. Wer Fisch nicht nur auf dem Teller mag, sollte dem **Sea-life** einen Besuch abstatten, während es die Romantiker über die **Seepromenade** zum **Stadtgarten** zieht.

Los geht´s am Rheinufer an der Radlerbrücke. Unter der Schnellstraßenbrücke her an **Badestränden** vorbei durch eine Siedlung zur Grenze. Rot-weiße Schilder »Seeradweg Schaffhausen« weisen uns den weiteren Weg nach Gottlieben.

Tipp: Ein Abstecher nach Gottlieben lohnt sich wegen der **kulinarischen Genüsse** und der schmucken Häuser rund um den **Dorfplatz**.

Weiter geht´s via Ermatingen. Von hier aus gibt es **Schiffsfahrten** zur Insel Reichenau.

Reichenau ist bekannt als Insel der **drei Kirchen** – alle sind ein perfektes Abbild romanisch - gotischer Baukunst.

Weiter geht´s an Arenenberg mit dem **Napoleon-Museum** vorbei durch das **schlossbewachte Salenstein**, Mannenbach und Berlingen nach Steckborn.

Der **Turmhof** als Rest der Stadtbefestigung sieht von der Seeseite besonders beeindruckend aus.

Weiter geht´s in entspannter Fahrt nach Mammern, wo es dann links steil hinauf geht. Die Belohnung ist ein »**Panorama-Radweg**«, bis es in Eschenz zur Hauptstraße hinunter geht. Via Lindenstraße am Ufer entlang zur **Insel Werd** mit einem **Priesterhaus**. Stein am Rhein ist schnell erreicht.

Das »**Rothenburg der Schweiz**« beeindruckt schon mit der Einfahrt mit dem Rad. Hinter der Brücke liegt rechts das **Kloster St.Georgen** mit der Stadtkirche. Links hinter der Brücke finden Sie ein Haus, das schöner ist als das andere – Stein, Stufengiebel, Fachwerk, alles wird geboten.

Kein Reinfall, der Rheinfall

Tipp: Rund 20 km sind es am Ufer entlang bis zum beeindruckenden **Rheinfall**. Fast 150 m breit und 22 m tief stürzen sich die Fluten über die Felsen in die Tiefe. Wem die Aussicht von den Plattformen nicht reicht, fährt mit dem **Boot** und ganz nah an die Gischt heran. Oft vergessen wird die Besichtigung der Stadt Schaffhausen mit ihren **prächtigen Altstadthäusern**.

Kartentipp:
ADFC-Regionalkarte »Bodensee« 1:50.000,
ISBN 978-3-87073-977-5, 9,95 €

Digital für Smartphones und Tablets: www.fahrrad-buecher-karten.de/rk-digital

88 Von Deutschland über Österreich in die Schweiz

Von Langenargen nach Rorschach

Die Tour durch drei Länder ist unterhaltsam und entspannend zugleich. Mit Lindau und Bregenz werden gleich zwei der wichtigsten und schönsten Bodensee-Metropolen durchradelt.

111Touren Info:

57 km, flache Streckentour meist über Radwege, perfekte Rad-Wegweisung.
Start: Schloss Langenargen
Ziel: Bahnhof Rorschach
www.lindau2.de
www.bregenz.ws
www.tourist-rorschach.ch

Los geht´s vom **Schloss** an der **Uferpromenade** den Schildern nach Kressbronn folgend über die »**Golden Gate**« (Brücke) vom Bodensee. Via Gohren, Tunau und Kressbronn wechseln wir in Nonnenhorn die Bundesländer. So erreichen wir **Wasserburg**, dessen Burg auf der Halbinsel ein beliebtes Motiv ist. Weiter über die Uferstraße, dann durch leicht hügeliges Obst- und Wiesenland erreichen wir Lindau.

Ein Besuch der Halbinsel Lindau ist Pflicht, am besten schon über den Bahndamm, denn von dort geht es immer geradeaus zur **Hafenpromenade** mit dem **Mang-Turm**. Vorbei an **Stadttheater, Altem Rathaus, Stadtmuseum, Stephans- und Stiftskirche** schlängeln wir uns durch die **Altstadt**, wobei die Zeit im Nu verfliegt.

Weiter geht´s: Auf dem Bodensee-Radweg radeln wir stets in Ufernähe den guten Schildern folgend über Lochau (die Grenze ist kaum zu sehen) an der klassischen Badeanstalt »Milli« vorbei nach Bregenz.

Tipp: Gute Bremsen am Rad? Na dann auf mit der Pfänderbahn auf den 1.062m hohen **Pfändergipfel**. Nachdem wir uns von der Aussicht und die Kinder vom Spielplatz losgeeist haben, geht es in schneller Fahrt (Schilder beachten!) zu Tale.

Auf zum Pfändergipfel

Tor zum See

Die Hauptattraktion von Bregenz ist freilich die international bekannte **Seebühne**. Die älteste Bodensee-Stadt verbindet moderne Architektur und Geschäftigkeit in der **Unterstadt** mit der verträumt-ruhigen Atmosphäre der **mittelalterlichen und barocken Oberstadt**.

Weiter geht´s die Schilder beachtend auf dem tollen Bodensee-Radweg mit einem Schlenker an der Bregenzer Ach via Hardt über den Rhein(-Kanal) zum **Naturschutzgebiet Rohrspitz**. Durch perfekte Idylle radeln wir weiter, vollziehen einen weiteren Schlenker über den **Alten Rhein**, passieren die Schweizer Grenze und erreichen mit Rorschach das Ende unserer Tour.

Das **Museum »Alte Garage«** widmet sich der Autoherstellung, auch wenn es hier nie eine gab. Wer (viel) Zeit hat, fährt mit der Bahn nach **St.Gallen**, genießt das wundervolle Flair dieser **historischen Kantonsstadt** und rollt entspannt mit den Rädern wieder zurück an den See.

Kartentipp:
ADFC-Regionalkarte »Bodensee« 1:50.000,
ISBN 978-3-87073-977-5, 9,95 €

Digital für Smartphones und Tablets: www.fahrrad-buecher-karten.de/rk-digital

89 Kunstfahrt um Bad Kissingen

Von Bad Kissingen nach Münnerstadt

Bad Kissingen, das bayerische Staatsbad an der Fränkischen Saale und dem Radfernweg gleichen Namens, ist Start für eine Tour auf den Spuren Tilmann Riemenschneiders.

111Touren Info:

53 km, Rundtour meist flach, mit einer größeren und einigen kleineren Steigungen, meist über Nebenstraßen.
Start / Ziel: Bahnhof Bad Kissingen
www.info-rhoen-saale.de

Schon seit 1544 wird Kissingen als **Badeort** erwähnt, der im Laufe der Jahrhunderte viele prominente Gäste begrüßte. In der Stadt sind das **alte Rathaus** und die **Pfarrkirche St. Jakobus** und eine **orthodoxe Kirche** sehenswert – sie verblassen im Sommer aber vor der Blütenpracht des **Rosengartens**.

Los geht´s vom Bahnhof über Bahnhof- und Friedrich-Ebertstr. Am Sportpark vorbei bringt uns die Lindesmühlenpromenade auf den Saale-Radweg, dem wir nach rechts via Hausen und Großenbrach nach Aschach folgen.

Das alte **Brunnengebäude** von Großenbrach beherbergt jetzt ein kleines **Museum**. Mit etwas Glück sehen wir die letzte im Dienst befindliche **Postkutsche**. Das **Volkskunde- und Schulmuseum** von Aschach ist im **Schloss** untergebracht. Vorher produzierte hier eine Steingutfabrik.

Weiter geht´s auf dem Saale-Radweg durch **Bad Bocklet**, einen Kurort mit anmutiger Abgeschiedenheit, Hohn, Steinach (in der Kirche steht ein **Riemenschneider-Altar**), Roth und Nickersfelden nach Unterebersbach.

Tipp: In der **Pfarrkirche St. Peter und Paul** hängt ein **Engel**, der erst bei der Restaurierung als Werk Riemenschneiders erkannt wurde.

Weiter geht´s über Oberebersbach, Niederlauer, Bad Neustadt und Burglauer nach Münnerstadt.

Mächtige **Stadttore** und eine teils gut erhaltene Stadtmauer umgeben den hübschen Ort mit seinem **Rathaus**, der **Zehntscheune** und der Kirche, in der Riemenschneiders **Magdalenenaltar** steht. Die **Klosterkirche** gilt als eine der schönsten Rokokokirchen der Region.

Fränkische Schönheiten

Weiter geht´s von der Kirche durch die Jörgentorgasse und das **Jörgentor** aus der Stadt rechts auf den Main-Werra-Radweg. Am Wallfahrtsort **Thalkapelle** nach Thalhof, dann rechts auf dem RWW63 bergauf nach Nüdlingen. Dort überqueren wir die B 287, biegen kurz danach links vom RWW63 ab und fahren auf ausgeschilderten Wegen entweder am Nudelbach über Hausen oder direkt – mit weiten Blicken, am Bismarckturm vorbei – zurück nach Bad Kissingen.

Kartentipp:
ADFC-Regionalkarte »Rhön« 1:75.000,
ISBN 978-3-96990-066-6, 9,95 €
Digital für Smartphones und Tablets: www.fahrrad-buecher-karten.de/rk-digital

90 »Scheffel-Blick« vom Staffelberg

Von Staffelstein nach Bayreuth

Scheffelblick

Der Blick vom Staffelberg gehört zu den eindrucksvollsten Erlebnissen einer Mainreise. Hinter der »goldenen Pforte« radeln wir durchs Obermaintal in die Wagner-Stadt Bayreuth.

111Touren Info:

75 km, bis auf zwei kräftige Anstiege flache Streckentour über Radwege und Nebenstraßen.
Start: Marktplatz Staffelstein
Ziel: Schloss Bayreuth
www.bayreuth.de

Adam Riese war sicherlich der berühmteste Staffelsteiner, den Ort bekannt gemacht hat auch Victor von Scheffel mit einem Lied zum Staffelberg. So schön **Markplatz**, **Rathaus** und **Kirche** auch sind: »Der Berg ruft«!

Los geht´s hinter dem Marktplatz rechts von der Straße Richtung Staffelberg abbiegend. Hinter dem Parkplatz Romansthal könnte man den steilen Weg hochschieben und abkürzen, wir »Kämpfer« radeln weiter den als Lieferanteneinfahrt gezeichneten Verbundsteinweg, der durch den Wald aufs Plateau führt. Oben dann rechts auf dem Hauptweg bleiben.

Das mit hellen Felsbastionen bewehrte, akropolisartige **Gipfelplateau** zog schon vor 7.000 Jah-

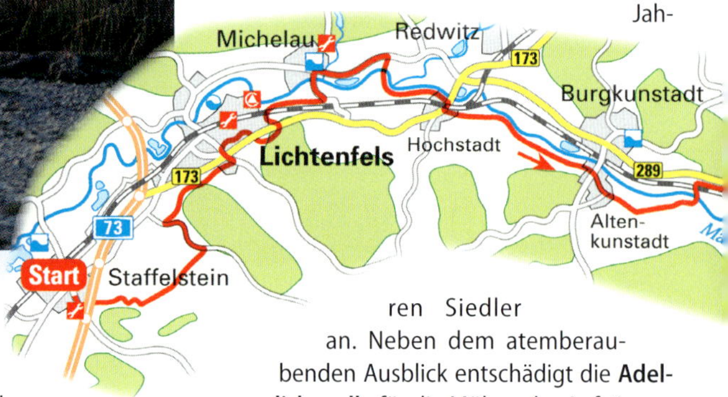

ren Siedler an. Neben dem atemberaubenden Ausblick entschädigt die **Adelgundiskapelle** für die Mühen des Aufstieges. Sie ist, ebenso wie **»Vierzehnheiligen«** ein Wallfahrtsort. An letztgenanntem soll einem Schäfer wiederholt das Christkind mit 14 Kindlein erschienen sein. Gemeint ist wohl eigentlich eine Gruppe von Märtyrern, die bedingt durch Pest und andere Widrigkeiten als 14 Nothelfer bezeichnet werden.

Weiter geht´s über die Hochebene ein Stück retour, dann dem Weg nach Vierzehnheiligen folgend. Dahinter rollen wir wieder ins Maintal hinunter, wo wir hinter Seubelsdorf die **»Deutsche Korbstadt«** Lichtenfels erreichen. Radweg 8 lautet unsere Kennzeichnung für die nächsten Kilometer, die uns durch Michelau, Hochstadt, Altenkunstadt und Schwarzach nach Mainleus bringen.

Wagner, wir kommen

Tipp: Ganz in der Nähe fließen der Rote und der Weiße Main zusammen. Der Weg dorthin wird versüßt mit dem Anblick von **Schloss Steinenhausen**.

Weiter geht´s am Roten Main entlang – die Schilder OR2 weisen uns den Weg nach Neudrossenfeld mit einem großen **Schloss-** und **Kirchenkomplex**. Über Heinersreuth ist unser Ziel Bayreuth schon bald erreicht. Der Bahnhof ist ausgeschildert.

Bekannt ist Bayreuth freilich für seine Richard-Wagner-Festspiele, bei denen sich internationale Prominenz versammelt. Wagner wurde durch das **Markgräfliche Opernhaus** hierher gelockt, das heute das schönste Barocktheater der Welt ist und lange Zeit auch das größte Deutschlands war. Vergessen Sie aber nicht vor lauter Nibelungen, dass Bayreuth noch mehr zu bieten hat, wie z.B. eine attraktive **Innenstadt** und das **Neue Schloss** der Eremitage.

Kartentipp:

ADFC E-Bike-Karte „Fränkische Schweiz" 1:75.000, ISBN 978-3-96990-054-3, 9,95 €

Digital für Smartphones und Tablets: www.fahrrad-buecher-karten.de/rk-digital

91 Zwischen Spessart und Odenwald

Von Seligenstadt nach Miltenberg

Beidseits vom Main...

Die Maintalverengung zwischen Spessart und Odenwald wird von Wäldern und Weinbergen gesäumt. Die überschaubare Etappe bietet genug Gelegenheit, einen Schoppen zu kosten.

111Touren Info:

56 km, ebene Streckentour über Radwege und Nebenstraßen. Perfekte Wegweisung.
Start: Mainufer Seligenstadt
Ziel: Bahnhof Miltenberg
www.aschaffenburg.de
www.miltenberg.de

In Seligenstadt ist die älteste **Karolinger-Basilika** nördlich der Alpen zu bewundern. Außerdem locken in der **Altstadt** zahlreiche **Fachwerkhäuser**, das **Einhardhaus**, das **Rathaus** und weitere **historische Gebäude**.

Los geht´s am Mainufer von Seligenstadt. Immer in Flussnähe kommen wir durch Dettingen nach Klein-ostheim. Am Ortseingang nicht in den Ort, sondern rechts zum Main. Die hier beginnenden MR-Schildchen (»Main-Radweg«) weisen uns den Weg zur Schokoladenseite Aschaffenburgs.

Direkt am Fluss liegt mit dem **Schloss Johannisburg** das Wahrzeichen der Stadt. Hier gibt es viel zu sehen – ein Schlossmuseum, die Schlosszimmer, eine Galerie, Gärten und vieles mehr können mit einem Besuch der Schlossschänke abgerundet werden. Auch die **Stiftskirche** mit dem **Nothelferaltar** verdient Beachtung.

Weiter geht´s leider ein Stück auf der Straße, ehe die Bahn gequert und Sulzbach erreicht

wird. Im gesamten Verlauf sollten Sie die Radwegbeschilderung genau beachten, denn unsere Tour verläuft recht »zackig« und wechselt des Öfteren Straßen- und Bahnseite. Via Sulzbach, Kleinwallstadt, Elsenfeld und Erlenberg erreichen wir Klingenberg.

Weiter geht´s den Schildern und dem Main folgend rasch nach Miltenberg. Am Ortseingang rechts in die Martin-Vierengel-Str., unten rechts, dann links auf der in den Ort führenden Landstraße bis zum Bahnhof.

...Wälder und Wein

»Schnatterloch« heißt der **Marktplatz** wohl wegen der Geräuschkulisse an Markttagen. Neben ihm recken sich tolle **Fachwerkhäuser** in die Höhe, in denen auch das **Heimatmuseum** untergebracht ist. In der Fußgängerzone sticht der stattliche **Gasthof »Zum Riesen«** hervor, der mit seinem Ausschank seit 1504 als das älteste Wirtshaus Deutschlands gilt. Über der Kulisse wacht die **Mildenburg**, die im 16. Jhd. von der Festung zum Repräsentationsbau umgestaltet wurde.

Für die reinste **Tonerde** der Welt, die eine Zeit lang in jedem Bleistift verwendet wurde, ist Klingenberg bekannt. Bei weitem nicht so staubtrocken ist der **Wein**, der hier in extremen Steillagen wächst.

Tipp: Mit etwas »Power in den Beinen« oder 10 Minuten Schiebetechnik wird die **Clingenburg** erreichen. Im Restaurant lässt sich dann bei herrlicher Aussicht der »Klingenberger Rote« genießen.

Kartentipp:

ADFC-Regionalkarte»Spessart/Main/Odenwald« 1:75.000, ISBN 978-3-87073-844-0, 8,95 €

Digital für Smartphones und Tablets: www.fahrrad-buecher-karten.de/rk-digital

92 Würzburger (Süd-) Stadtrunde

Vom Zentrum zu den Stadträndern

Durch die Stadt und doch entspannend radeln wir durch Parks, Wiesen und Promenaden, um die altehrwürdige Stadt am Main mit ihren zahllosen Sehenswürdigkeiten zu erkunden.

Vor der Marienkapelle

111Touren Info:

18 km, Rundtour mit einigen kleineren Steigungen, meist über Nebenstraßen.
Start / Ziel: Hauptbahnhof Würzburg
www.wuerzburg.de

Die UNESCO-geschützte barocke **Residenz** Würzburgs ist Hauptziel der unzähligen Touristen. Von dort

erschließt der Weg über Hofstraße, **Dom, Marktplatz, Marienkapelle** und **Rathaus** die »Muss-Ziele«. Zum Besuch gehört auch die **Festung Marienberg** mit herrlichen Ausblicken auf die Stadt. Nicht umsonst wird Würzburg gerne mit dem »Goldenen Prag« verglichen.

Los geht´s vom Bahnhof links über Haugerring zum Berliner Platz. Jenseits der Hauptstr.

folgen wir dem Kreisel, zweigen zum Rennweger Ring bzw. zum **Ringpark** ab. In der Nähe liegt der **Hofgarten** der Residenz. Im Ringpark rechts, den Friedrich-Ebert-Ring überqueren, via Seinsheistr., Wittelsbacher Platz, Zwerchgraben und Trautenenauer Str. bergauf in die Gartenstadt Keesburg. Über die Matthias-Ehrenfried-Str. erreichen wir die **Wetterwarte** mit **Aussicht** über Heidingsfeld. Es geht weiter über Hans-Löffler-, Kettelerstr., Sanderheinrichsleitenweg, Karl-Ritter-von-Frisch-Weg etwas wellig immer geradeaus, bis der **Weinlehrpfad** abzweigt. Auf diesem im großen Bogen wieder zum Hauptweg, kurz rechts und an der **Kapelle** links.

Franconiabrunnen

Tipp: Am **Weinlehrpfad** »Pfülben« können wir uns auf Bänken niederlassen und über die geschmackliche Vielfalt der Frankenweine philosophieren. Zu dessen Füßen liegt das denkmalgeschützte **Randersacker**.

Weiter geht´s durch den Weinberg mit Serpentinen abwärts nach Randersacker. Über die Maingasse erreichen wir das Mainufer, dessen Radweg uns zurück nach Würzburg bringt. Am Ludwigskai weiter geradeaus, kurz vor der Brücke rechts über die Straße zum Ringpark bzw. am Sanderring zurück zur Residenz und zum Bahnhof.

In Randersacker besaß Baumeister Balthasar Neumann einen Weinberg, wo er sich einen **Gartenpavillon** baute. Sie finden diesen neben dem Gasthof Krone.

Kartentipp:

ADFC-Regionalkarte »Würzburg/Fränkisches Weinland« 1:75.000,
ISBN 978-3-87073-742-9, 8,95 €

Digital für Smartphones und Tablets: www.fahrrad-buecher-karten.de/rk-digital

93 Mit Umweg nach Rothenburg

Von Creglingen nach Rothenburg o.d.T.

Der Radweg im Taubertal ist beinahe ideal – wären da nicht die kurzen, aber kraftraubenden Anstiege. Dafür nähern wir uns Rothenburg von einer Seite, die Überraschungen bereit hält.

111Touren Info:

48 km, Rundtour mit einigen kurzen, aber starken Steigungen meist über Radwege und Nebenstraßen.
Start / Ziel: Ortsmitte Creglingen
www.creglingen.de
www.rothenburg.de

Los geht´s via den Mühlweg ins Münstertal, links über den Bach, vorbei an der Herrgottskirche mit Außenkanzel nach Münster. Weiter über die Landstraße geht es über Lichtel, Oberrimbach, Spielbach, Heiligenbronn, Enzenweiler (hier gibt es einen Badesee) und auf dem Burgenweg via Leuzenbronn und Hemmendorf abwärts mit tollen Blicken auf Rothenburg ob der Tauber. An der **Bronnenmühle** über die Tauber, vorbei am Toppler-Schlösschen bis zur Doppelbrücke und links hoch in die Stadt.

Tipp: Von der Bronnenmühle können Sie die Räder bis zum Gasthaus »Unter den Linden« tauberabwärts mitnehmen, sich dort stärken, die Räder anketten und per pedes die wenigen 100 m hinauf in die Stadt gehen.

Als Inbegriff einer trutzigen, freien, stolzen Stadt hat **Rothenburg ob der Tauber** ungeheuer viel zu bieten, nicht nur Romantik. Diese führt Sie auch zum

Creglingen hat in seiner **Altstadt** über der Tauber schöne Winkel und bemerkenswerte Bauten aufzuweisen, wie z.B. die **Kirche** oder den **Faulturm**.

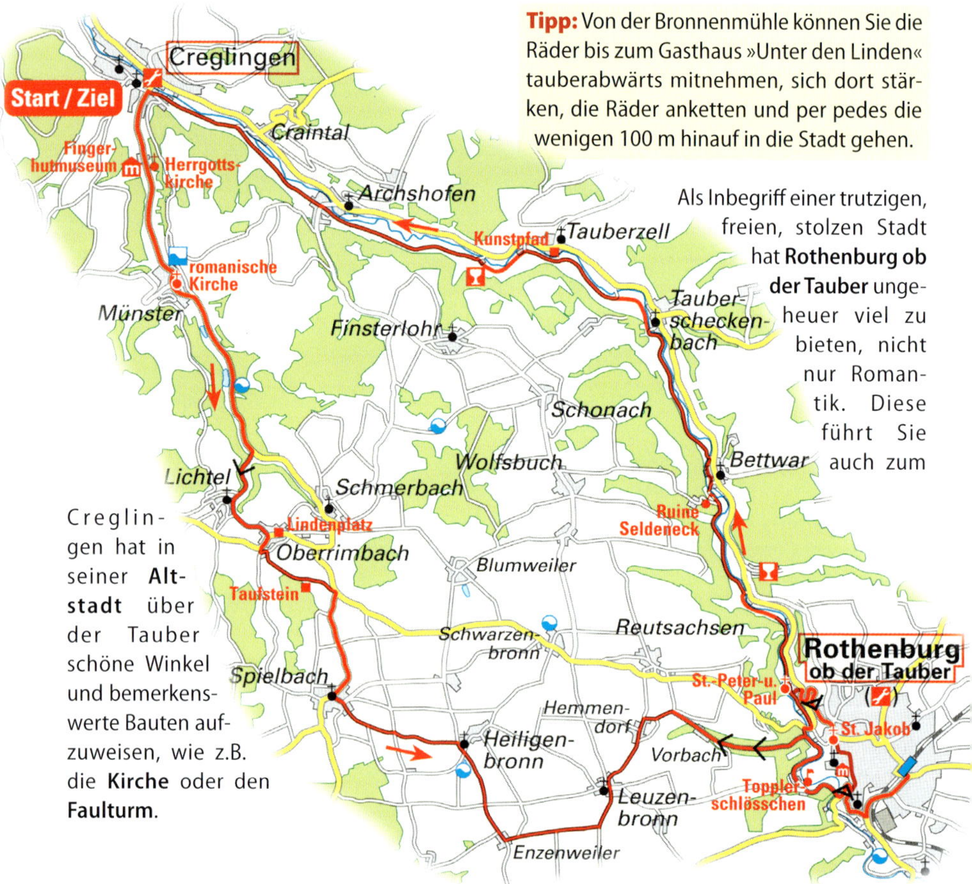

Mittelalterliches...

Rathaus, wo zur vollen Stunde von 11 bis 15 und 20 bis 22 Uhr an der **Kunstuhr** der legendäre **Meistertrunk** verfolgt werden kann. Wer nicht mehr mit dem Rad zurück fährt, sollte sich einer **Führung** mit dem Nachtwächter anschließen – ein ganz außergewöhnliches Erlebnis.

Rothenburg ob der Tauber

Weiter geht´s auf der Mergentheimer-/Hindenburgstr. mit zwei großen Kurven wieder hinunter ins Taubertal zum Radweg »Liebliches Taubertal/Romantische Straße«. Unten rechtzeitig bremsen, es geht weiter nach Detwang mit der **Kirche St. Peter und Paul** und einem **Riemenschneider-Altar**. Über Bettwar, Tauberscheckenbach, Tauberzell und Archshofen kommen wir zurück nach Creglingen.

In Tauberzell lohnt eine Extrarunde auf einem **Kunstpfad**, an dem teils archaisch, teils sehr modern anmutende Plastiken aus Holz und Metall stehen.

Kartentipp:
ADFC-Regionalkarte »Würzburg/Fränkisches Weinland« 1:75.000, ISBN 978-3-87073-742-9, 8,95 €
Digital für Smartphones und Tablets: www.fahrrad-buecher-karten.de/rk-digital

94 Zu den kulturellen Zentren der Region

Von Nürnberg nach Erlangen

Meist ohne Autoverkehr geht es entlang an Pegnitz und Regnitz vorbei an der Fürther Altstadt in die Uni-Stadt Erlangen. Erlangen präsentiert sich uns als wahres Radler-Paradies.

111Touren Info:

66 km, flache Rundtour meist über Radwege.
Start / Ziel: Hauptmarkt Nürnberg
www.nuernberg.de
www.erlangen.de

Los geht´s vom **Hauptmarkt** Nürnbergs über Waaggasse und Maxplatz vor der Stadtmauer her. Durch das Hallertürlein und die Hallerwiese zur Großweidenmühlgasse. An der Gaststätte Pele-Mele links in den Wiesengrund. Am **Wasserspielplatz** vorbei, dann mit dem Radweg über die Pegnitz. Mit nochmaliger Flussquerung kommen wir in Ufernähe nach Fürth ins Zentrum über den Karlsteg.

Wegen starrer Regeln in Nürnberg kamen im 18. Jhd. viele Handwerker nach Fürth, was dem Ort zu großer Blüte verhalf. Nachdem es sich inzwischen zur Industriestadt gewandelt hat, versteckt Fürth seine sehenswerten **Altstadtgassen** fast verschämt. In Schindlergasse, König-, Gustav- oder Waagstraße finden wir **alte Häuser**, **Innenhöfe**, das **Jüdische Museum** und die **Michaelskirche**. Auch ein Blick ins **Fischerviertel** lohnt.

Weiter geht´s auf dem Radweg auf der rechten Flussseite. Hinter der Bahnbrücke passieren wir ein altes **Schöpfrad**, von denen es einmal 200 gab. Durch Stadeln, Bruck, Alterlangen, Oberdorf **(Badesee)** nach Möhrendorf und zur Baiersdorfer Mühle.

Tipp: Wer baden mag, fährt über die Regnitz hinweg zum **Au- und Angersee**.

Weiter geht´s am Badegelände vorbei, an der Wegekreuzung rechts und über

Willkommen Rad- und Blumenfans

den Fluss nach Wellerstadt. Weiter über die Hauptstraße geht es beschildert nach Baiersdorf, wo sich das **Meerrettichmuseum** rühmt, das »schärfste Museum der Welt« zu sein. Es geht zurück nach Möhrendorf, jetzt aber auf dem Weg am linken Rand des Wiesengrundes bleiben. Nach einem unschönen Stück an der Autobahn kommt ein wunderschöner Abschnitt auf dem Damm des alten **Ludwigskanals**. Am E-Werk und am Burgberg vorbei erreichen wir den Schildern folgend die Innenstadt Erlangens.

Einem radbegeisterten Bürgermeister ist es zu verdanken, dass weite Teile der Innenstadt autofrei sind und ein Radwegenetz entstand. An der **Altstädter Kirche** und am **Rathaus** mit dem **Stadtmuseum** vorbei gelangen wir zum **Schloss** (Uni) mit seinem sehenswerten **Garten**.

Weiter geht´s vom Schloss über den Hugenottenplatz an der Neustädter Kirche vorbei zur südlichen Stadtmauerstraße. Über Haupt-, Nürnberger- und Hammerbacher Straße am

Fürth: Gustavstraße

Altenheim vorbei, dann nach 200 m rechts und schnurgerade durch das **Naturschutzgebiet** Brucker Lache. Am Ende schräg am **Wald-Info-Zentrum Tennenlohe** vorbei nach Tennenlohe. Am Autohof rechts versetzt über die Autobahn, entlang der B 4 und den Schildern »Altstadt« folgend zurück in die Nürnberger Innenstadt.

Kartentipp:

ADFC-Regionalkarte »Nürnberg und Umgebung« 1:75.000,
ISBN 978-3-87073-827-3, 8,95 €

Digital für Smartphones und Tablets: www.fahrrad-buecher-karten.de/rk-digital

95 Feuchte(r) Tour

Von Nürnberg nach Feucht

Von Pflanzen überwucherte Steinbrüche, der ehemalige Main-Donau-Kanal, Gartenwirtschaften, ein Badesee und die Schwarzach-Klamm – ein volles Programm wartet auf uns!

111Touren Info:

44 km, flache Rundtour über teils schmale Radwege.
Start / Ziel: Hauptmarkt Nürnberg
www.nuernberg.de

Es fällt schwer, aus Nürnberg fort zu radeln, denn zu Füßen der berühmten **Burg** bietet die Innenstadt mit vielen **Kirchen, historischen Gebäuden, Gaststätten** und einer **Einkaufsmeile** reichlich Unterhaltung.

Los geht´s vom Hauptmarkt an der **Frauenkirche** vorbei rechts zum **Heilig-Geist-Spital**, links zum Hans-Sachs-Platz und rechts auf die Insel Schütt. Links auf den Radweg, dann über die Brücke und links auf den Radweg unter der Stadtmauer durch. Rechts über die Holzbrücke, am Rand des Wiesengrunds zum Wöhrder Talübergang. Nach der Unterführung zum Bahnhof. An der **Peterskapelle** die Straßenseite wechseln, via Hain- und Münchner Str., zur großen Kreuzung am Waldrand. Hier rechts über Trierer-, dann links über Kornburger Str. Bald führt ein Radweg abseits der Straße zum Steinbrüchlein.

Tipp: Von den Nürnberger **Sandsteinbrüchen** des Mittelalters ist nur noch wenig zu erkennen. Dafür ist das zugewachsene Gelände eine schöne **Spielplatzkulisse.**

Weiter geht´s an der Straße entlang nach Worzeldorf, dort rechts zum **Alten Kanalhafen** und wieder links.

Feuchte Füße...

Nach vielen technischen Problemen fuhren ab 1846 tatsächlich von Pferden gezogene Schleppkähne auf dem sündhaft teuren **Ludwigskanal**, der auch direkt unwirtschaftlich war, weil keine Motorschiffe auf ihm fahren konnten. Nicht weit entfernt liegen die historischen Steinbrüche von Wernloch.

Weiter geht´s an der Ampel ans andere Ufer. Am Wasserbehälter rechts hinunter nach Wendelstein, am Kanal entlang nach Röthenbach mit seinem Schloss Gugelhammer. Stets in der Nähe der Autobahn geht es nach Feucht.

...feuchte Kehle

An der Gaststätte **Bruckkanal** ist Zeit für eine Rast: Die Überführung des Kanals über die **Schwarzach-Klamm** galt damals als technisches Wunder. In Feucht befindet sich neben dem **Pfinzingschloss** das **Hermann-Oberth-Museum** zum Leben des Raumfahrtpioniers. Das **Zeidlermuseum** hebt die Bedeutung der Bienenzucht für den Ort hervor.

Weiter geht´s vom Marktplatz über Untere Keller- und Gartenstr., Vogelweg, A.Schramm-Str., J.Schlosser-Weg über die Autobahn am **Jägersee** vorbei. Hinterm See links, nach 200 m rechts, wieder 1.200 m später rechts in den Wald. 2 km diesem Weg folgen, bis zur querenden Forststr., hier rechts zur Straße und dort dem schmalen Weg folgen. Er führt nach rechts und am Ende steil hinauf zur Autobahnbrücke. Geradeaus hinunter und via Zollhaus-, Liegnitzer- und Münchner Straße wie auf dem Hinweg zurück zum Startpunkt.

Kartentipp:
ADFC-Regionalkarte »Nürnberg und Umgebung« 1:75.000,
ISBN 978-3-87073-827-3, 8,95 €

Digital für Smartphones und Tablets: www.fahrrad-buecher-karten.de/rk-digital

96 Strahlende Tour am Regen

Von Regensburg nach Nittenau

111Touren Info:

37 km, Streckentour meist auf befestigten Radwegen bzw. Straßen/Wegen, einige kleine Hügel, keine großen Steigungen, Beschilderung als „Regentalradweg“

Start: Regensburg

Ziel: Nittenau

Info: www.tourismus.regensburg.de

Regensburg ist die letzte vollständig erhaltene Großstadt des Mittelalters. Nachdem wir uns die historische Pracht ausführlich angesehen haben, rollen wir über den gut ausgebauten und beschilderten Regentalradweg. Obwohl wir zielsicher in Richtung des Bayerischen Waldes unterwegs sind, gibt es nur wenige kleine Steigungen – dafür aber herrliche Natur!

Am nördlichsten Punkt ihrer Reise nimmt die Donau die Flüsse Naab und Regen auf. Der Fränkische Jura trifft auf den Bayerischen Wald. Inmitten der Donau bilden sich gleich zwei kleine Inseln… diese und noch weitere natürliche Gegebenheiten führten dazu, dass sich an dieser Stelle eine rasch wachsende Siedlung entwickelte, die sich später Regensburg nannte. Schon die Römer hatten hier ein Lager, es folgten weitere „Hausherren“, die sich mit zahllosen Baudenkmälern verewigten. Im Mittelalter schließlich war Regensburg zu einer großen Stadt herangewachsen. Das Schicksal meinte es gut und die Oberpfälzer Metropole wurde nie zerstört. Und so erwartet uns heute eine Zeitreise ins Mittelalter. Der **Dom** überragt die ganze Szenerie und schaut hinunter auf die Königliche Villa, den **Salzstadel**, die ehemalige Domprobstei, die Häuserzeile am Arnulfsplatz und auf sage und schreibe **1.500 weitere Gebäude**, die unter Denkmalschutz stehen. Wenn wir durch die teils engen Gassen bummeln, staunen wir immer wieder über die Vielzahl der tollen alten Häuser. Zum Pflichtprogramm gehört der Besuch der **Steinernen Brücke**, die schon seit 1146 hier steht und Sinnbild für die lange Historie ist.

Tipp: Wer zur rechten Zeit hier ist, kann die **Regensburger Dult** besuchen. Das Volksfest am Europakanal steigt im Mai und im September und zieht viele Besucher aus Nah und Fern an.

Im Schloss Ramspau schlagen die Herzen der Barockfreunde einen Purzelbaum

Los geht´s am Regensburger Dom, den wir über Krauterermarkt und Taubengässchen zur Donau hin verlassen. Mehrere Brücken bringen uns ans linke Ufer des Flusses Regen. Ab hier folgen wir den Schildern des Regentalradwegs, die uns via Lappersdorf, Pielmühle und Regendorf nach Regenstauf bringen.

Schon im 14. Jh. wurden Regenstauf die Marktrechte verliehen. Es entwickelte sich ein wichtiger Handelsplatz und auch heute ist der Ort ein wichtiger Industriestandort. Im Norden der Stadt liegt **Schloss Spindlhof**, das in seiner 400jährigen Geschichte mehrfach verändert wurde. Heute ist es eine Tagungsstätte. Von der alten **Höhenburg** sind noch Reste zu finden. Dazu gehören der Graben und das ehemalige **Brunnenhaus.**

Weiter geht´s von Regenstauf über Ramspau, Hirschling, Marienthal und Stefling nach Nittenau.

Bei **Schloss Ramspau** kommen die Freunde der barocken Baukunst voll auf ihre Kosten. Von unserem Radweg aus bieten sich schöne Perspektiven auf die beiden verspielten Türme.

Auch in Hirschling entdecken wir ein kleines **Schloss** - strahlend weiß getüncht wurde es mit einem Treppengiebel ausgestattet.

Da aller guten Dinge bekanntlich drei sind, wartet auch in Stefling noch ein **Schloss** auf uns. Es liegt malerisch über uns auf einer Anhöhe.

Unseren Fluss Regen mit dem bestens ausgebauten Radweg haben wir inzwischen sehr lieb gewonnen. An der nördlichsten Stelle des Flusses liegt Nittenau. Hier beenden wir unsere Tour und lassen sie am **Marktplatz** ausklingen, an dem sich der **Storchenturm** und die Stadtpfarrkirche um die Wette recken.

Kartentipp:

ADFC-Regionalkarte »Regensburg und Umgebung«

1:75.000, ISBN 978-3-96990-026-0, 9,95 €

97 In ruhigen Schleifen zur fürstbischöflichen Residenzstadt

Von Pappenheim nach Eichstätt

Daran erkenn´ ich meine Pappenheimer! Dieses oft sinnentfremdete Zitat weist dem Gast nicht nur den Weg in eine sehenswerte Kleinstadt – dem Radler eröffnet sich hinter Pappenheim die wundervolle Pracht des Altmühltals. Schroffe Felsen geleiten den bestens beschilderten Radweg zur altehrwürdigen Residenzstadt Eichstätt. Es geht durch die einstige Heimat des Urvogels mit Millionen Jahre alter Geschichte zum Staunen und Anfassen.

111Touren Info:

36 km, flache Streckentour auf separaten Radwegen, perfekte Wegweisung durch braune Schilder.
Start: Marktplatz Pappenheim
Ziel: Altstadt Eichstätt
www.eichstaett.de

Auf einem Bergsporn liegt, von der Altmühl umspült, die **Burg Pappenheim**. Zu Ihren Füßen findet sich ein hübsches Örtchen mit **vielen historischen Gebäuden**.

Los geht´s: Vom Marktplatz Pappenheim zum Bahnhof und via Zimmern nach Solnhofen.

Die **Sola-Basilika** von 600 ist eine der ältesten Christenstätten Deutschlands. Noch viel älter sind die Versteinerungen im **Bürgermeister-Müller-Museum**, unter ihnen ein Urvogel. Das Fossil wurde in den Steinbrüchen gefunden, die rings um Solnhofen liegen.

Tipp: Einige Steinbrüche sind für Hobby-Archäologen freigegeben. Werkzeug gibt es im Museum »Bergér«, das allerdings einen mächtigen Aufstieg vom Radler verlangt. Falls die Kräfte nicht zum Hämmern reichen, können Fossilien dort gekauft werden.

Weiter geht´s: An Museum, Bahnhof und Zeltplatz vorbei in die Natur, vorbei an den **12 Aposteln, der berühmten Felsformation**. Über Esslingen und Hagenacker nach Dollnstein, dessen Weiber schon im »Parzival« auftauchten.

Vor rund 200.000 Jahren floss im benachbarten **Wellheimer Trockental** die Urdonau – heute bietet sich das Tal für einen Radabstecher an.

Weiter geht´s: Über den Marktplatz, an **Kirche**, **Petersturm** und Sportplatz vorbei zum **Burgsteinfelsen**, einem Kletterstein. Der Weg führt via Breitenfurt, Obereichstätt und Wasserzell vorbei am **Rebdorfer Kloster** in die Innenstadt von Eichstätt.

Die »12 Apostel«

Um den Marktplatz herum postieren sich **Barockhäuser**, der **Willibaldsbrunnen** und das **Rathaus**. Im **ehemaligen Kloster Notre Dame** können Sie im **Naturparkzentrum Altmühltal** alles über dieses Schutzgebiet erfahren. Herausragende kirchliche Schätze liefert der **Dom**.

Tipp: Wer den beschwerlichen Weg hinauf zur **Willibaldsburg** geschafft hat, wird mit herrlichem **Talblick** und dem **Jura-Museum** belohnt. Hier findet man einen weiteren **Urvogel** und ein **Mammut-Skelett**.

Kartentipp:
ADFC-Regionalkarte
»Altmühltal/Ingolstadt« 1:75.000,
ISBN 978-3-87073-905-8, 8,95 €

Digital für Smartphones und Tablets:
www.fahrrad-buecher-karten.de/rk-digital

98 An alten Burgen vorbei

Von Riedenburg nach Kelheim

Schwungvoll über die Altmühl

Der unterste Teil der Altmühl ist ohne Frage einer der eindrucksvollsten. Der Rhein-Main-Donau-Kanal ist genau so perfekt renaturiert wie der Radweg präpariert. Nach einem Blick auf riesige Kristalle geht die Reise, bewacht durch die imposanten Burgen von Prunn und Randeck, vorbei an der Tropfsteinhöhle Schulerloch. In Kelheim mündet die Altmühl unterhalb der Befreiungshalle in die Donau. Ein »Pflicht-Abstecher« bringt uns zum Donau-Durchbruch mit Kloster Weltenburg.

111Touren Info:

16 km, flache Streckentour auf separaten Radwegen, perfekte Wegweisung durch braune Schilder.
Start: Altmühlbrücke Riedenburg, linke Uferseite
Ziel: Altmühltor in Kelheim
www.kelheim.de

Mit gleich **drei Burgen** kann Riedenburg protzen, die schönste ist **Schloss Rosenburg** mit eigener Falknerei. Die größte **Bergkristallgruppe** der Welt ist im Museum zu bestaunen.

Los geht´s am linken Ufer der Altmühlbrücke, weiter auf dem Radweg nach Schloss Prunn.

Schloss Prunn ist eines der beliebtesten Fotomotive des Altmühltals, denn es gilt als besterhaltendste mittelalterliche Ritterburg Deutschlands. Hier wurde bei Umbauten eine **Handschrift des Nibelungenliedes** gefunden.

Weiter geht´s auf dem Radweg nach **Essing**, ein **romantisches Örtchen** mit schmucken Häusern, dessen Ursprung auf eine keltische Waffenschmiede zurückgeht.

Unübersehbar ist die **geschwungene Holzbrücke** über den Kanal. Gleich in der Nähe gibt es in den **Klausenhöhlen** einen Einblick in die Steinzeit. Den besten Überblick hat man von **Burg Randeck**. Nochmals unter Tage geht es im **Schulerloch**. In der Tropfsteinhöhle ist bei 9 °C geeignete Kleidung angesagt.

Ritterburg Prunn

Weiter geht´s auf dem Radweg bis Schleuse Kelheim, die Schilder sollten hier genau beachtet werden, denn der Radweg führt am Ufer entlang an die Mündung der Altmühl. Wer Lust auf Sehenswertes hat, sollte den Schildern zum Zentrum folgen.

Tipp: Am Donauufer starten die Boote zum Kurztrip durch den sagenhaften **Donaudurchbruch**. Die Eindrücke können am **Kloster Weltenburg** bei Sightseeing und Essen »verdaut« werden.

Kelheim nennt gleich mehrere **Stadttore** noch sein Eigen. Innerhalb der alten Mauern erheben sich viele stattliche Gebäude wie die **Spitalkirche** oder das weiße **Brauhaus**. Falls noch Puste vorhanden ist, sollte die **Befreiungshalle** per pedes besucht werden. Nach dem Betrachten der 34 marmorweißen Siegesgöttinnen schweift der Blick hinunter in den Donaudurchbruch.

Kartentipp:
ADFC-Regionalkarte »Altmühltal/Ingolstadt« 1:75.000,
ISBN 978-3-87073-905-8, 8,95 €
Digital für Smartphones und Tablets: www.fahrrad-buecher-karten.de/rk-digital

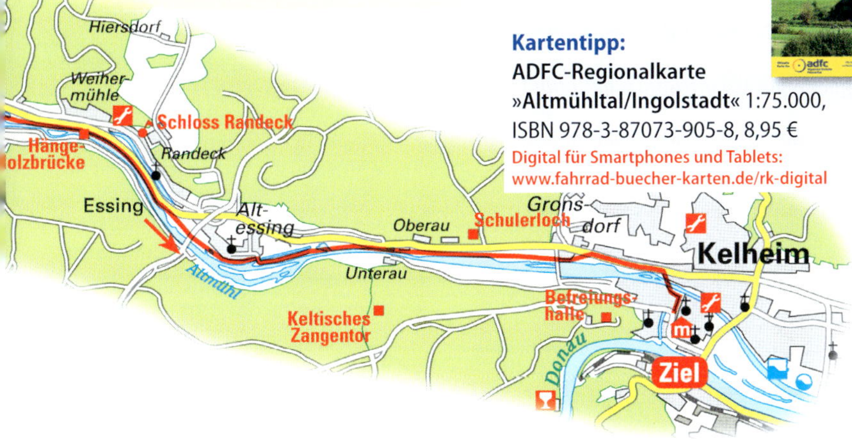

99 Von Schlössern und Puppen

Von Dillingen nach Donauwörth

Vom »Goldenen Saal« der Stadt Dillingen geht es in entspannter Fahrt an Weihern vorbei in die Puppenstadt Donauwörth. Die **Königstraße** in Dillingen macht ihrem Namen alle Ehre, denn beiderseits des Kopfsteinpflasters recken sich herrliche Fassaden empor, allen voran das **Rathaus** und der **Mitteltorturm**. Nicht weit davon steht die päpstliche **Basilika St. Peter** mit imposanten Deckenfresken. Auch das **Schloss** der Fürstbischöfe ist sehenswert. Der »**Goldene Saal**« der Ex-Uni erstrahlt in altem Glanz, so dass die Deckengemälde schnell zu übersehen sind. Kneipp erprobte in Dillingen zum ersten Mal die Kaltwasseranwendungen.

111Touren Info:

37 km, flache Streckentour über Radwege und teils entlang befahrener Straßen, perfekte Rad-Wegweisung.
Start: B 16 nähe Bhf. in Dillingen
Ziel: Innenstadt Donauwörth
www.dillingen-donau.de
www.donauwoerth.de

Los geht´s an der B 16, der Donauwörther Str., der wir durch Steinheim bis Höchstädt folgen.

Der **Marktplatz** wird von stattlichen Gebäuden umstanden, unter ihnen die **Kirche Mariä Himmelfahrt**. Hinter dem **Heimatmuseum** geht es zum **Schloss**, dessen Bergfried noch aus der Burgenzeit stammt.

Weiter geht´s vom Schloss auf der Herzogin-Anna-Str. über die Wertinger Str. vorbei an **Badeweihern**. Hinter dem 2. Weiher links und an weiteren Seen vorbei nach Sonderheim, wo wir auf den offiziellen Radweg treffen. Die nächsten Kilometer »ziehen« sich mächtig – zum einen, weil wenig Abwechslung geboten wird, zum anderen, weil teilweise eine Landstraße benutzt wird. Auch eine genaue Beachtung der Schilder ist empfehlenswert!

Das Prachtstück Donauwörths, die **alte Reichsstraße**, zeugt von der glorreichen Geschichte der Stadt. Trotz häufiger Zerstörungen empfängt uns heute eine herrliche Altstadt, die wir über die Wörnitz-Insel durch das **Riedtor**, ein altes Stadttor, erreichen. Direkt dahinter steht unübersehbar das ehema-

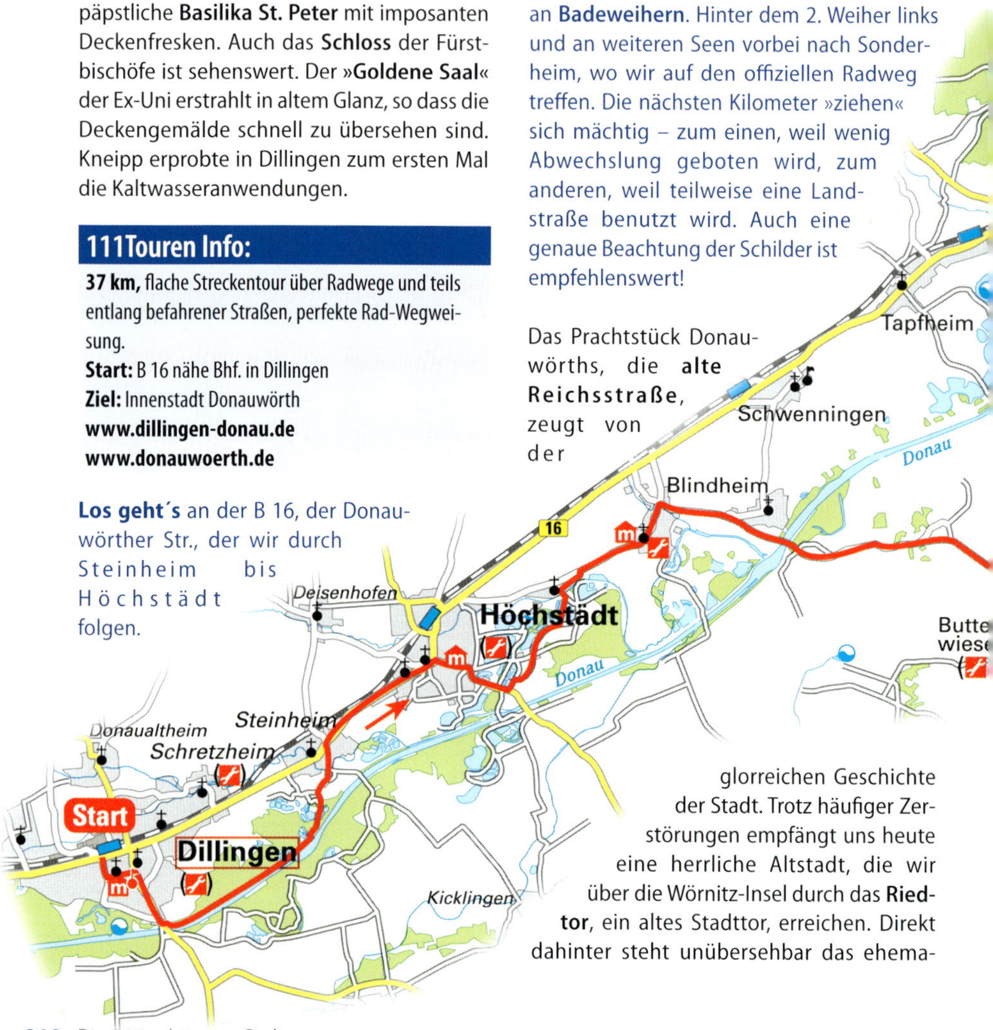

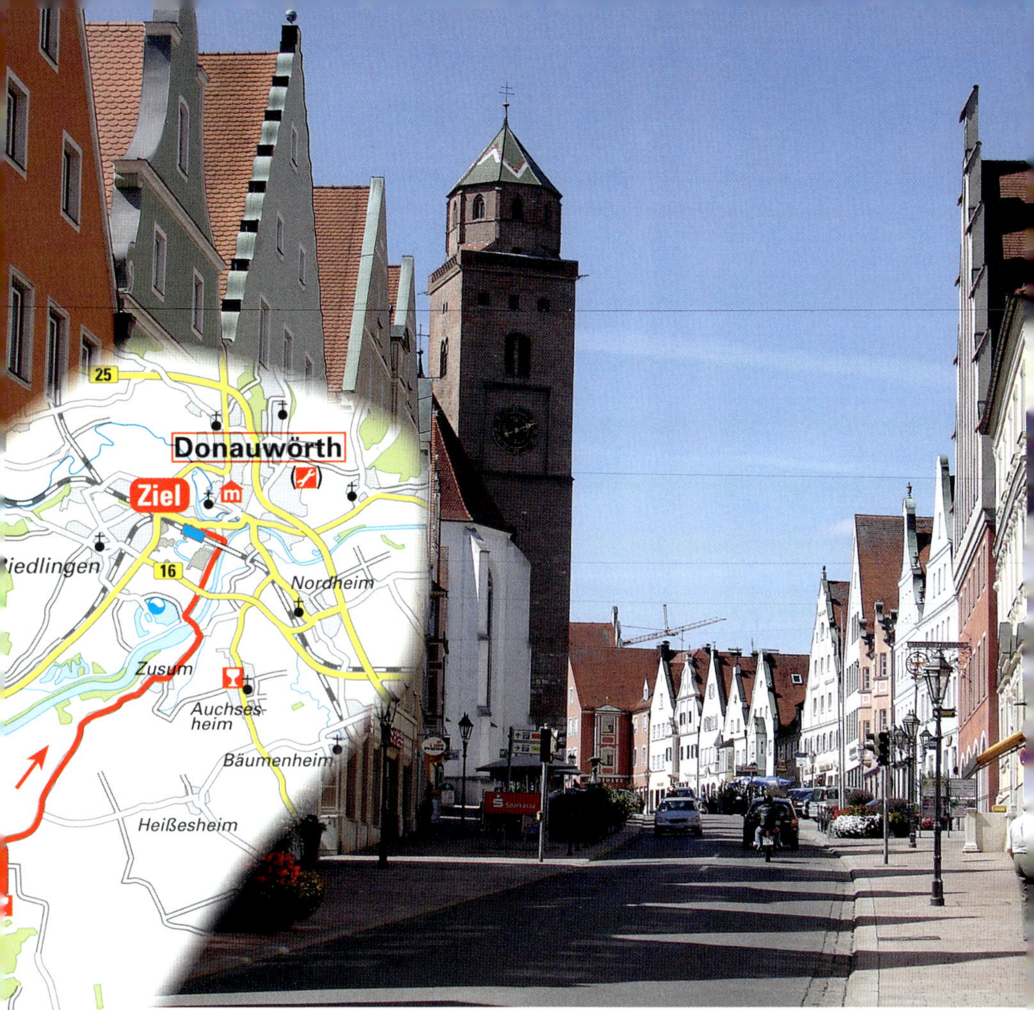

Die Reichsstraße in Donauwörth

lige **Deutschordenshaus**. Das wuchtige **Rathaus** vereinigt gleich mehrere Architekturstile und bildet quasi die Tür zur Reichsstraße. Im ehemaligen **Gerberhaus**, heute Hintermeierhaus genannt, können wir im **Heimatmuseum** alles Wissenswerte über die Region erfahren. Das **ehemalige Kloster Heilig Kreuz** verfügt über eine Klosterkirche mit **Barockausstellung** und tollem **Altar**.

Tipp: Am Ende der Reichsstraße beginnt die Pflegstraße. Ohne den Besuch des Hauses Nr.12a ist der Donauwörth-Besuch nicht komplett, denn hier befindet sich das **Käthe-Kruse-Puppenmuseum**.

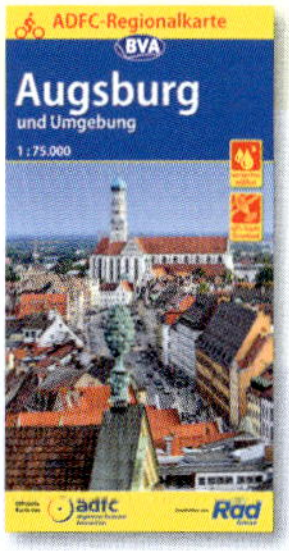

Kartentipp:
ADFC-Regionalkarte »Augsburg und Umgebung« 1:75.000,
ISBN 978-3-87073-918-8, 8,95 €

Digital für Smartphones und Tablets: www.fahrrad-buecher-karten.de/rk-digital

100 Bayerisch-schwäbische Barockperlen im Schmuttertal

Von Neusäss nach Ehingen

Barockperle: Klosterholzen

Wie auf einer Perlenkette finden sich hier im Alpenvorland prächtige Beispiele der Barockkultur. Nicht umsonst verläuft unser Radweg an der »romantischen Straße«.

111Touren Info:

54 km, flache Rundtour auf separaten Radwegen, perfekte Wegweisung, viele Abkürzungen und Varianten möglich.
Start / Ziel: Volksfestplatz Neusäss
www.baylink.de

Los geht´s ab Volksfestplatz über Georg-Odemer-Str., Landrat-Dr.-Frey-Radweg, Weldenbahn-Trasse, Schmutterbrücke, Mühlenbach- und Hammeler Straße nach Hammel. Den Naturpark-Wegweisern folgend am Schloss (privat) vorbei durch eine Siedlung und den Ort Täferingen nach Batzenhofen.

In Batzenhofen treffen wir auf die erste **Barockkirche** mit Zwiebeltürmen. Die Türme sollten einst als »Landmarken« der Orientierung dienen. Nur gute Organisation und tatkräftige Unterstützung aller - egal ob Bauern oder Edelleute - machte es möglich, dass auch kleinste Dörfer imposante Kirchen bekamen.

Weiter geht´s den Naturparkschildern folgend zunächst neben der Straße, dann auf Wirtschaftswegen nach Eisenbrechtshofen. Die **Zwiebeltürme** locken immer wieder in die nahe liegenden Orte wie **Gablingen** oder **Herbertshofen** zur **Kirchenbesichtigung**. Hier endet der Schmuttertal-Radweg, doch die Türme von Biberbach weisen uns den kurzen Weg in den Ort mit seiner **Wallfahrtskirche**. Hier trat schon Mozart in einem Orgelwettstreit an. Nur wenige Pedaltritte später rollen wir durch Markt.

Wer einmal keine Barockkirche (hier ist es die **Schlosskapelle**) ansehen mag, wendet sich der restaurierten **Burg** zu und genießt die Sicht über Schmutter- und Lechtal.

Weiter geht´s: Von Langweid an verläuft unsere Tour auf der Romantischen Straße via Kühlenthal und Blankenburg zum **Kloster Holzen.**

Die Idee des Barocks, »Lichtpunkt für die weite Welt zu sein«, wurde hier sicht- und spürbar. Heute dient die Anlage als **Alters- und Pflegeheim** und lädt uns ein in die Gastronomie, um den »Wendepunkt« unserer Tour zu ehren.

Tipp: Wer mag, kann an dieser Stelle weiter der Romantischen Straße nach Donauwörth (15 km) folgen.

Weiter geht´s entweder über dieselbe Strecke zurück die wir herkamen, oder über die vom Naturparkverein ausgeschilderte Radroute über Ehingen, Langeneichen und Rieblingen durch den «Schwäbischen Holzwinkel«. Via Feigenhofen, den hübschen **Weiler Muttershofen**, Lützelburg, Gabingen, Batzenhofen und Hammel kommen wir zurück nach Neusäss.

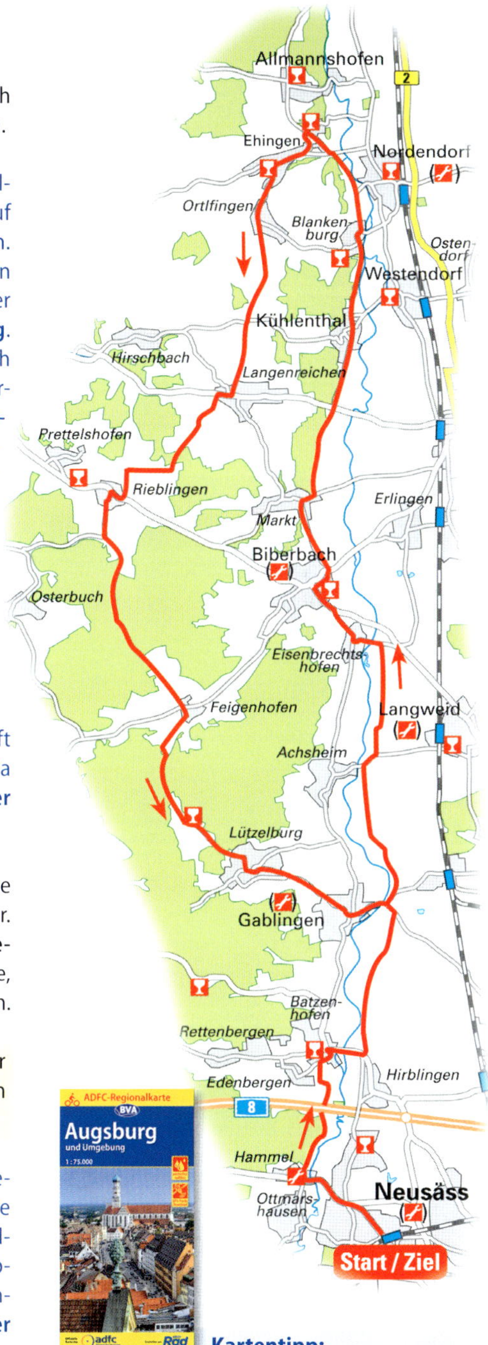

Kartentipp:

ADFC-Regionalkarte »Augsburg und Umgebung« 1:75.000,

ISBN 978-3-87073-918-8, 8,95 €

Digital für Smartphones und Tablets:
www.fahrrad-buecher-karten.de/rk-digital

101 Waldidylle im Naturpark Augsburg

Von Wellenburg über Bobingen retour

Ursprüngliche, stille Dörfer liegen eingebettet in schmale Wiesentäler in der sonst eher weiten Waldlandschaft – Radlerherz, was willst Du mehr?
Seit 1595 ist das mehrfach umgebaute Schloss von Wellenburg im Besitz der Fugger, die damals wegen fälliger Steuerschulden aus Augsburg auszogen.

111Touren Info:

51 km, Rundtour mit kurzen kräftigen Anstiegen auf meist unbefestigten Wegen, perfekte Wegweisung mit Tannenbaum-Symbol.
Start / Ziel: Parkplatz Gaststätte Wellenburg
www.baylink.de

Los geht´s am Parkplatz nach Westen den Schildern folgend auf guten Waldwegen bis Anhausen.

Hans Georg Mozart, Uronkel von Wolfgang Amadeus, erbaute die **barocke Pfarrkirche** St. Adelgundis.

Weiter geht´s an der Pfarrkirche links ab, an der Fischzucht vorbei und auf der Burgwalder Straße ins Anhauser Tal. Durch den beliebten **Naturpark** ist Burgwalden mit der »**Fugger-Kirche**« rasch erreicht.

Die Schilder führen uns ins Teufelstal, dann rechts ansteigend zur Scheppacher Kapelle und zum Weiherhof.

Tipp: Ein Abstecher (in Summe 5 km) bringt uns zur sehenswerten **Klosteranlage Oberschönenfeld** mit Kirche, Museum, Naturparkhaus, dem »Staudenhaus« und Spielplatz.

Weiter geht´s im Schwarzachtal über Döpshofen, Waldberg und Klimmbach.

Alle drei Orte haben eines gemeinsam – eine für ihre Größe erstaunliche **Kirche**, in der barocke Baumeister gewirkt haben.

Natur pur

Kultur pur

Weiter geht´s vom »Umkehrpunkt« Klimmbach auf der Ortsstraße zum Waldrand und, der Wegweisung folgend, nach links in den Wald. Ruhige Waldwege geleiten uns über Guggenberg, Reinhardtshofen und Straßberg zurück nach Wellenburg.

Guggenberg war einst **Forsthof** des Augsburger Bischofs, heute ist das Gut ein privater **Herrensitz** mit **englischem Garten**. Die »westlichen Wälder«, die wir hier durchradeln, waren früher **Jagdrevier** und Sommerfrische der gehobenen Augsburger Gesellschaft.

Tipp: Echte Fans besuchen den Straßberger Friedhof, auf dem 1991 **Roy Black** begraben wurde. Suchen Sie nach einem Grab mit frischen Blumen und der Aufschrift Gerd Höllerich.

Kartentipp:
ADFC-Regionalkarte »Augsburg und Umgebung« 1:75.000,
ISBN 978-3-87073-918-8, 8,95 €
Digital für Smartphones und Tablets: www.fahrrad-buecher-karten.de/rk-digital

102 Beschaulichkeit zwischen Amper und Glonn

Von Petershausen nach Dachau und zurück

Das Dachauer Moos und die Münchner Schotterebene sind Kinder der Eiszeit und bieten den Rahmen für eine abwechslungsreiche Radeltour.

111Touren Info:

65 km, hügelige Rundtour über Nebenstraßen, Kürzung möglich.
Start / Ziel: Bahnhof Petershausen
www.dachau.info

Los geht´s vom Bahnhof über die Bahnhofstraße hinunter, dann rechts auf der Marbacher Straße weiter bis Kollbach.

Damit die Schweden keine Kanonenkugeln daraus gießen konnten, vergruben die Kollbacher ihre **Kirchenglocke**. Keiner, der darum wusste, überlebte den Krieg. So kam es, dass die Glocke erst viele Jahre später wieder entdeckt wurde, als sich eine Kuh auf ihrer Weide die Hörner daran rieb.

Weiter geht´s vor der Kirche rechts Richtung Vierkirchen/Rettenbach hinauf. Nach einigen Hügeln taucht die imposante **Kirche** mit dem **Pfarrhaus** von Vierkirchen auf, die wir hinter Rettenbach erreichen.

Am **Gefallenendenkmal** Richtung Röhrmoos. Über Kleininzemoos, Großinzemoos gelangen wir nach Sigmertshausen.

Obwohl dem Heiligen Vitalis geweiht, ist die gleichnamige Kirche eine **Marienwallfahrtsstätte**, nachdem 1713 ein 13jähriger Bub hier eine tönerne Marienfigur fand.

Weiter geht´s in hügeliger Fahrt über Rumeltshausen, Stetten, Puchschlagen, Oberbachern, Unterbachern und Günding (alles beschildert) in die Innenstadt von Dachau.

Als Zeugnis einer benachbarten Künstlerkolonie kann die Dachauer **Gemäldegalerie** angesehen werden. Zudem locken alte **Bürgerhäuser**, die Reste des **Schlosses** und die **Kirche St. Jakob** zu einem längeren Aufenthalt. Traurige Berühmtheit erlangte Dachau durch das im Osten gelegene KZ. Das Museum in der heutigen **Gedenkstätte** jagt Besuchern eiskalte Schauer über den Rücken.

Tipp: Wer mag, kann von Dachau aus mit der Bahn zurück zu unserem Ausgangspunkt fahren.

Altstadt mit der Kirche St. Jakob in Dachau

Weiter geht´s auf der Augsburger- und der Krankenhausstr. zum Friedhof, den wir schiebend überqueren. Dahinter kreuzen wir die Bahn und radeln dann links auf dem Radweg nach Webling. Über Pellheim, Walpertshofen, Hebertshausen, Ampermoching, Ottershausen, Haimhausen, Amperpettenbach, Westerndorf, Biberbach, Milbertshofen, Giebing und Kammerberg kommen wir nach Kollbach, von wo aus wir auf unserem Hinweg zurück rollen.

Kartentipp:
ADFC-Regionalkarte »München und Umgebung« 1:75.000,
ISBN 978-3-87073-887-7, 8,95 €
Digital für Smartphones und Tablets: www.fahrrad-buecher-karten.de/rk-digital

103 Drei-Fluss-Stadt

Von Passau über Neukirchen retour

Vils, Ilz und Inn fließen in die Donau ´rin. Dieser nette Spruch ist Programm auf unserer beschaulichen Reise rund um die sehenswerte Metropole Passau.

111Touren Info:

44 km, hügelige Rundtour über Radwege und Nebenstraßen mit zwei größeren Steigungen.
Start / Ziel: Bahnhof Passau
www.tourismus.passau.de
www.fuerstenzell.de

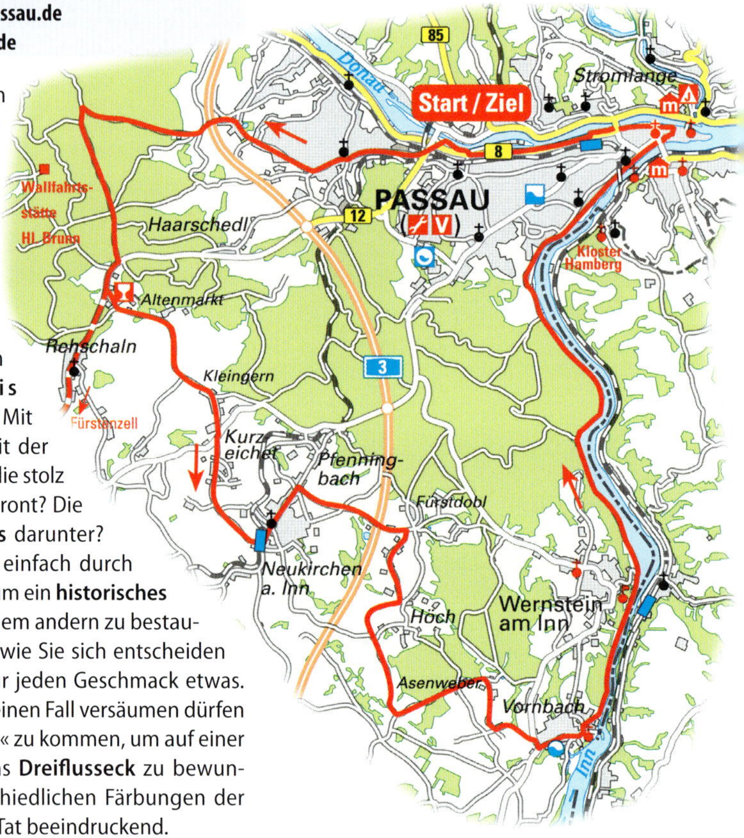

Wo fangen wir an in Passau? Beim **Römermuseum**? Beim **Dom St. Stefan** mit Kapellen, vergoldeter Kanzel, Kirchenschätzen und der **größten Orgel der Welt**? Mit dem **Lambergpalais** neben dem Dom? Mit dem **Rathaus**? Mit der **Veste Oberhaus**, die stolz über dem Fluss thront? Die **Veste Niederhaus** darunter? Oder streifen wir einfach durch die alten Gassen, um ein **historisches Gebäude** neben dem andern zu bestaunen? Ganz gleich wie Sie sich entscheiden – Passau bietet für jeden Geschmack etwas. Und was Sie auf keinen Fall versäumen dürfen ist, zur »Ortsspitze« zu kommen, um auf einer der Parkbänke das **Dreiflusseck** zu bewundern. Die unterschiedlichen Färbungen der Flüsse sind in der Tat beeindruckend.

Los geht´s vom Bahnhof Passau links auf den Rad-/Fußweg, nach 100 m bei der Ampel links und stets geradeaus bis zum »Mediamarkt«. Dort links auf die Überführung, nach 180 m oben links 20 m bergauf schieben, rechts durch die Unterführung und gleich wieder links bergauf den Schildern »Radweg Neustift« nach Neustift folgend. An der Einmündung biegen wir bei km 3 rechts ab, nach einer Ladengruppe bei km 4,3 rechts in die Alte Poststr., um immer geradeaus über die Autobahn hinweg auf der Kiesstraße in den Wald Hochbuchet hinein zu radeln (km 7,7). Im Wald folgen wir den Schildern »Heiligen-

Drei-Fluss-Stadt Passau

brunn/Platte« nach links und radeln geradeaus bis zum Waldende, wo wir auf der Vorfahrtsstraße nach rechts radeln. Auf offener Strecke geht es nach links Richtung »Gföhren/Kleingern«. Nach 300 m können wir nochmals links Richtung »Platte« abbiegen.

Mit dem **Gasthaus Platte** haben wir auf 505 m den Höhepunkt unserer Tour erreicht – und das ist nicht zu übersehen: Wir genießen von hier herrliche **Fernblicke** zum Bayerischen Wald.

Tipp: Es bietet sich an, die Tour um rund 4 km zu erweitern, denn den Schildern folgend erreichen wir schnell das Städtchen **Fürstenzell**. Hier sehen wir den »Dom des Rottals« – die reich ausgestattete doppeltürmige **Marienkirche.** Sie gehört zum **Kloster**, das mit dem prunkvollen **Festsaal** und der **Rokokobibliothek** allein eine Reise wert ist. Aus dem Ort hinaus führen der Europäische **Pilgerweg Via Nova** und der **Apfel-Radl-Weg.** Nach dem Besuch sollten wir direkt auf den beschilderten Straßen nach Neukirchen radeln.

Weiter geht´s an dem Abzweig zur Platte in aussichtsreicher Fahrt über Gföhren und Kleingern nach Neukirchen. Im Ort biegen wir links ab Richtung Pfenningbach, noch vor diesem Ort rechts, überqueren die Autobahn und radeln via Fürstdobl, Steinhögel, Höch, Rotthof (dorthin Steigung) und Vornbach nach Neuburg am Inn.

Eine Perle im Inntal ist die ehemalige **Klosterkirche.** Sie liegt direkt am Inn, der sich hier für die **Vornbacher Enge** bereit macht. Hier sucht sich der Fluss sein Bett in den steil aufragenden **Granitwänden**.

Weiter geht´s auf dem gut beschilderten Inntal-Radweg zurück nach Passau.

104 Auf den Spuren der Dampfrösser

Von Marktoberdorf nach Kaufbeuren

Das Allgäu zählt zu den beliebtesten Urlaubsregionen Deutschlands, wobei nur wenige zum Radeln hierher kommen. Schade eigentlich, denn hervorragende Radwege, sehenswerte Orte und gute Aussichten bieten beste Voraussetzungen. Grund genug für einen Selbstversuch auf der Dampflokrunde.

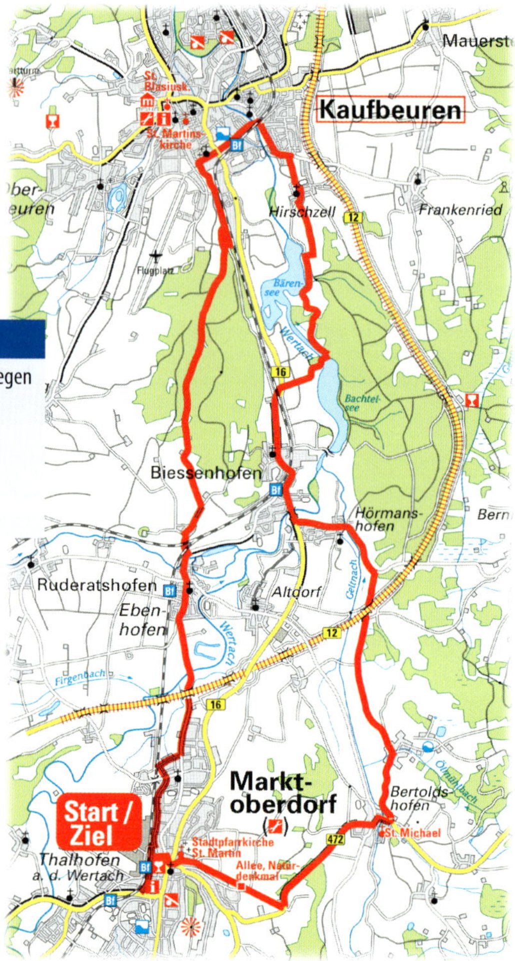

111Touren Info:

22 km, Streckentour auf meist befestigten Radwegen bzw. Straßen/Wegen, zwei kleinere Steigungen, perfekte Wegweisung als »Dampflokrunde«.
Start/Ziel: Bahnhof Marktoberdorf
www.marktobedorf.de
www.kaufbeuren.de

Das Stadtzentrum von Marktoberdorf wird durch zwei bedeutende Bauwerke geprägt: Das vierflügelige fürstbischöfliche **Jagdschloss** und daneben die **Pfarrkirche St. Martin**. Dass die Geschichte weit zurück reicht, beweist das Röder-Museum mit Resten eines Römerbades. Nicht versäumen dürfen wir, uns das **Rathaus** mit der benachbarten Frauenkirche anzusehen. Sehr speziell sind die Exponate im Museum: Hier gibt es **Bügeleisen** und **Mausefallen**.

Tipp: Überregional bekannt sind die **modfestivals**, die das alte Autokennzeichen Marktoberdorfs im Namen tragen. U.a. gibt es in geraden Jahren »Musica Sacra International« – ein Festival der Weltreligionen. In ungeraden Jahren findet der Internationale Kammerchor-Wettbewerb statt.

Los geht´s am Bahnhof von Marktoberdorf, von wo aus wir links via Bahnhofstraße, rechts Gschwenderstraße, nach der Rechtskurve schräg versetzt geradeaus auf der Eberle-Kögl-Straße radeln. Dann biegen wir links auf die Hohenwarth, wieder links auf die Dr.-Julius-Straße und rechts auf die Kurfürstenallee

Pfarrkirche St. Martin in Marktoberdorf

ab. Danach folgen wir der Bundesstraße mit einem Anstieg nach Bertoldshofen. Die Radweg-Schilder weisen uns dann den Weg nach Kaufbeuren.

Der **Fünfknopfturm** gilt als das Wahrzeichen Kaufbeurens. Er ist einer von vielen Türmen, die die Stadt überragen, darunter Hexen-, Pulver, oder Münzturm. Auch die **Pfarrkirche St. Martin** und die **Dreifaltigkeitskirche** recken sich über der herrlichen Altstadt in die Höhe. Der Marktplatz lädt zum Einkehren und Staunen ein.

Weiter geht´s von Kaufbeuren entweder auf derselben Strecke retour, auf der wir her kamen. Oder wir radeln der beschilderten Dampflok-Runde folgend via Biessenhofen und Ebenhofen zurück nach Marktoberdorf.

Tipp: Ein Abstecher führt zum **Benediktinerkloster Irsee**, das über die Region hinaus bekannt ist. Nicht zuletzt wegen der Klosterkirche St. Maria Himmelfahrt mit ihren Stuck-Arbeiten und den übrigen, weiß strahlenden Klostergebäuden.

Der Fünfknopfturm in Kaufbeuren

In Biessenhofen ist die Industrie nicht zu übersehen: Ein Weltkonzern produziert hier in modernsten Anlagen hypoallergene **Säuglingsnahrung**.

Auch in Ebenhofen gibt es Außergewöhnliches: Im Baschtlehaus gibt es ein **Hirtenmuseum**, in dem auch die harte Arbeit auf einem typischen Allgäuer Bauernhof dargestellt wird.

Kartentipp:
ADFC-Regionalkarte »Bayerische Seen« 1:75.000,
ISBN 978-3-87073-967-6, 9,95 €

Digital für Smartphones und Tablets: www.fahrrad-buecher-karten.de/rk-digital

105

Im Königswinkel

Rund um den Forggensee

Der gezähmte Lech

Die berühmten Königsschlösser adelten diese wundervolle Region, in die sich der Forggensee einschmiegt. Mit Füssen wird zudem Kunst und Kurzweil geboten.

111Touren Info:

32 km, ebene Rundtour mit kurzen Steigungen, meist über befestige Radwege und Nebenstraßen, perfekte Rad-Wegweisung.
Start / Ziel: Bahnhof Füssen
www.stadt-fuessen.de

Zu Beginn besteht die Gefahr, im sehenswerten Füssen hängen zu bleiben! Unübersehbar sind **Kloster** und **Kirche St. Mang**. Das **Hohe Schloss, Rathaus, Stadtmuseum, Lechfall,** mehrere **Kirchen** und **Brunnen** lassen die Zeit im Nu verfliegen.

Los geht´s am Bahnhof, wo eine Infotafel über Radwege aufklärt. Über Bahnhof-, Augsburger-, Säulingstraße, Wegscheider Weg und Weidbachstraße kommen wir ans Ufer, dem wir im Uhrzeigersinn folgen. Der Forggensee-Radweg ist gut beschildert, er führt uns vorbei am Festspielhaus Neuschwanstein über Achmühle, Ehrwang, Osterreinen, Dürracker, Dietringen, Roßhaupten und Tiefenbruck zu Kunstpark und Kraftwerk.

Schnitzkunst und **Skulpturen** weisen auf die Via Claudia Augusta hin, die im Jahr 46 n. Chr. einzige Römerstraße über die Alpen war. Das **Kraftwerk** belegt die eigentliche Bedeutung des 16 km^2 großen Sees – die Regulierung des wilden Lechs und die Energieerzeugung.

Weiter geht´s etwas hinauf zum **Aussichtspunkt**. Hinter dem **Badeplatz** am Illasbergsee leiten uns die Schilder weg vom See. Idyllisch geht es über Kniebis, Greith, Gegrathsrieder- und Bannwaldsee sowie Brunnen nach Waltenhofen.

Tipp: In Brunnen weisen die Schilder auf den Abstecher zu den schon lange sichtbaren **Königsschlössern** hin. Besichtigungen sind sehr lohnenswert, wegen der

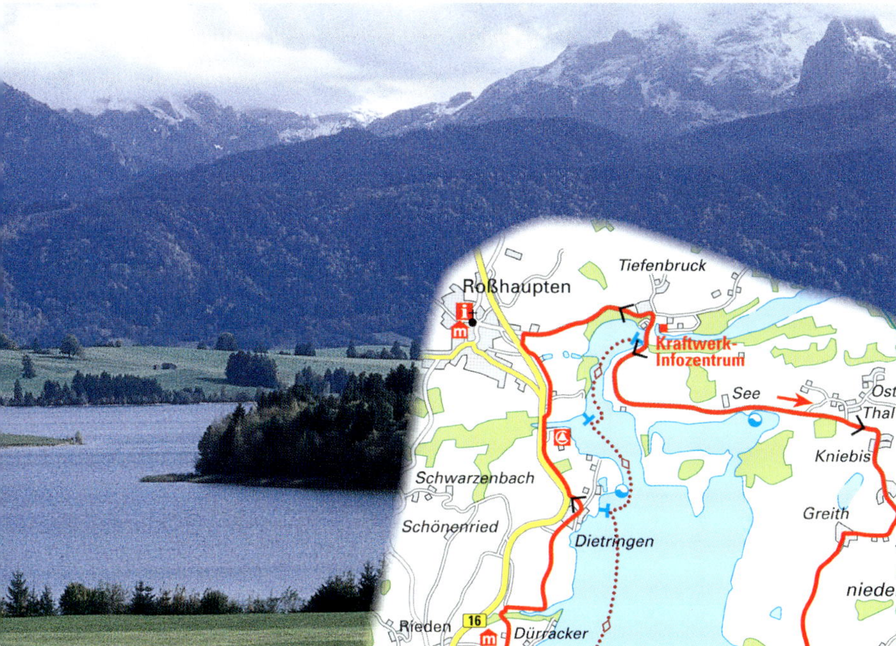

langen Wartezeiten sollte allerdings dafür ein separater Ausflugstag geplant werden. Die Touristenmassen können nicht irren – vor allem **Hohenschwangau** ist ein Meisterwerk der Baukunst unter König Ludwig II. Bei Führungen erfahren Sie alles Wissenswerte, auch über den König.

Weiter geht´s auf dem Rundweg über Alterschrofen, später über die Lechbrücke hinauf zur Füssener Altstadt.

Kartentipp:
ADFC-Regionalkarte »Bayerische Seen« 1:75.000,
ISBN 978-3-87073-967-6, 9,95 €

Digital für Smartphones und Tablets: www.fahrrad-buecher-karten.de/rk-digital

106 Schweißtreibende Höhen und touristische Höhepunkte

Von Schwangau zur Wieskirche

111Touren Info:

50 km, Rundtour meist auf befestigten Radwegen bzw. Straßen/Wegen, einige größere Steigungen, regionale Wegweisung

Start und Ziel: Therme Schwangau

Info: www.schwangau.de

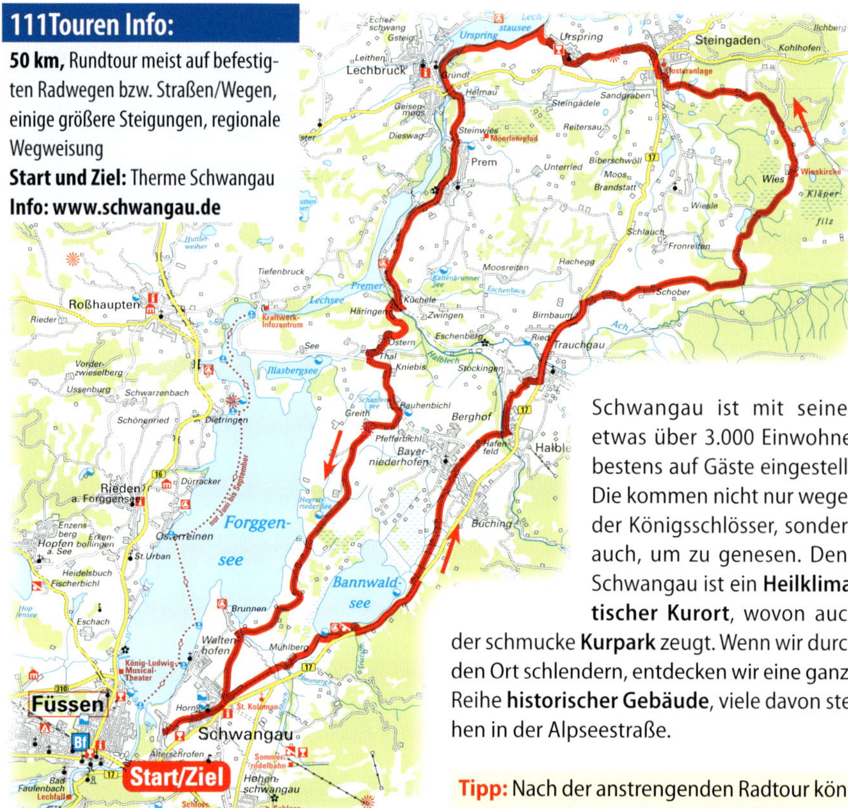

Wir rollen von einem touristischen Highlight zum nächsten: Unsere Tour startet in Blickweite zu Schloss Neuschwanstein und führt uns vorbei am herrlichen Alpenpanorama durch reizvolle, typisch-bayerische Orte. Unser Ziel ist die Wieskirche. Hier sind wir zwar bestimmt nicht allein – aber es ist auch einfach wunderschön anzusehen! Der Weg dorthin verlangt schon etwas „Kletterarbeit" von uns. Für gut Trainierte kein Problem – für E-Biker erst recht nicht!

Schwangau ist mit seinen etwas über 3.000 Einwohner bestens auf Gäste eingestellt. Die kommen nicht nur wegen der Königsschlösser, sondern auch, um zu genesen. Denn Schwangau ist ein **Heilklimatischer Kurort**, wovon auch der schmucke **Kurpark** zeugt. Wenn wir durch den Ort schlendern, entdecken wir eine ganze Reihe **historischer Gebäude**, viele davon stehen in der Alpseestraße.

Tipp: Nach der anstrengenden Radtour können wir uns bestens in der **Königlichen Kristall-Therme** von Schwangau erholen. Mehrere Thermalbäder, Sauna und ein Außenpool mit einem atemberaubenden Blick machen den Besuch zu einem Erlebnis.

Wenn Sie noch nicht dort waren, gehört es einfach zum Pflichtprogramm: Ein Besuch von **Schloss Neuschwanstein**. Besorgen Sie sich online ein Ticket für eine Führung, denn es ist einfach großartig, dieses Märchenschloss zu betrachten. König Ludwig wusste, wie man „es sich nett macht" – schade, dass er selbst die

Schloss Neuschwanstein dürfte zurecht eines der begehrtesten Fotomotive Deutschlands sein

Vollendung seines Meisterwerkes nicht erleben durfte. Bei dem Rundgang durch die unglaublich prachtvoll ausgestatteten Räume kommen wir uns immer wieder vor, wie im Märchen.

Gleich „gegenüber" grüßt **Schloss Hohenschwangau** mit würdevollem Festsaal und Salon. Der Aufstieg wird schon mit dem Schwanenbrunnen und dem herrlichen Ausblick belohnt.

Los geht´s an der Kristall-Therme von Schwangau. Von hier folgen wie den regionalen Radschildern am Bannwaldsee vorbei durch Bayerniederhofen, Halblech, Trauchgau Unter- und Oberreithen mit kräftiger Steigung hinauf nach Schober. Das Örtchen Resle liegt noch auf dem Weg nach Wies.

Mit herrlichen Ausblicken radeln wir am **Bannwaldsee** vorbei nach Halblech, wo es **Lüftlmalereien** zu sehen gibt.

Die Waden melden es zurück: Es geht bergauf. Das Ziel ist es aber mehr als wert: Malerisch auf einem kleinen Hügel liegt sie vor uns mit dem **Alpenpanorama** im Hintergrund: Die **Wieskirche**, die eigentlich die Wallfahrtskirche „Zum gegeißelten Heiland" heißt – genau wie das Gnadenbild, das uns im Innern erwartet. Der Kopf gleitet in den Nacken und mag gar nicht mehr nach vorne bei dem Anblick der fantastischen **Kuppelfresken**. Kanzel, Altarraum, Orgel, ... mehr als genug Gründe, alles als Welterbe zu erklären.

Weiter geht´s von Wies in gemütlicher Abfahrt nach Steingaden und weiter via Urspring zum Lechsee. Von hier folgen wir dem Ufer des Lech über Lechbruck, ehe es mit einigem Auf und Ab beim Forggensee via Ostern, Thal, Kniebis, Rauhenbichl und Greith wieder retour nach Schwangau geht.

Nach entspannter Abfahrt erreichen wir Steingaden, wo wir schon wieder von den Rädern steigen müssen, denn das **Welfenmünster** ist eine der wichtigsten Attraktionen der Region. Die Kirche wurde als ehemalige Stiftskirche St. Johannes Baptist geweiht und empfängt uns mit einer prachtvollen Ausstattung, wie z.B. der **Rokoko-Kanzel**.

Wer sich dem Glanz entziehen kann, radelt am Ufer des **Lechsees** weiter, genießt den schmucken Ortskern von Lechbruck und die herrlichen Blicke auf die Alpen. Etwas hügelig, dafür aber mit weiteren schönen Motiven, geht es oberhalb des großen **Forggensees** wieder zurück nach Schwangau.

Kartentipp:
ADFC-Regionalkarte »Bayerische Seen« 1:75.000,
ISBN 978-3-87073-967-6, 9,95 €
Digital für Smartphones und Tablets: www.fahrrad-buecher-karten.de/rk-digital

107 Sissis See

Starnberger See

Schon seit dem 15. Jhd. kommen sie hierher – die Schönen und Reichen, um ihre Villen ans Ufer zu postieren und den Blick auf die Alpen zu genießen. Die Radrunde führt teils am Ufer entlang, teils durch den Possenhofener (Sissi-) Wald.

111Touren Info:

52 km, ebene Rundtour mit unterschiedlichen Wegbelägen, Wegweisung meist von Ort zu Ort.
Start / Ziel: Bahnhof Starnberg
www.tourismus-oberland.de

Von der **Uferpromenade** blicken wir 21 km über den See auf Seeshaupt und die dahinter liegenden Alpen. Wer sich vom Anblick losreißt, besichtigt das **Heimatmuseum** und auf dem Schlossberg das **Schloss** mit **Kirche St. Josef**.

Los geht´s zur Seepromenade. Mit einem größeren Schlenker am Wasserpark geht es stets in Ufernähe nach Berg.

Im **Schloss** wohnen noch heute die Wittelsbacher, die benachbarte St. Ludwig-Kirche wird **Votivkapelle** genannt. Ein **Kreuz** im See markiert die Stelle, an der 1886 König Ludwig II. und sein Arzt ertrunken aufgefunden wurden, nachdem der König für unheilbar verrückt erklärt worden war. Die Todesumstände sind bis heute ungeklärt.

Weiter geht´s die nächsten 13 km in aussichtsreicher Fahrt zu Füßen beeindruckender **Villen** am Ufer entlang bis Ambach.

Der Lieblingssee von König Ludwig II und von Sissi

Am Ortseingang fällt das bunte ungarische **Szekler-Tor** ins Auge. Wer Abkühlung braucht, kann einen der gepflegten Badestrände nutzen.

Weiter geht´s durch die »Schikanen« vom Ufer an die Straße, die wir schnell wieder verlassen können. St. Heinrich mit der ehemaligen **Wallfahrtskirche** und dem hübsch bemalten Lokal **Fischerrosl** ist schnell erreicht, ehe wir durchs Schilf nach Seeshaupt radeln. An **Schloss**, Park und Promenade vorbei geht es kurz bergauf, ehe wir durch ein Schutzgebiet Bernried erreichen.

Das ehemalige »**schönste Dorf Bayerns**« mit seinen Holzhäusern ist heute noch sehr gepflegt, was auch für die **Alte Pfarrkirche** und die **Klosteranlage** gilt. Herausragend ist das Museum der Phantasie, auch **Buchheim-Museum** genannt. Das ausgefallene Gebäude präsentiert die bedeutende Kunstsammlung des Autors (»Das Boot«), Malers, Verlegers und Verfassers Buchheim.

Weiter geht´s oberhalb des Museums auf den Radweg und hinter der Klinik hinunter zum See. Die Schilder bringen uns zielsicher nach Tutzing mit den imposanten Doppeltürmen von **St. Josef** und dem ehemaligen **Kloster**. Immer in Seenähe radeln wir zum Uferpark von Feldafing.

Tipp: Mit einem flachen Boot können wir auf die **Roseninsel** fahren – genau wie es König Ludwig II. mit seiner Cousine Sissi gerne tat. Im Schloss **Possenhofen**, an dem wir vorbeiradeln, verbrachte Sissi die Sommer ihrer Kindheit.

Weiter geht´s in Possenhofen weg vom Seeufer hin zur Bahnlinie. Später queren wir zweimal die Bahn, um in Ufernähe zurück nach Starnberg zu gelangen.

Kartentipp:
ADFC-Regionalkarte »Bayerische Seen« 1:75.000,
ISBN 978-3-87073-967-6, 9,95 €

Digital für Smartphones und Tablets: www.fahrrad-buecher-karten.de/rk-digital

108 An Loisach und Isar

Von Wolfratshausen nach Holzkirchen

Durch die wundervolle Moränenlandschaft radeln wir über ruhige Straßen durch Wiesen und Wälder mit herrlichen Blicken auf die bayerischen Alpen und das Karwendelgebirge.

111Touren Info:

53 km, hügelige Tour über Nebenstraßen.
Start: Bahnhof Wolfratshausen
Ziel: Bahnhof Holzkirchen
www.wolfratshausen.de
www.tourismus-oberland.de

Das Dreieck zwischen Loisach und Isar war wie geschaffen für den Bau einer **Burg**. Um diese herum liegt eine sehenswerte **Altstadt**, die mit der **Pfarrkirche St. Andreas** ihren Höhepunkt findet. **Ober- und Untermarkt** markieren die weiteren Ziele beiderseits der Kirche. In der nahe gelegenen Isar findet man die berühmten **Isarflöße**.

Los geht´s vom Bahnhof durch den Busbahnhof, am Ende der Straße rechts in die Sauerlacher-, dann links in die Karwendelstraße. Über Königsdorfer- und Geltinger Straße kommen wir nach Gelting mit seiner Zwiebelturm-Kirche. Via Herrnhauser Straße erreichen wir über sanft gewellte Hügel Beuerberg.

Kloster Beuerberg gilt als Keimzelle weiterer Klöster der Region. Seine **Pfarrkirche St. Peter und Paul** ist ein Traum in Barock.

Weiter geht´s am Kloster vorbei den Schildern folgend mit einer kleinen Steigung nach Königsdorf mit einer ebenfalls barocken Kirche. Auch im weiteren Verlauf geht es wellig über kleine Nebenstraßen. Via Unterbuchen gelangen wir nach Bad Tölz.

Bekannt ist Bad Tölz vor allem durch die **Jodquellen**, die den Markt ab 1846 zum aufstrebenden Kurort machten. Die **Marktstraße** zählt ohne Frage zu den schönsten Straßenzügen Altbayerns – hier muss man sich einfach niederlassen, um die herrlichen Gebäude zu betrachten. Etwas südlich davon liegt die gotische **Pfarrkirche St. Mariä Himmelfahrt**.

Weiter geht´s von der **Altstadt** durch den **Torbogen** an der **Mühlfeldkirche** vorbei links in die Straße nach Dietramszell, dieser folgen wir und fahren Richtung Kirchbichl.

Tipp:
Etwa 1 km hinter Tölz steht eine alte **Steinlinde** mit über 2 m Stammdurchmesser. Die kleine Bank ist prädestiniert für eine Pause mit Alpenblick.

Weiter geht´s über Ellbach, Sachsenkam, am **Kloster Reutberg** vorbei via Leithen und Kleinhartpenning nach Holzkirchen.

Zu Füßen der Bergriesen - tolle Radlkulisse

Eine alte Poststation war der Gasthof »**Alte Post**« mit seinen auffälligen Wandmalereien. Der Ortsname stammt übrigens nicht von »Kirche aus Holz« sondern von »Kirche im Holz«.

Kartentipp:

ADFC-Regionalkarte
»München/Alpenvorland« 1:75.000,
ISBN 978-3-87073-972-0, 9,95 €

Digital für Smartphones und Tablets:
www.fahrrad-buecher-karten.de/rk-digital

109 Um's Bayerische Meer

Rund um den Chiemsee

Wer den Chiemsee sieht, braucht kein Meer mehr, denn das größte bayerische Gewässer wirkt ähnlich weit und bietet Badespaß in hohem Maß.

111Touren Info:

61 km, ebene Rundtour mit kleineren Steigungen, meist über geschotterte Radwege, perfekte Rad-Wegweisung.
Start / Ziel: Bahnhof Prien
www.tourismus-oberland.de

Zu Beginn lohnt sich ein Abstecher zum Priener **Marktplatz** mit der **Rokoko-Kirche St. Maria Himmelfahrt** und dem **Heimatmuseum**. Unüberhörbar ist die alte **Dampfstraßenbahn**, deren Schienen wir zum Seeufer folgen.

Los geht´s zur Seepromenade, nach dem Hafenflair radeln wir den Schildern folgend über Harras am **Chiemsee-Infocenter** (hier gibt es alle Infos zu den 18 Seegemeinden) vorbei nach Bernau. An der T-Kreuzung durch Birkenalleen, Autobahn und Hauptstr. unterqueren, an der Bernauer Ache entlang bis zur Bahn (Kopf einziehen!). Hinter der Bahn links und auf Schotter entlang der Gleise zum **Museum Torfbahnhof**. An der Scheune links hinauf zum Gehöft, hinter Angerling den Schildern nach Übersee folgen. An der Kirche St.Michael vorbei durch Übersee Richtung See. Vorm Autobahndamm rechts, hinter der Bachbrücke

Prachtbau mitten im See

links unter der Autobahn her, vom Ufer aus dann 2,2 km an der Autobahn entlang. Ab hier greift wieder die Rundweg-Beschilderung.

Tipp: Wer einige Kilometer auf Idylle verzichten kann, nimmt vor Bernau den beschilderten Rundweg, beradelt das Südufer parallel zur Autobahn und kürzt um ca. 3 km ab.

Weiter geht´s hinter der Achenbrücke weg von der Autobahn und durchs Naturschutzgebiet zur Hirschauer Bucht.

Die **Tiroler Achen** führt derart viel Kies und Schwebstoffe mit, dass die Mündung langsam verlandet.

Weiter geht´s auf dem Rundweg via Hagenau und Unterhochstätt nach Chieming.

Der Germane Chiemo ließ sich im 5. Jhd. hier nieder und gab Stadt, Region und See den Namen. Alles ist an der **Promenade** perfekt in Szene gesetzt.

Kartentipp:
ADFC-Regionalkarte »Chiemgau« 1:75.000,
ISBN 978-3-96990-023-9, 9,95 €

Weiter geht´s auf dem Radweg hinter der Alpenklinik etwas bergauf, bei der Abfahrt müssen beim Campingplatz Treppen überwunden werden. Stets am Ufer entlang radeln wir nach Seebruck, wo das Seewasser über die Alz in den Inn abfließt. Am **Museum Bedaium**, das sich mit dem **Römerkastell** beschäftigt, vorbei über den Rundweg nach Gstadt am Chiemsee.

Tipp: In Gstadt besteht, ebenso wie in Prien, die Möglichkeit, per Boot die Frauen- oder die Herreninsel zu erreichen - dies gehört zum Pflichtprogramm des Chiemseebesuches. Die 20 Prunkräume von **Schloss Herrenchiemsee** ruinierten die Staatskasse König Ludwigs II. Lieblich, friedlich, idyllisch geht es hingegen in den Gassen der kleinen **Fraueninsel** zu.

Weiter geht´s stets in Ufernähe den Schildern folgend zurück nach Prien.

Digital für Smartphones und Tablets: www.fahrrad-buecher-karten.de/rk-digital

110 Sehenswertes Seeon

Von Traunstein nach Seeon

Eine Tour mit viel Kultur ist angesagt bei der Tour nördlich des Chiemsees vorbei an Burgen und Klöstern. Traun- und Mozart-Radweg weisen uns den Weg.

111Touren Info:

51 km, hügelige Rundtour über geschotterte Radwege und Nebenstraßen, Teile mit Rad-Wegweisung, Kürzung möglich.
Start / Ziel: Bahnhof Traunstein
www.traunstein.de

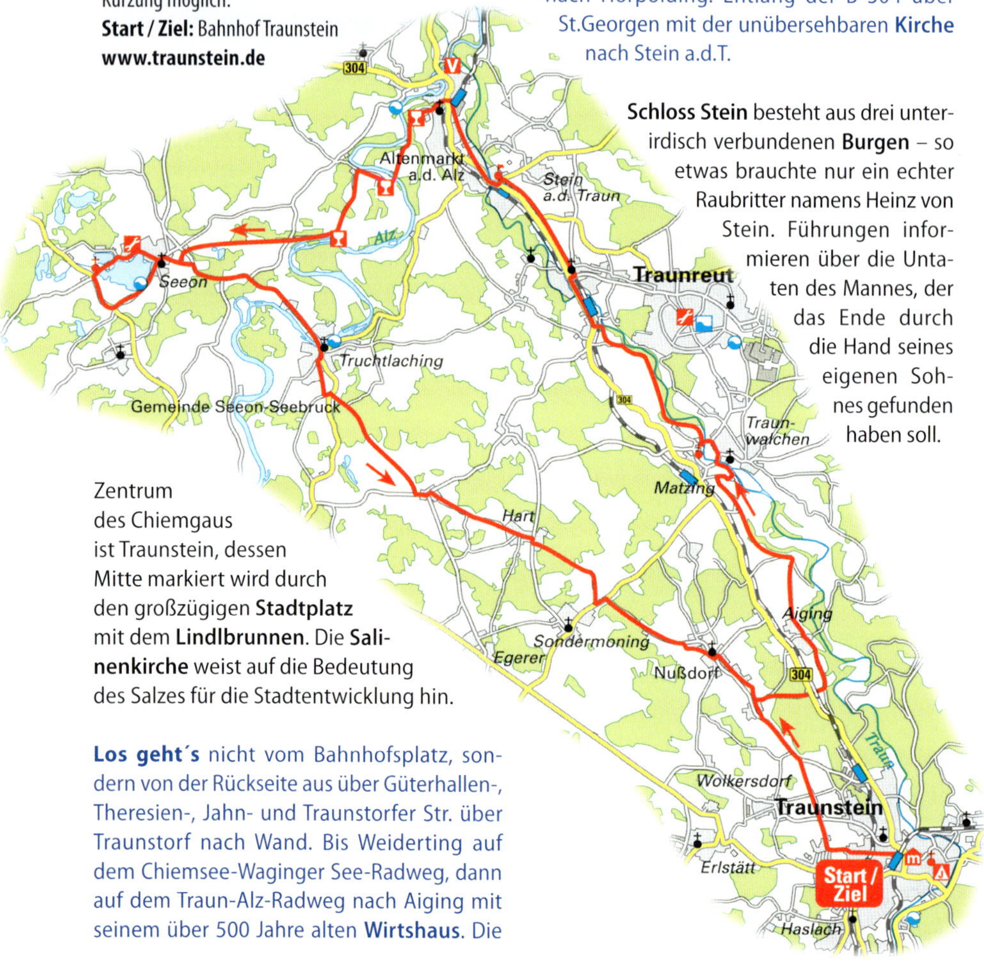

Zentrum des Chiemgaus ist Traunstein, dessen Mitte markiert wird durch den großzügigen **Stadtplatz** mit dem **Lindlbrunnen**. Die **Salinenkirche** weist auf die Bedeutung des Salzes für die Stadtentwicklung hin.

Los geht´s nicht vom Bahnhofsplatz, sondern von der Rückseite aus über Güterhallen-, Theresien-, Jahn- und Traunstorfer Str. über Traunstorf nach Wand. Bis Weiderting auf dem Chiemsee-Waginger See-Radweg, dann auf dem Traun-Alz-Radweg nach Aiging mit seinem über 500 Jahre alten **Wirtshaus**. Die Radschilder bringen uns über Herbsdorf, Biebing und Höberich nach Traunwalchen.

Auf der Traunbrücke schweift der Blick von den **Zwiebeltürmen** von Mariä Geburt zum **Wasserschloss Pertenstein.**

Weiter geht´s am Fluss, dann am Kanal nach Hörpolding. Entlang der B 304 über St.Georgen mit der unübersehbaren **Kirche** nach Stein a.d.T.

Schloss Stein besteht aus drei unterirdisch verbundenen **Burgen** – so etwas brauchte nur ein echter Raubritter namens Heinz von Stein. Führungen informieren über die Untaten des Mannes, der das Ende durch die Hand seines eigenen Sohnes gefunden haben soll.

Das Motto der Tour: sehenswertes Seeon (mit Kloster)

Weiter geht´s noch ein wenig an der B 304, dann auf kleinem Weg nach Altenmarkt an der Alz, das bewacht wird vom Kloster Baumburg mit seiner doppeltürmigen Rokoko-Kirche. Oberhalb des Parkplatzes geht es auf dem Klosterweg nach Garsch, wo beim Übersetzen mit der Alzfähre Nervenkitzel angesagt ist (dienstags Ruhetag!). Über Mörn und Höllthal radeln wir über den Klosterweg über Seeon nach Bräuhausen.

Ein Holzsteg führt auf die Insel mit **Kloster Seeon**. Nach wechselvoller Geschichte blieben zum Glück einige Teile der herrlichen Anlage, wie die **Klosterkirche**, erhalten.

Weiter geht´s auf dem Klosterweg entlang der Straße, dann am Südufer des Klostersees vorbei zurück nach Seeon. Nun geht es auf den Mozart-Radweg weiter, der uns via Point und Döging nach Truchtlaching mit einer **Pfarrkirche** bringt, in der Grabsteine von Rittern zu sehen sind. Den Mozart-Schildern folgend geht es über Tabing, Hart, Manholding, Nußdorf, Wang und Traunstorf retour nach Traunstein.

Kartentipp:
ADFC-Regionalkarte »Chiemgau« 1:75.000,
ISBN 978-3-96990-023-9, 9,95 €

Digital für Smartphones und Tablets: www.fahrrad-buecher-karten.de/rk-digital

111 Bei den Bajuwaren

Von Waging nach Laufen

Rund um den wärmsten See Bayerns und zur Salzstadt Laufen an der österreichischen Grenze führt uns diese wunderschöne, landschaftlich geprägte Tour.

111Touren Info:

49 km, Kürzung möglich, hügelige Rundtour über Nebenstraßen, Teile mit Rad-Wegweisung.
Start / Ziel: Bahnhof Waging
www.waging-am-see.de

Über den malerischen Waginger **Bürger-, Handwerker- und Gasthäusern** am Marktplatz erhebt sich die **St. Martinskirche**. Frühgeschichtliche Funde zeigt das **Bajuwarenmuseum**.

Los geht´s gegenüber vom Bahnhof durch die kleine Lindenallee über Traunsteiner Str., Brückenweg, Postkeller-, Bahnhofstraße und Marktplatz. Über Salzburger Str. am Museum vorbei, unter der Straße her, auf Radweg links (Seeweg), zweimal rechts, über einen Bach, hinauf durch Egg nach Gaden und weiter Seeleiten und Buchwinkel nach Petting.

Tipp: In Petting kann die Tour auf eine **See-Umrundung** reduziert werden, indem wir auf dem **Mozart-Radweg** direkt nach Wolkersdorf radeln.

Weiter geht´s an der Dorfkirche Pettings vorbei in einem Haken auf die Straße nach Schönram, dort links Richtung Abtsee, nach 750m nochmals links in den Wald und weiter ins Schönramer Filz, ein großes **Hochmoor**. Entweder auf »zackigen« Wegen durch das Moos oder direkt auf der Straße nach Leobendorf. Hinter der Kirche

Eine Traumkulisse am Waginger See

die Straße queren, am Radweg entlang des Abtsdorfer Sees, nach dem Wald links auf Radweg über Oberheining und Oberhaslbach nach Laufen.

Das **Salzburger Tor** geleitet uns in die Laufener **Altstadt**. Durch die **engen Gassen** geht es vorbei an der **Pfarr- und Stiftskirche**, der ältesten gotischen Hallenkirche Bayerns. Schön anzusehen ist auch die eiserne **Salzachbrücke**. Vom österreichischen Ufer sieht die Altstadt besonders schön aus. Hier in Oberndorf steht auch die **Stille-Nacht-Kapelle** an der Stelle, wo am 24.12.1818 zum ersten mal das gleichnamige Lied erklang.

Weiter geht´s in Laufen aus dem Tal heraus, wie wir herkamen, dann auf dem Salzhandelsweg über Biburg und Pölln zum Weiler Hof.

Tipp: Ein kleiner Abstecher bringt uns zum **Bauernhofmuseum** mit vielen landwirtschaftlichen Geräten.

Weiter geht´s über Kirchanschöring, hinaus nach Herrnöd, hügelig über Dürnberg nach Hausen, den höchsten Punkt, dann hinunter und mit dem Seeweg ab Tettenhausen wieder beschildert zurück nach Waging.

Kartentipp:
ADFC-Regionalkarte »Chiemgau« 1:75.000,
ISBN 978-3-96990-023-9, 9,95 €

Digital für Smartphones und Tablets: www.fahrrad-buecher-karten.de/rk-digital